Dr. Ute Mahr

Das *kleine* Buch von der *großen* Kraft:

PAAREVOLUTION

Frischer Wind für die Liebe

Dr. phil. Ute Mahr (Dipl.-Psych. Univ.):
Psychologische Psychotherapeutin, Paar- und Sexualtherapeutin, Senior Coach BDP, Mediatorin, Supervisorin BDP, Yogalehrerin SKA/DYG,.

Die Autorin studierte zunächst Archäologie, Ägyptologie und Alt-Griechisch und fand dann über die Yogalehrerausbildung zur körperorientierten Psychotherapie als ihrer Berufung.
Nach dem Psychologiestudium, verschiedenen psychotherapeutischen Ausbildungen und mehrjähriger Tätigkeit in der Psychiatrie ist sie seit 1994 in Nürnberg in freier Praxis tätig und seit 2012 in Starnberg.

Beseelt von dem Anliegen, wirklich heilen zu helfen, erforscht sie seit über 25 Jahren, wie Krankheit und Unglück entstehen und wie Heilung und Glück verwirklicht werden können.

Deshalb erlernte sie viele verschiedene Therapiemethoden in langjährigen Ausbildungen (klinische, humanistische, systemische, „esoterische" u.a.) und entwickelte hieraus ihr eigenes Konzept von mehrdimensionaler Psychotherapie, die HEILUNGS-PUNKT-Arbeit auf den 7 Ebenen des Menschen (ARCHEMAH-Struktur).
Zusätzlich widmet sie sich intensiven spirituellen Trainings – immer in Begleitung erfahrener Supervisoren und im Austausch mit ihrer Familie, um ein „Abheben" in der ungreifbaren Welt des Geistes zu vermeiden.
2010 schloss sie ihre Doktorarbeit über die wissenschaftliche Evaluation des Konzepts der Seelen-Archetypen (Yarbro, Hasselmann & Schmolke u.a.) ab.

Ein besonderes Anliegen – beruflich wie privat – war ihr immer die Erforschung der Wirkmechanismen von Partnerschaft und Sexualität, woraus ihr eigener *körperorientierter* **Ansatz des Paar- und Liebes-Coachings** entstand: **Die PAAREVOLUTION.**

Ute Mahr ist in zweiter Ehe verheiratet und Mutter zweier erwachsener Kinder.

Dr. Ute Mahr

Das *kleine* Buch von der *großen* Kraft:
PAAREVOLUTION
- Frischer Wind für die Liebe -

- Über die **Paarbeziehung** als eines der wirklichen großen Abenteuer der heutigen Zeit
- Über die **Elementarkraft**, die ein Paar körperlich und geistig zusammenzieht und zusammenhält
- Über die **Wirkmechanismen der sexuellen Anziehung**, die die Sexualität langfristig lebendig erhalten

Die von Dr. Ute Mahr geprägten Begriffe
- *PAAREVOLUTION (Copyright 2008 by Ute Mahr),*
- *Paar-Entfaltung (Copyright 2014 by Ute Mahr),*
- *Existentieller (Wachstums-)Punkt (Copyright 2008 by Ute Mahr),*
- *Elementare Geschlechterkraft/-kräfte (Copyright 2008 by Ute Mahr),*
- *Elementare Paarkraft/-kräfte (Copyright 2008 by Ute Mahr),*
- *HEILUNGSPUNKT(-Arbeit) (Copyright 2007 by Ute Mahr),*
- *ARCHEMAH-Struktur (Copyright 2007 by Ute Mahr),*
- *ARCHETYPEN-Therapie (Copyright 2007 by Ute Mahr)*

unterliegen dem Urheberrecht.

Copyright: Dr. Ute Mahr 2014.
Dieses Buch ist in all seinen Teilen urheberrechtlich geschützt. Jede Verwertung außerhalb der Bestimmungen des Urheberrechtsgesetzes ist ohne schriftliche Zustimmung der Verfasserin unzulässig. Kein Teil darf ohne schriftliche Genehmigung der Verfasserin reproduziert werden. Alle Rechte vorbehalten.

Druck: Preussler Verlag Nürnberg
       Zweite Auflage 2016.
Lektorat: Waldtraud Conrad
Umschlagsgestaltung: Philippe Lenk
Zeichnung Aura (S. 92) nach Vorlage von Dr. Ute Mahr: Arndt Bareth
Zeichnung Haus (S. 57) nach Vorlage von Dr. Ute Mahr und Prof. G. Übler, sowie Zeichnung Titelblatt (S. 61): Rüdiger von der Goltz

Dieses Buch ist zu beziehen über
ARCHE-MAHR-TRAINING by Dr. Ute Mahr
Körperpsychologisches Partnerschafts-Training Online
Partnersuchen - Partnerfinden - Partnerschaft
Tel. 08177/ 929 49 13, info@arche-mahr.de
www.arche-mahr-training.de & www.paar-evolution.de

PRAXIS für *k ö r p e r* orientierte
PSYCHOTHERAPIE & COACHING
Dr. Ute Mahr
Ludwigstr. 3 A, 82319 Starnberg, Tel. 08151/ 4 4 64 839
mahr-therapie@email.de & mahr-coaching@email.de
www.mahr-therapie.de & www.mahr-coaching.de

Zum Inhalt ...

Dies ist ein Buch für alle Menschen, die sich nach einer dauerhaften, lustvollen und lebendigen Partnerschaft sehnen, in der die Liebe wächst, anstatt zu versanden.

Wir leben in einer neuen Zeit, die viele Weltprobleme gelöst hat, aktuell immer neue Unwahrheiten in unserer Gesellschaft aufdeckt und uns intensiv mit unseren inneren Prozessen konfrontiert. Die Zeit ist nun reif, uns von alten Lasten zu befreien und neue Wege für existentielle Lebensthemen zu finden – zum Wohle aller Menschen.

Obwohl wir uns in der westlichen Welt emanzipiert und sexuell befreit haben, obwohl hier noch nie so viel Frieden, Sicherheit und Freiraum für die Entwicklung des Einzelnen herrschte, so sind doch die meisten Menschen nicht richtig zufrieden mit ihren Partnerschaften, ja, viele sind frustriert, trennen sich oder leben allein. Und ganz viele Menschen in Partnerschaften leiden ohne Aussicht auf Besserung – von gutem Sex ganz zu schweigen.

Die Paarbeziehung ist – zumindest in der westlichen Welt – DIE Herausforderung der Neuzeit geworden und ihre Heilung bleibt eines der letzten, bislang ungelösten Mysterien.

Begeben Sie sich in diesem Buch zusammen mit der Autorin auf eine spannende und oftmals humorvolle For-schungs- und Heilreise zu den Wurzeln der Menschheit und zu der den Menschen innewohnenden *Elementaren Geschlechterkraft*, um deren heilende Wirkung auf die Paarbeziehung zu erleben.

Anmerkung:

Im Folgenden spreche ich von FRAU und MANN im konkreten Sinne der Verteilung der Geschlechtshormone und der messbaren Unterschiede in der Hirnstruktur: Das heißt mit FRAU meine ich denjenigen Partner in einer Liebesbeziehung, dessen Erleben und Verhalten mehr durch weibliche Anteile geprägt ist, mit MANN, denjenigen Partner, dessen Erleben und Verhalten mehr durch männliche Anteile geprägt ist.
Für die meisten Frauen und Männer trifft dies so zu. Auch homosexuelle Paare fühlen zumeist genau, welcher von ihnen beiden eher weiblich und welcher eher männlich denkt, fühlt und handelt.

Im Zuge der Industrialisierung und Emanzipation erlernten viele Frauen Denk- und Verhaltensweisen, die früher eher Männern vorbehalten waren. Und gleichzeitig erlaubten sich auch viele Männer Denk- und Verhaltensweisen, die früher eher Frauen zugeordnet wurden.
Das bedeutet aber auch, dass zwischen dem Denken und Verhalten und der genetischen Anlage eine Spannung herrscht – und Spannung belastet den Organismus. Deshalb ist es sinnvoll, unsere genetischen Anlagen kennenzulernen und in Liebe zu integrieren.
Am einfachsten messbar sind diese Anlagen meiner jetzigen Erfahrung nach mit Hilfe des Fragebogens der Hirnforscher Alan und Barbara Pease in ihrem Buch „Warum Männer nicht zuhören und Frauen schlecht einparken" (2010), S. 103–115, den ich hiermit empfehle.

Danksagung

Herzlichen Dank meiner ganzen Familie, die mir Unterstützung und Lernanregungen für dieses Buch gegeben hat: meinem Mann, meinen Kindern und vor allem auch meinen Eltern und meinen Schwiegereltern, von deren langjährigem Ringen um ihre Ehen ich ganz viel lernen konnte.

Dir, meinem lieben Mann, meinen ganz besonderen Dank und meine Hochachtung für die Kraft und Aufrichtigkeit, mit welcher Du Dich mir als Frau gestellt hast und in unseren langwährenden Beziehungskämpfen mit mir gemeinsam zu heilenderen Dimensionen unseres Paarseins vorgedrungen bist – und dies jeden Tag wieder von Neuem tust.

Und ich danke Gott dafür, dass ich hieraus immer mehr Gefühl für das entwickeln konnte, was heilend wirkt.

Einen kraftvollen Dank an den Mann, von dem ich am meisten über das Thema elementare Kräfte lernen konnte und der mich über 10 Jahre als spiritueller Lehrer begleitet hat: an Hugo-Bert Eichmüller, Sozialpädagoge, Gestalttherapeut und Schamane, Schüler von Wallace Black Elk.

Herzlichen Dank all den Klientinnen und Klienten, die sich mit mir gemeinsam auf den Weg ihrer HEILUNGS-FORSCHUNG gemacht haben und dabei entdeckten, wie ihre Partnerschaft heilen kann und Erfüllung findet.

Ute Mahr

Inhaltsverzeichnis

Vorwort von Hugo-Bert Eichmüller   14
Begrüßung   18
Was dieses Buch nicht ist ...   19

1. **Paartherapie,**   23
   die Arbeit an der Wurzel des Menschseins
   Die körperlichen und seelischen Ursachen vieler Erkrankungen von Menschen liegen in der Stagnation ihrer Partnerschaft begründet ...

2. **Wenn Paartherapien**   27
   nicht den heilenden Punkt treffen ...
   Wie meine eigene Geschichte für mich zum Auslöser wurde, eine neue Form der Paartherapie zu entwickeln ...

3. **Als ich zu begreifen begann ...**   35
   Was Entbindungserfahrungen bewirken können.

4. **Familienaufstellungen, Schamanismus**   42
   und andere Dinge
   Was ich von anderen Methoden, von der Esoterik und vor allem vom Schamanismus für die Paararbeit lernen konnte ...

5. **Die *Elementare Geschlechterkraft***   48
   und der *Existentielle Punkt*
   Es entstand eine eigene Theorie der Elementaren Geschlechterkraft und des Punktes, über den wir uns hinauswagen müssen, damit diese Kraft in uns wieder fließen kann.

6.	**Ganzheitliche Psychotherapie:**	**56**
	HEILUNGSPUNKT-Arbeit mit der ARCHEMAH-	
	Struktur – Finden, was hilft, auf den 7 Ebenen	
	des Menschseins	

Ein neues Konzept ganzheitlicher Präzisionspsychotherapie und darüber, wie die Elementare Geschlechterkraft in die Ganzheit unseres Menschseins eingebettet ist, was sie heilen kann und wo ihre Grenzen liegen.

7.	**Die 7 Ebenen der ARCHEMAH-Struktur**	**71**
	und ihre Bedeutung für die Paartherapie	
	Eine ganz persönliche Betrachtung der Möglichkeiten, Grenzen und Gefahren der verschiedenen Therapieformen	
7.1.	Die „erdigste" Ebene der ARCHEMAH-Struktur: Die SOZIALSYSTEME	74
7.2.	Die zweite, „erdnahe" Ebene: Die PAAR-DYNAMIK (Dyade, Polarität, Yin-Yang)	79
7.3.	Die dritte, „erdnahe" Ebene: Der KÖRPER	81
7.4.	Die vierte und mittlere Ebene: Die PSYCHE – „Verdauungsapparat" und Vermittler zwischen Erde und Himmel, Körper und Seele	84
7.5.	Die fünfte und feinstoffliche Ebene: Der ENERGIEKÖRPER	87
7.6.	Die sechste und „erdferne" Ebene: Die SEELE	91
7.7.	Die siebte und völlig freie Ebene: der GEIST und das BEWUSSTSEIN	112

8.	**„Missing Peace trifft Big O" –**	**115**
	Das „ganzgewordene" Neutrum der Neuzeit ...	
	oder: „Individuation bis zum Singlesein"	

9.	**Das grundsätzliche Problem**	**120**
	in jeder Partnerschaft	
	Das Leiden am Anderssein des Anderen und warum zunächst meistens vor allem die Frau leidet ...	
10.	**Die 10 Schritte wirksamkeitsorientierter**	**125**
	Paartherapie – PaaR-EVOLUTION	
	10 einprägsame Wirkmechanismen, wie die Elementare Geschlechterkraft gestärkt und im Alltag umgesetzt werden kann.	
10.1.	Außen und Innen – Eindringen und Einlassen	129
10.2.	„Harte Fokussierung" und „weiche Weite"	133
10.3.	Geben und Aufnehmen in den Kosmos – die Polarität wird zur Ganzheit.	136
10.4.	Aufrichtiges Drängen und ekstatische Hingabe	141
10.5.	Zeugen/Kämpfen und Gebären/Nähren	145
10.6.	Fürsorgliches Führen und aufnehmendes Sich-führen-Lassen	149
10.7.	Reibung bringt Lust: Kontakt findet an der Grenze statt.	156
10.8.	Begrenzen und Begrenzt Werden – in Liebe	159
10.9.	Erschüttern und Verführen	162
10.10.	Zusammenfassung: Der „Tanz des Paares"	166
11.	**Was wir von Medien-Hypes**	**171**
	für die Paartherapie lernen können	
11.1.	Was wir von „Shades of Grey" lernen können Oder: Warum sadomasochistische Praktiken zwar einen Geschmack der *Elementaren Geschlechterkraft* geben, aber dann doch vor dem Spannendsten stehenbleiben ...	172
11.2.	Was wir von den Geissens lernen können: Warum hinter dieser „glamourösen" Fassade eine tiefere Souveränität steckt ...	176

11.3.	Oder die „guten alten James-Bond-Filme" … Und warum es so hilfreich ist, wenn besonders die Frau eine paarorientierte Einzeltherapie macht …	178
12.	**Allgemeinpsychologische Heilungsschritte**	**181**
12.1.	Loslassen ist Ankommen	181
12.2.	Sind wir nicht alle ein bisschen … Aliens?	187
12.3.	Vom Wohl der Hilflosigkeit	190
12.4.	Alles an uns sind Geschenke für das gemeinsame Lernen …	192
12.5.	Schmerz als Sprungbrett zur Transformation	194
12.6.	Lieben lernen = Groll loslassen lernen	197
12.7.	Der beziehungsgefährdende „Freischuss-Schein"	199
12.8.	Sich vor neuen Verletzungen und unseligen Verquickungen schützen	201
13.	**Konkrete Heilungsstrategien**	**203**
13.1.	Das eigentliche Problem Oder: Warum es für uns so schwierig ist eine erfüllende und glückliche Partnerschaft zu leben …	203
13.2.	Die Vision macht's!	207
13.3.	Heilende Paarkommunikation: Heilung der BE-Ziehung	209
13.4.	Heilung am *Existentiellen Punkt*	216
13.5.	Sex als Therapie?! – Am Sex scheiden sich die Geister …	218
13.6.	Beziehungsheilung durch die Frau	221
13.7.	Versagen – das Damoklesschwert des Mannes in der Beziehung	225
13.8.	Die Kultivierung des Opferdaseins als beziehungstödliche Rache der Frau	230
13.9.	Die Beziehungs-Wahrheit in der Aggression des Mannes	232

13.10.	Vom Wert der oft undankbaren Präsenz der Frau und dem oft ebenso undankbaren Kampf des Mannes für die Familie	236
13.11.	Wie Mann und Frau das Gelingen der Beziehung erschweren können	240
13.12.	Das „Beste" kommt zum Schluss: Der Ausgleich der Machtstrukturen zwischen Mann und Frau	245
14.	**Die Kraftkurve der PaaR-EVOLUTION als Hilfe für eine gelingende Sexualität**	249
15.	**Gelingende Sexualität: Das kleine 4 x 4 der Grundfähigkeiten** *Viel wird über sexuelle Techniken geschrieben, häufig wird es kompliziert – und noch häufiger leer. Hier wird konkret und umsetzbar aufgezeigt, wie ein Paar seine Sexualität tiefer, inniger und ekstatischer leben kann.*	255
15.1.	Wie der Mann die Frau glücklich machen kann …	256
15.2.	Die 4 Erregungsphasen der Frau	266
15.3.	Wie die Frau ihre Lust vertiefen und so den Mann beglücken kann …	272
15.4.	Sich im Sex einander schenken	278
15.5.	Die andere Dimension … oder „Auf der Woge reiten …"	280
16.	**Die 4 Phasen der Entwicklung der *Elementaren Geschlechterkraft* bei Mann und Frau**	284
17.	**Auf ein Wort …** *Selbst-Aufopferung – ein lang verkanntes Partnerschaftsproblem*	288

18.	**Noch einmal mit Gefühl:**	**297**
	Der *Existentielle (Wachstums-)Punkt*	
	Ego-Überwindung im Gegensatz zu Selbstüberwindung und Selbst-Aufopferung	
19.	**PaaR-EVOLUTION – Inhalt und Aufbau**	**303**
19.1.	Die 3 Phasen der Therapie	303
19.2.	Die 3 Faktoren effektiver Paartherapie: Bindung, Kommunikation und Lieben-Lernen	306
19.3.	Die 3 Perspektiven effektiver Paartherapie	309
20.	**Herausfordernde Fragen und Antworten**	**315**
	Antworten auf Fragen, die vielleicht auch Ihnen auf der Seele brennen ...	

Nachwort 322

Literaturverzeichnis

Vorwort von Hugo-Bert Eichmüller

Es war an einem dieser tristen Novembertage Ende der achtziger Jahre. Eine tiefe Ehe- und Familienkrise erschütterte mein damaliges Leben. Gleichzeitig begann das größte wegführende und spirituelle Bewusstseinsabenteuer meines Lebens: meine tiefe und umfassende Begegnung mit dem visionären, mystisch-spirituellen Weg der Lakota-Völker. Mein spiritueller Ziehvater Wallace Black Elk führte mich ein in die Welt der Spirits, der lebendigen Geistwesen und ihrer edlen Macht über Glück und Leid in unserem seelischen Dasein. Er öffnete mir die richtigen Pforten der Wahrnehmung in Bewusstseinswelten, die unsere Kultur schon lange vergessen hat. Es war die Zeit des radikalsten Wandels meines Lebens.

Großvater Wallace und ich waren, wie so oft, unterwegs. Wir sprachen nie über unsere privaten und intimen Beziehungen. Doch angesichts der großen Liebes- und Beziehungsnot sagte ich zu Großvater Wallace Black Elk: „You know Grandfather, I have a big problem with my wife." Und dann fuhren wir stundenlang von Nürnberg aus in Richtung Polen. Wallace saß neben mir und begann zu singen. Ein Gebetslied nach dem anderen. Wieder Schweigen, wieder Singen. Nach Stunden kam die Antwort: „You know son, it's problem for thousands and thousands of years."
So war er, mein Ziehvater, Wohltäter, Lehrer und Meister. Mit dieser Antwort stand mein persönliches Problem plötzlich in einem riesigen Kontext des Menschseins an sich. Mein Schicksal war eingebunden in das Schicksal und in die Gnade, Mensch zu sein. Das Beziehungsproblem zwischen Mann und Frau ist so alt, wie der Mensch an sich. Bis heute ist mir kein Kulturkreis bekannt, der das Paarbeziehungsthema souverän und heilvoll

gelöst hat. Die Lösung liegt aus meiner Sicht noch in der menschlichen Zukunft.

Dr. Ute Mahr legt mit dem vorliegenden Buch ein umfassendes Werk vor, welches das geheimnisvolle und abenteuerliche Zusammenspiel von dem uns innewohnenden Menschentier und der zu entfaltenden Menschenper-sönlichkeit in einer wirklichen, tabulosen Ganzheitlichkeit neue Perspektiven aufzeigt. Sie stellt die Beziehungsliebe auf den Boden der natürlichen Frucht-barkeitskräfte. Und sie erarbeitet einen Lösungsweg für Paare, die sich ganz nehmen und ganz geben wollen.
Sie erläutert und beschreibt die Phasen der Dynamik der Sehnsucht nach liebender Einheit der Unterschiede von Mann und Frau als einen Wachstumsprozess, der trotz und durch diese Unterschiedlichkeit entsteht. Und ihre Beschreibung reicht vom scheinbar profanen (aus dem Lateinischen: „vorheilig" oder „sich vor dem Heiligtum befindend") sexuellen Akt bis hin zur Erfahrung der heiligen, goldenen Verschmelzung. Es geht um die Aufhebung der Dualität, um das Loslassen von Ego-Konzepten bis hin zur harmonischen Ganzheitserfahrung zweier Menschen.

Spiritualität ist gekennzeichnet durch Anbindung an eine höhere und umfassendere Dimension nicht-körperlicher Existenz(en), durch Selbsttranszendenz und durch Sinnhaftigkeit der eigenen und kollektiven Existenz. Egozentrik und Egoismus sind getrennt und isoliert von der großen, mystischen Ganzheit der Welt. Unser Ego ist immer hungrig und bedürftig, weil es von der seelischen Entität getrennt ist. Das Ego ist ein konzeptionelles Dasein, das keine eigene Wesenskraft in sich trägt, sehr wohl aber die Seele in den Stress der erdachten Ordnung zwingt. Das Dauerleid vieler Paare hat ihre Ursachen im permanenten „Ego-Update", das den

Boden der natürlichen Spiritualität und der klugen, einfachen Lust verloren hat.

Liebe und Beziehung ist Vereinigung zu und in einem größeren Ganzen. Liebe verlangt die Anbindung an das Größere und ist dadurch in ihrer Natur ich-überschreitend. Liebe und Sexualität sind übermenschliche Größen, denen wir heute nicht mehr mit geistloser Triebhaftigkeit oder einem „Recht auf Sex", wie es sogar in manchen Ländern gesetzlich garantiert ist, begegnen können. Das Gelingen der Liebe fordert die Ego-Überschreitung, das Hinauswachsen über die Begrenzungen des eigenen Egos und die Aufgabe unseres Konzeptes, wie der andere zu sein hat. Sie fordert die Selbsttranszendenz, unsere altruistische Hingabe und unsere Responsibility (Verantwortlichkeit). Responsibility ist unsere Ability, unsere Fähigkeit, im Geist der Liebe angemessen und kompetent zu antworten. Im Geist der Liebe den Alltag als Paar zu meistern.

Unsere hoch differenzierte Bildungsgesellschaft hat das Ich in den Fokus gestellt. In früheren Zeiten war das Wir einer Paarbeziehung eine Schicksalsgemeinschaft, um Not zu bewältigen und die Fortpflanzung zu garantieren.
In der heutigen Zeit reicht das nicht mehr aus. Heute braucht eine Liebesbeziehung Wissen und Weisheit – und die kommt bekanntlich nicht zu den Faulen, die müssen wir uns alle erst erarbeiten. Doch es lohnt sich, weise zu lieben.
Wer sein Ego in der Partnerschaft überwinden kann, hat große Chancen, das heilige und heilende Befreiungserlebnis in Beziehung zu erleben.

„The problem of thousands and thousands of years" schreit nach guten Lösungen. Heute haben wir im Grunde den materiellen Boden für Liebesfreiheit, denn: Zum einen hat uns unser Sozialsystem von den Zwängen der Ehe als Ernährungsgrundlage der Familie befreit, zum anderen hatten hatten die Menschen noch nie so viele Zugänge zu Weisheit wie heute. Es ist heute eine Frage der Bereitschaft, sich die Liebesweisheiten, die durch altes Wissen und moderne Wissenschaft verfügbar sind, durch Einsicht und Disziplin zur Liebe zum eigenen Wohl, zum Wohl unserer Partner und letztlich zum Wohl aller Lebewesen zum ALLtag werden zu lassen.

Danken wir all unseren Ahnen für ihren Weisheits- und Befreiungskampf. Befreien wir unsere Seele, achten wir auf unsere Körperseele, lernen wir weise für die Liebe zu sein, damit wir als Menschen nach dem Höhenflug der Ich-Entfaltung wieder in die Geborgenheit der Liebe nach Hause kommen: in die Paarbeziehung und die Lebensgemeinschaft der Menschen und Tiere auf Mutter Erde.

Möge dieses Buch Sie tiefer und geerdeter in das offene Geheimnis der heilenden und heiligen Liebesbeziehung zu Ihrem Partner, Ihrer Partnerin und der Welt führen.

Nürnberg, den 30.06.14   Hugo-Bert Eichmüller

Grüß´ Sie Gott, mein Name ist Dr. Ute Mahr.

HEILUNGSFORSCHUNG ist meine Faszination – hier wurde mein Beruf zur Berufung und mein Leben zum Studium. Hier erfuhr ich, wie Heilung funktioniert und wie Lebensdramen entstehen und wieder vergehen.

Schon immer faszinierten mich Partnerschaft und Sexualität. Durch Psychotherapie, durch Selbsterkenntnis und durch die Bearbeitung der eigenen Probleme solle man Liebe besser leben lernen, hatte ich gelernt. Also müßten ja auch Psychotherapeuten bessere Ehen führen, hatte ich gedacht. Nur, dem ist nicht so. Ganz viele Psychotherapeuten (sowohl psychologische als auch ärztliche und Heilpraktiker-Psychotherapeuten) sind geschieden und führen auch nach der Scheidung unbefriedigende Paarbeziehungen – zum Teil ohne Sexualität. Hier fehlt also immer noch funktionierendes Handwerkszeug zur Heilung von Beziehungen.

Deshalb suchte ich als praktisch denkender Mensch und mit meinem Arbeitsschwerpunkt „Körperorientierte Psychotherapie" weiter nach funktionierenden Wegen und studierte hierzu auch das alte Wissen verschiedenster Völker. Nach über 25 Jahren Forschung konnte ich dann endlich das von mir Erlernte in ein funktionierendes Konzept von Paartherapie fassen, das ich Ihnen hiermit vorstellen möchte als:

Das *kleine* Buch von der *großen* Kraft.

Ich freue mich, dass Sie dieses Buch gekauft oder geschenkt bekommen haben und wünsche Ihnen viel Freude beim Lesen.

Ute Mahr

Was dieses Buch nicht ist ...

Wenn mich Menschen nach meinen Erfahrungen als Paartherapeutin fragen und ich dann erzähle, was ich herausgefunden habe, höre ich häufig, das sei doch *nur* meine persönliche Meinung. Zu sehr steht dieses Konzept der allgemeinen Vorstellung unserer heutigen modernen Menschheit über das Funktionieren von Partnerschaft entgegen.

Aber gerade meine persönliche Meinung ist es eben nicht. Im Gegenteil – niemals hätte ich als frei denkender Mensch und emanzipierte Frau gedacht, dass das Miteinander von Frau und Mann solchen Gesetzmäßigkeiten unterliegt, wie sie sich mir in meinen langjährigen Forschungen gezeigt haben. Und dieses Forschen war ja nicht einfach nur ein persönlicher Weg, sondern es war ein Forschen mithilfe der im Psychologiestudium erlernten wissenschaftlichen Methoden der Beobachtung und Analyse sowie der ständigen Klärung meiner Wahrnehmung in verschiedensten Therapieausbildungen und Lehrtherapien.

Die Schulung der Wahrnehmung zu möglichst großer Objektivität war – zumindest in meiner Zeit – sowohl im Psychologiestudium als auch in der Gestaltpsychotherapieausbildung ein wichtiger Teil des Lehrplans. Wissenschaftliches Denken und Wissenschaftstheorie, das Unterscheiden von Objektivität und Subjektivität, die Unterscheidung von Hypothesen und wissenschaftlich belegten Erkenntnissen gehörten zu unserer Ausbildung – und das erlebe ich gerade in einem so schwer greifbaren Fach wie der Psychologie als von entscheidender Bedeutung. Und objektiv heißt hier eben nicht subjektiv, sondern unabhängig von

der persönlichen Sichtweise, festgemacht an beobachtbaren Fakten.
In allem, was nicht gut über objektive Testverfahren erfasst werden kann, wird der Psychologe selbst zum Untersuchungsinstrument – und muss infolgedessen seine Wahrnehmungsfähigkeit entsprechend klären, um möglichst unverzerrt die Realität wahrnehmen und beschreiben zu können. Hierzu dienen z.B. Beobachtungsübungen, aber vor allem auch möglichst weitreichende Selbstklärung und Wahrnehmungstrainings wie ich diese in jahrelangen Lehrtherapien in den verschiedensten Therapiemethoden möglichst weit voranzutreiben suchte.

Ich weiß – wie mir selbst, so wird auch vielen anderen Menschen dieses Konzept zumindest zunächst „nicht schmecken".
Doch das Eigenartige ist: Erzähle ich langjährig verheirateten Paaren, die zum gemeinsamen Glück gefunden haben, von meinen Erkenntnissen, so reagieren diese nur mit einem selbstverständlichen, entspannten Nicken.
Erzähle ich jedoch Paaren, die voller Wut aufeinander sind oder Singles von meinen Erkenntnissen, so kommt es häufig zu einer aggressiven Reaktion – besonders von Seiten der Frauen.
Besonders frau mag nicht, was ich herausgefunden habe – obwohl es funktioniert und ich dieses Funktionieren durch viele gelungene Paartherapien, aber auch durch meine eigenen Erfahrungen, belegen kann.

So ist der Mensch: Er will nicht sehen, was ihm nicht gefällt.So groß ist sein Streben nach Glück dann doch nicht.
Aber was bringt den Menschen dann dazu, an dysfunktionalen Ideen über Partnerschaft festzuhalten?

1) **„Angst, das tut mir nicht gut"**: Das Wichtigste ist sicherlich das Gefühl, das, was einem ein Paartherapeut zur Beziehungsverbesserung aufzeigt, lasse sich nicht mit den eigenen inneren Impulsen vereinen. Dann wird und muss man es abwehren.

   Doch dies ist nur ein oberflächlicher Gegengrund, denn genau darum geht es in der Paartherapie: Wege zu finden, wie sich die Seelenimpulse der beiden Menschen mit den Gesetzen einer funktionierenden Partnerschaft verbinden lassen. Und häufig erweisen sich die der Partnerschaft scheinbar entgegenstehenden Dinge, an denen man so zwanghaft festhält, dann doch nur als Abwehrstrategien des Egos dagegen, sich tiefer einzulassen.

2) **„Angst, sich für den Partner selbst aufgeben zu müssen"**: Häufig hat man auch das Gefühl, dass man für die Partnerschaft zu viel von den eigenen inneren Bedürfnissen aufgeben muss oder hierin vom Partner blockiert wird und an ihm leidet.

   Dann nützt man gerne dysfunktionale Partnerschaftskonzepte, um sich in einer langjährigen Partnerschaft den Raum für den eigenen Weg zu erhalten – ohne an der Partnerschaft lernen zu müssen. Man geht einfach innerlich allein seinen Weg weiter, ohne mit dem Partner einen gemeinsamen Weg zu erarbeiten.

3) **Andere Prioritäten als das Glück in der Partnerschaft**: Vielen Menschen sind heute andere Dinge wichtiger als eine glückliche Beziehung, und deshalb scheuen sie die Mühe, sich wirklich tief mit dem „Wir" auseinanderzusetzen. Sie haben einfach andere Prioritäten, z.B. ihre eigenen Angelegenheiten oder Hobbies, und ziehen am Ende das Alleinsein oder

Kurzzeitbeziehungen vor. So wichtig ist die Partnerschaft dann doch wieder nicht.

4) **Mangelndes Vertrauen in die Möglichkeit eines befriedigenden „Wir":** Und oft ist es das fehlende Vertrauen, dass überhaupt ein gemeinsamer Weg gefunden und erarbeitet werden kann. Man gibt lieber auf, als sich innerlich tief mit dem Partner und mit sich selbst auseinanderzusetzen. Auch hier hat die Beziehung nicht oberste Priorität.

Dies war auch das Ergebnis der aktuellen soziologischen Forschung zur Partnerschaft: Der einzige Unterschied zwischen Singles und Paaren ist, dass Singles weniger intensiv einen Partner wollen. – Es ist also doch das „Ich will", wie es das christliche Eheversprechen abverlangt, das zum Gelingen einer Partnerschaft führt, wenn man es weiterverfolgt.

1. Paartherapie,
die Arbeit an der Wurzel des Menschseins

Die körperlichen und seelischen Ursachen vieler Erkrankungen von Menschen liegen in der Stagnation ihrer Partnerschaft begründet ...

... was wohl daran liegt dass in der Partnerschaft am fundamentalsten der Konflikt zwischen den inneren Seelenimpulsen und unserer Umwelt herausgearbeitet wird. Wenn dieser Konflikt uns nicht mehr lösbar erscheint, wenn wir hier resignieren, uns „arrangieren", anstatt um Liebe und Entwicklung zu ringen, werden wir krank.

Wie sieht dies genau aus?
Eine Ehe oder andere langjährige sexuelle Partnerschaft ist das Intimste, das zwischen Menschen möglich ist, da eine Verbindung auf allen Ebenen des Menschen entsteht: auf der Ebene des Geistes, der Seele, des Körpers u.v.m. (vgl. Kap. 6 und 7). Dem können wir uns nicht mehr so einfach entziehen.

Die Seele in jedem Menschen will nun die ihr innewohnenden Entwicklungsideen in der Welt umsetzen und reibt sich an den realen oder auch nur empfundenen Grenzen des Partners. Wenn der Mensch hier keine Lösungsmöglichkeit sieht, sondern über lange Zeit einen scheinbar unüberwindbaren Konflikt erlebt ohne eine gute Lösungsmöglichkeit, wird er entweder resignieren oder sich aus der Partnerschaft herausziehen und seine Impulse anderswo umsetzen. Damit wird jedoch der Entwicklungsimpuls in der Seele nicht verwirklicht, denn zu diesem Entwicklungsimpuls gehört immer auch die Bearbeitung der Hemmung.

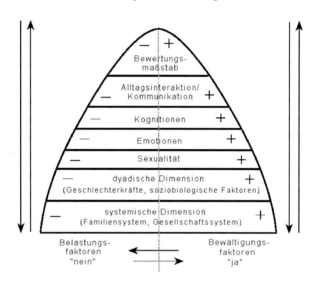

Ein Beispiel: Ein Paar hatte jahrelang guten Sex, aber nach den Kindern zieht sich die Frau zurück und verweigert den Sex. Der Mann ringt, bemüht sich, aber es hilft alles nichts. Sie will nicht. Er will auch nicht fremdgehen, er will auch nicht mehr weiter auf sie zugehen, er gibt auf. Also schließt er seine Sehnsucht in sich ab. Später erkrankt er an Depression.

In der Therapie erkennt er, dass nicht einfach seine Frau „schuld an seiner Depression ist, weil sie ihm den Sex verweigert". Es ist komplizierter: Er hat eine tiefe Angst, fundamental zu seinen körperlichen Bedürfnissen zu stehen und seine Wünsche in einer Partnerschaft auch zu vertreten. Er opfert sich ebenso in anderen Bereichen für seine Mitmenschen auf (z.B. in seinem Verein oder für seine Kinder) und achtet nicht auf seine Grenzen.

Hier ist die Partnerschaft quasi das Spielbrett für die Bearbeitung des inneren Entwicklungsthemas mit der Rollenverteilung: der Partner als Hemmschuh und man selbst als der Umsetzen-Wollende.

Zur Heilung ist es wichtig, das GANZE Spielfeld wieder als Teile des eigenen Selbst zu begreifen und den Partner nur als den Statist im eigenen Drama. So entsteht wieder ein Gefühl von Selbstwirksamkeit, von Entscheidungs- und Handlungsmöglichkeiten – und der Mensch kann wieder aktiv vorwärtsgehen, statt passiv in Resignation zu verfallen und krank zu werden.

Und, dieser Statist kann völlig echt aussehen – oder, wie einer meiner Therapie-Lehrer zu sagen pflegte: „Projektionen können auch stimmen" (Zitat Prof. H.-P. Dreitzel). Das ist jedoch unerheblich. Wichtig ist, die Partnerschaft als Spielfeld zur Bearbeitung der eigenen inneren Konflikte zu begreifen, sonst beginnen wir, den Partner zu bekämpfen, statt tiefer lieben zu lernen.

In der Reinkarnationstherapie wird dies noch deutlicher: Häufig sind die Hemmungen, die einem in diesem Leben durch den Partner dargestellt werden, Traumen, die in früheren Leben erfahren wurden. Diese gilt es nun, in sich zu klären, sodass sie nicht mehr auf den Partner projiziert werden.

Kurz gesagt:
In der Partnerschaft kommt es am ehesten zu tiefen, krankmachenden Konflikten, weil wir in diesem Feld der Tiefen-Intimität dem inneren Entwicklungsdrang unserer Seele am

wenigsten ausweichen können und an die Grenzen unseres Partners zu stoßen scheinen.

Ich sage „scheinen", denn fast immer entpuppt sich dieses An-die-Grenzen-des-anderen-Stoßen als das zentrale Lernthema der Seele, das unbedingt in diesem Leben gelöst werden will – deshalb werden wir krank, wenn wir es nicht bearbeiten – und nicht etwa, weil der Partner uns hemmt. Denn dieser, wie bereits gesagt, ist nur Statist in unserem eigenen Drama.

2. Wenn Paartherapien
nicht den heilenden Punkt treffen ...
Wie meine eigene Geschichte für mich zum Auslöser wurde, eine neue Form der Paartherapie zu entwickeln ...

Vor vielen Jahren nahmen mein erster Mann und ich an einer mehrjährigen Fortbildung in Paartherapie teil.
Wir verstanden uns eigentlich sehr gut, hatten vieles zusammen bewältigt: ein Haus renoviert, Kinder bekommen, mit ihnen viele Schwierigkeiten und Kinderkrankheiten durchgestanden. Und jetzt waren die Kinder „aus dem Gröbsten raus" und wir hätten einfach eine gute Zeit zusammen haben können und – es war schon Liebe, die uns verband ... oder vielleicht doch nicht?

Das Problem war nur, wir schliefen kaum mehr miteinander, obwohl es früher doch so schön war. Und wenn wir es probierten, dann wurde es komisch, passte irgendwie nicht und keiner war mehr zufrieden.
Was war los?

Wir wollten lernen und für die Liebe über unsere Schatten hinauswachsen – deshalb waren wir hier, zusammen mit einigen Paaren in ähnlicher Situation, einigen Singles und vielen, die ohne ihren Partner gekommen waren.
Und wir lernten vieles: Wir lernten die „Säulen der Partnerschaft" kennen wie Zeit, Sexualität, Geld ...
In der Gruppe waren wir das „Parade-Paar", wir konnten gut kommunizieren und unsere Liebe gut ausdrücken. Trotz unserer Differenzen war ganz viel bei uns gut und wir arbeiteten voller Hoffnung an unserer gemeinsamen Zukunft. So viel hatten wir zusammen durchgestanden und soviel hatten wir als Ehepaar

zurückstecken müssen mit zwei kleinen Kindern – jetzt wollten wir neu zueinander finden!

Nach den in dieser Gruppe vermittelten Werten waren wir auf dem richtigen Weg.

Nebenbei lernte ich auch an Beziehungsproblemen der anderen Paare und beobachtete, ob die in der Ausbildung trainierten Bewältigungsfähigkeiten auch funktionierten. Das Paar gleich neben uns: Sie – Lehrerin für Tantra. Er – groß und erfolgreich. Beide hatten eine Firma zusammen. Als wir uns in einer Art Aufwärmübung warmtanzen sollten, legten sie eine „derart erotische Sohle aufs Parkett, dass es nur so knisterte". Denen musste es besser gehen als uns, vermuteten wir … und hörten Arges. Auch sie schliefen schon lange nicht mehr miteinander, ganz viel Verbitterung war zwischen ihnen, weil sie ihre sexuellen Bedürfnisse gar nicht mehr unter einen Hut brachten.

Oder das andere Paar: Sie wirkten, als würden sie so gut zusammen passen. Doch als sie ihre eigenen und ihre gemeinsamen Bereiche malen sollten, zeigte sich nur große Distanz. Später erfuhren wir, dass er eine Geliebte hatte und ausgezogen war. Vielleicht sind sie inzwischen wieder zusammen, wir wissen es nicht.

Und die anderen: Das Bedürfnis nach Sexualität – und vor allem nach beglückender Sexualität – stand allgegenwärtig im Raum: bei den Singles sowieso und bei den Paaren aus Frustration.
Einige Jahre zuvor hatte ich den Kongress für Sexualtherapie in Würzburg besucht, der damals unter dem Motto stand: „Das Zeitalter der Lustlosigkeit". Wieso dies – wir haben doch alle

Möglichkeiten und keine Sanktionen mehr in Deutschland – zumindest, solange wir keiner Religion angehören, die hier Grenzen setzt. Sind wir zu frei geworden?

Was war mit uns allen los?
Wir hofften durch die Paartherapie die Ursachen unserer Lustlosigkeit zu finden und verändern zu lernen.

So ließen wir uns auf viele verrückte Sachen ein:
Sinnengenuss sollten wir üben mit Hilfe eines rauschenden Festes mit Musik, gutem Essen und Erotik …
In einer großen Runde sollten Frauen und Männer getrennt über ihre sexuellen Wünsche sprechen …
Wir sollten uns wirklich bloß zeigen, indem wir uns nackt vor eine Gruppe stellten und anschauen ließen …
Und vor allem sollten wir miteinander kommunizieren lernen, sodass jeder begreifen konnte, wie er am anderen zum Täter wurde.

Intensiv machten mein Mann und ich parallel eine Lehr-Paartherapie bei einem erfahrenen Paartherapeuten (der sich danach übrigens auch von seiner Frau trennte).

Und am Ende … lief mir irgendwann ein Mann über den Weg, der mir all das zu bieten schien, was ich ersehnt hatte. Ich „biss an", löste mich aus meiner Ehe – und hatte natürlich in meiner grenzenlosen Sehnsucht beim Falschen „angebissen". Es wurde die größte Frustration meines bisherigen Lebens und so furchtbar für mich, dass es den alten Beschreibungen der Hölle nahe kam.

Zu meinem Lebensstil gehört es, dass ich mir immer, wenn es in meinem Leben mehr kriselt als ich selbst bewältigen kann, professionelle Hilfe hole. Das ist eine tolle Sache: Zum einen kläre ich meine Sachen gleich, ohne dass sie sich lange anstauen, zum anderen lerne ich als Psychotherapeutin auf diese Weise immer neue Themenbereiche ganz tief aus dem eigenen Erleben kennen. Da ich dies nun seit über 20 Jahren tue, haben sich immer mehr Themenbereiche angesammelt, die ich im eigenen Erleben in ihren Tiefen ausloten konnte. Und das danken mir meine KlientInnen.

Aber zurück zu meinem ganz persönlichen Drama: So peinlich es sein mag, ich war auf einen typischen Frauenhelden hereingefallen, der von sich selbst sagte, er habe schon viele Frauen verletzt. Und ich wollte nicht sehen. Ich hatte mich einlullen lassen davon, dass auch er sich zuvor aus einer 10-jährigen Beziehung gelöst hatte. Er hatte die geniale Gabe, die Sehnsüchte einer Frau herauszukitzeln und deren Erfüllung quasi dreidimensional in den Raum zu stellen. Er konnte perfekt Illusionen erwecken, indem er mich ermutigte, meine Fantasien auszusprechen und diese dann auch erfüllte. Und er gab viele Signale, die mich einluden, ja drängten, mich ihm ganz zu öffnen, wie mir nach dem Sex zu sagen: „Jetzt bist du meine Frau", oder: „Wenn wir einmal heiraten, dann muss es in Weiß sein." Da geht einem als Frau nun einmal das Herz auf. Da wusste jemand, wie man eine Frau an sich bindet.

Doch es kam, wie es bei solchen Männern meistens kommt: Erst umwarb er mich drängend, aber als ich dann kam, „zog er" sprichwörtlich „den Schwanz ein". Solange ich in einer festen Beziehung gewesen war, war ich interessant für ihn, aber sobald ich mich gelöst hatte und mich auf die Beziehung einließ, erklärte er, dass er nicht in mich verliebt sei. Auch da begriff ich noch nicht richtig.

Ich fiel in ein tiefes Loch. Meine Freunde, meine Eltern, mein Supervisor, ja sogar ein Medium erklärten mir, was ablief, aber zu tief war ich in meinen verletzten Gefühlen und vor allem in meiner Sehnsucht gefangen. Ich rannte ihm hinterher – und er ließ mich abblitzen.

Auf diese Weise konnte ich auch diese sehr erniedrigende Seite des Lebens gründlich erforschen. Das Gute daran: Ich übte, es ganz bewusst und mit all meiner Liebe zu mir selbst zu tun und entdeckte viele mir bislang unbekannte Schattierungen dieser seltsamen Begegnung. Irgendwie kannte ich diesen Mann, und immer, wenn ich an ihn dachte, konnte ich seltsamerweise aus dem, was er einmal gesagt hatte, etwas für mich gewinnen, das mich weiterbrachte. So bitter das Ganze war, ich habe noch nie so viel aus einer Begegnung mit einem Menschen gelernt, die insgesamt nur zwei Monate angedauert hatte. In der Reinkarnationstherapie konnte ich viele Leben erfahren, die wir anscheinend zusammen erlebt hatten. Ein großer Drang in mir blieb, diese Sache gut zu Ende zu bringen. Aber das war in diesem Leben irgendwie nicht möglich.

Aber egal, die Geschichte ging weiter: Ich spürte dem nach, was mich so tief in der Beziehung und Sexualität mit diesem Mann berührt hatte und lernte immer präziser zu unterscheiden, was mir davon gut getan hatte, was ein wirkliches Bedürfnis war, aber eben auch, was mir gar nicht gut getan hatte, was mich in eine ungesunde Abhängigkeit gebracht hatte:

Dieser Mann war ein genialer Liebhaber, er hatte schon viele Frauen studiert und konnte ihre Wünsche perfekt erfüllen – aber mein Körper reagierte mit Pilzinfektionen. Und: Es machte süchtig, ohne wirklich zu befriedigen. Es zog mich weg aus dem Alltag wie eine Droge. Warum?

Als Mensch hatte ich diesen Mann gar nicht erkennen können, denn im Vordergrund standen die sexuelle Sehnsucht und die sexuelle Befriedigung, die uns beide trieben.

Das war wohl der Grund, warum früher – und noch heute in manchen Kulturen – die Menschen verheiratet werden und ihre Eltern mit Abstand und nach rationalen und sozialen Kriterien den Partner wählen.
Dieser Mann hatte sehr gut erkannt, dass wir eigentlich nicht zusammen passten und hatte es so ausgedrückt: „Es hat uns am falschen Ende zusammengeschweißt." Das war präzise auf den Punkt gebracht.

Das Schlimme war nur: Er konnte sich lösen, ich aber nicht. Ich war eine Bindung eingegangen durch dieses Mich-ihm-Hingeben, er hingegen nicht.

Aber es kam noch ein weiterer, interessanter Lernaspekt hinzu:
Als ich in der Folgezeit immer wieder auf ihn zuging und meine Zurückweisung einsteckte, war ich mehr und mehr bereit, einfach zu nehmen, was er mir gab – ohne zu fordern, zu drängen, zu jammern oder zu weinen -, einfach weil ich ihn liebte. Und diese Liebe fühlte sich sehr gut an. Da gab es einen Zustand, in dem ich klar, entspannt und voller Liebe war – ohne dieses Unbedingt-haben-Wollen, einen Zustand, in dem die Welt grüner und leuchtender war, als ich sie je erlebt hatte.
Irgendetwas hatte ich begriffen: Liebe macht uns weit, lässt uns über die kleinen Wünsche hinauswachsen, kann Berge versetzen.

Aber ich war mich auch immer noch festgefahren: Er wollte mich nicht und ich hätte für die Liebe viel zu viel gegeben und mich und meine Bedürfnisse völlig verleugnet.

Das Gesunde musste dazwischen liegen – und von da an machte ich mich auf die Suche. Welche Haltung muss ich als Frau einnehmen, um „den richtigen Mann" zu finden und zu halten, damit daraus eine dauerhafte, erfüllende Partnerschaft entsteht? Und wie erkenne ich, ob ein Mann der Richtige für mich ist, und ob er sich wirklich einlässt?

Natürlich, nicht alle Ehen sind rettbar, aber was mich so an den bisher erlernten Formen der Paartherapie zweifeln lässt, ist, dass sie uns nicht an den entscheidenden Punkten wachgerüttelt, sondern uns in der Illusion gefördert haben, auf dem besten Weg der Heilung zu sein. Irgendwie traf diese ganze Paararbeit also offensichtlich nicht den Kern der Sache. Was wir gelernt haben, hatte die Kraft zwischen uns nicht gestärkt, sondern nur unsere Kommunikationsfähigkeiten gefördert. Und Kommunikationsfähigkeiten trugen jedoch offensichtlich nur wenig zum Gelingen unserer Ehe bei. Dies kann ich auch immer wieder bei alten, langjährig glücklich verheirateten Paaren beobachten: Die Kommunikation bringt mehr Qualität, aber nicht unbedingt Bindung. Paare bleiben irgendwie aus anderen Gründen zusammen als aufgrund guter Kommunikation.

Aber was ist denn dann der Kern der Sache, oder zumindest wesentlich für eine gelingende Ehe?

Aus diesem Suchen nach den Kräften und Gesetzmäßigkeiten der Partnersuche und Partnerschaft, nach dem, was die Liebe und die Lust über Jahre lebendig erhält, entstand dieses Buch.

3. Als ich zu begreifen begann
Was Entbindungserfahrungen bewirken können ...

Jahre vor dieser Geschichte schon war ich durch ein seltsames Erlebnis quasi auf die heilende Spur dieser Urkraft der Sexualität gesetzt worden:
Nach meiner zweiten Entbindung war irgendwie alles anders. Diese Entbindungserfahrung hatte etwas in mir freigesetzt und geheilt, das von unwahrscheinlicher Kraft war.

Aber was war das? Warum geschah dies bei einer Entbindung, aber nicht bei den vielen Psycho- und Körpertherapien, die ich gemacht hatte?

Ich hatte – wie bei der Geburt unseres ersten Kindes – zu Hause entbunden. Ich war ja gesund, das Kind war gesund, ich hatte Vertrauen in mich selbst, eine gute Verbindung zu meinem Körper und Kontakt zu dem Kind in mir.

Sicherheitsliebend wie ich bin, suchte ich mir bei der ersten Entbindung eine Hebamme, die Belegbetten im nächsten Krankenhaus hatte, um im Notfall von ihr auch in der Klinik weiterbetreut werden zu können.
Obwohl ich gespürt hatte, dass sie eine „Macherin" war und dies für mich eigentlich nicht richtig passte, weil ich auf meine Art und in meiner Zeit entbinden wollte, erschien sie mir als die momentan beste Lösung.
Die Geburt verlief zwar normal, d.h. ohne Komplikationen, aber ich fühlte mich von dieser Hebamme immer wieder unter Druck gesetzt, abgewertet, ja vergewaltigt. Immer wieder drängte sie mich, zu pressen, obwohl ich keinen Impuls dazu verspürte. Als

ich ihr das sagte, erklärte sie mir, ich würde ausweichen, den Schmerz vermeiden ... Ich kam mir als Versagerin vor, geriet in Zweifel und in einen Zwiespalt mit mir selbst. Bislang hatte ich meinem Körper immer vertrauen können, aber sie meinte, ich müsse anders handeln, als ich es spürte. Vielleicht spürte ich falsch? Sie war doch die Fachfrau ... Ich kam ganz durcheinander und landete weinend und verzweifelt auf dem Boden.

Aber mein Kampfgeist kam wieder zurück – und: Oh, war das gut, dass ich in meinem eigenen Haus entband und so das „Platzrecht" hatte. Ich bat sie, mich für einige Zeit allein zu lassen, damit ich mich sammeln konnte. Sie ging. Jetzt konnte ich wieder Kontakt zu mir selbst aufnehmen und wieder Vertrauen in meinen Körper fassen, aber plötzlich ging alles ganz schnell: Die Wehen kamen schneller, heftiger und es ging „zur Sache".

Als ich sie wieder hereinbat und ihr sagte, dass ich auf meine Art weiterentbinden wolle, waren die Wehen bereits heftig und ich war nur noch damit beschäftigt, zu schreien und zu pressen. Sie übernahm das Kommando, legte mich hin, zog das Kind heraus – und fertig. Die Geburt war vorüber und ich hatte mein Kind in den Armen. Glücklich.

Dann zog sie mir auch noch die Nachgeburt an der Nabelschnur heraus. Das geschah so schnell, dass ich gar nicht so recht begriff, wie mir geschah.

Als auch das vorbei war und sie gegangen war, wurde es sehr schön mit uns dreien: Mein Mann, das Kind und ich lagen zu Hause im Bett und genossen die Ruhe und Innigkeit.

Aber: Immer mehr rumorte es in mir. Ich fühlte mich vergewaltigt. Obwohl jetzt alles so schön war. Als ich die Hebamme darauf ansprach, erklärte sie, es sei alles okay, die Frauen wollten es schnell hinter sich bringen und ich hätte den

Schmerz vermieden. Als ich ihr sagte, dass ich in der von mir gewählten Körperhaltung hätte entbinden wollen, auf meine Art und ohne diesen ständigen Zeitdruck und dass ich mich vergewaltigt fühlte, wich sie nur aus, belächelte mich und konnte anscheinend damit gar nichts anfangen.

Das war es also nicht gewesen, was ich gesucht hatte. Obwohl ich mit der Hebamme all meine Wünsche vor der Entbindung besprochen hatte und sie so verständnisvoll schien, handelte sie dann doch ganz anders und verstand nicht einmal mein Problem.

Beim nächsten Mal mache ich es anders, plante ich, und freute mich schon auf das nächste Kind. Der Schmerz war vergessen und der Drang, mehr über diese Urkraft, die ich in Ansätzen gespürt hatte, zu erfahren, war geweckt.

Bei der zweiten Entbindung entschied ich mich für eine andere Hebamme und gab ihr gleich zu Anfang schriftlich, was ich an Hilfe von ihr wollte und was nicht. Und – das war noch viel besser – zuerst einmal fühlte ich ihr auf den Zahn, wie sie mit dem Leben umging. Ich wollte wissen, ob sie wieder eine gnadenlose „Macherin" war, die sich nur einfühlsam gab, oder wirklich meine Wünsche würde respektieren können. Sie sprach immer etwas geheimnisvoll von ihren spirituellen Kursen, was mir komisch vorkam, aber sie war in Ordnung.
Diesmal war es wirklich MEINE Entbindung.
Niemand drängte mich. Mein Mann war top vorbereitet durch das geniale „Väter-Buch" von Janet Balaskas („Väter begleiten die aktive Geburt"), die Hebamme kompetent und respektvoll und ich war … krank.

Mist. Genau bei meiner Entbindung hatte ich eine heftige Erkältung, war geschwächt und meine Nase verstopft. Ich übte mich, auch dies als Teil meiner Wahrheit anzunehmen und folgte einfach meinen Impulsen. Sehr langsam schritt die Entbindung voran.

Aber als dann die Wehen heftig wurden, verließ mich die Kraft. Die verstopfte Nase störte, der Schmerz wurde unerträglich und ich glaubte, dieses große Kind nie herauszubringen. Meine Hebamme jedoch blieb ruhig und entspannt.

Die Dynamik in mir nahm zu. Mit jeder Wehe musste ich von meiner am Boden liegenden Matratze hoch, wollte mit beiden Füßen auf festem Boden stehen – und mit dem Ende der Wehe sank ich erschöpft wieder hernieder. So ging es weiter, bis zu meinem völligen Erschöpfungskollaps – so glaubte ich zumindest. Eigenartigerweise wurde die Hebamme nicht im Geringsten unruhig. Als sie wieder die Herztöne des Kindes abhörte, lächelte sie zufrieden und meinte, es würde die Geburt noch nicht richtig ernst nehmen, sondern munter in meinem Bauch Turnübungen machen.
Ich war außer mir: Wie konnte sie so ruhig bleiben ange-sichts meiner Erschöpfung? Wie sollte es weitergehen? Ich hatte keine Kraft und keine Resistenz mehr gegen den Schmerz! Es waren inzwischen viele Stunden vergangen. Als die nächste Wehe kam und mich wieder ins Stehen hochzog, deutete die Hebamme nur mit dem Finger nach unten und meinte: „Es gibt nur diesen einen Weg." Ich schrie auf, wie ich noch nie in meinem Leben geschrien habe – und plötzlich kippte es in mir. Eine mächtige Kraft durchflutete mich, ich hob den Kopf, brüllte und presste, alles andere war plötzlich egal – und der Kopf kam. Die

Hebamme saugte den Schleim mit einem Schlauch aus Mund und Nase des Kindes ab, damit es atmen konnte. Dann schrie sie leicht auf und rief lachend: „Er hat mich in den Finger gebissen." Dann kam eine neue Wehe und ich schrie wieder auf diese alles überschreitende Weise – und mein Sohn war geboren.

Mit gerunzelter Stirn saß er auf dem Boden in ihrem Arm, und dann fing er an zu schreien – aber wie! Ich sank hinunter und nahm ihn, um ihn an meine Brust zu legen. Aber es ging nicht. Ich war erschrocken: Er hatte Kraft. So gab ich ihn erst einmal meinem Mann und sammelte mich. Nach einer Weile versuchte ich es nochmals mit dem Stillen, was jedoch eher Ähnlichkeit mit einem Zweikampf hatte: Er biss und zog mit einer Kraft, dass ich aufstöhnte. Na, dann nahm ich halt auch das – und das Leben hatte mich wieder.

Die Nachgeburt kam irgendwann in einer sachten Wehe ganz von selbst.
Was ich nicht erzählt habe – und vielleicht doch wichtig wäre: Als ich nicht mehr konnte und diesen Kollaps hatte, da war auch meine Selbstwahrnehmung gekippt und ich war zur Wölfin geworden. Kein Witz. Ich fühlte mich nicht etwa „als" Wölfin, sondern ich „war" eine Wölfin: Ich sah meine Pfoten, die behaarten Vorderläufe, fühlte meinen Wolfskörper, der sich aufrichtete, den Kopf hob und mit langem Hals in die Nacht heulte – und dann kam das Kind.
War ich durchgedreht? Eine psychotische Episode?
Eher nicht, da keinerlei Angst mit im Spiel war und keine sogenannten Denkstörungen. (Während meiner Arbeit in der Psychiatrie hatte ich mich intensiv mit den Unterschieden zwischen spirituellen Krisen und psychotischen Symptomen

befasst.) Dies war ein spirituelles Entgrenzungserlebnis – ähnlich wie bei den Einweihungsritualen der nordamerikanischen Indianer.

Und die Wölfin wurde später mein Krafttier: ein Lehrertier, wie ich von meinem späteren Lehrer, Hugo-Bert Eichmüller, lernte.

Und ich war viel klarer und kraftvoller in der Welt.

Diesen *Existentiellen Punkt* vermeiden die klinische Geburtshilfe und die meisten Frauen heute leider, obwohl er solch heilende Wirkung hat und uns Frauen wieder in Verbindung mit der Urkraft der Natur bringt.
Diese Vermeidung geschieht auf zwei Arten: Entweder, man lässt die Kraft des Geburtsprozesses gar nicht an den *Existentiellen Punkt* herankommen, indem man die Schmerzen mit Hilfe von Schmerzmitteln deutlich reduziert oder man schiebt die Frau über ihre Hemmschwelle hinweg durch Anfeuern, Vorwürfe oder Eingriffe von außen (z.B. Wehen fördernde Mittel oder Auf-den-Bauch-Drücken), anstatt sie aus innerer Kraft darüber hinauszugehen zu lassen.

Wenn Frauen aus Angst, Verkrampfung oder aufgrund angespannter oder hektischer Atmosphäre bei der Entbindung nicht über diesen *Existentiellen Punkt* gehen, lässt ihre Muskulatur nicht entsprechend los, das Becken weitet sich nicht entsprechend, die Geburt stagniert und es werden häufiger medizinische Eingriffe wie Saugglocke oder Kaiserschnitt nötig. Häufig wird dann den Frauen von Ärzten und Geburtshelfern erzählt, ihr Becken sei zu eng, weshalb eine natürliche Geburt nicht möglich gewesen sei. Nur: Das Becken wird durch Knorpel und Sehnen zusammengehalten, es kann sich ausdehnen. Hier wird versucht, den Frauen das ungute Gefühl zu nehmen, bei der Geburt versagt zu haben, doch leider werden sie so auch fehlinformiert und eine unglaubliche Erfahrung bleibt ihnen versagt.

Ich finde, jede Frau sollte wählen können, wie sie entbindet und die Möglichkeit dazu haben, aber keine sollte ohne medizinische Notwendigkeit auf eine bestimmte Art entbinden müssen.
Es ist nichts Schlimmes dabei, wenn eine Frau nicht in der Tiefe loslassen möchte, sondern es ist eine Folge unserer Sozialisation, der Jahrhunderte von Frauenmisshandlungen und auch der modernen Geburtshilfe, die den Schmerz nehmen und das Ganze möglichst schnell über die Bühne bringen möchte. Verloren gehen dabei leider das Wissen und die Achtung vor der heilenden Wirkung der Urkraft der Natur in der Frau. Und eben das ist so bedauerlich.

Diese elementare Urkraft der Natur, der Erde, ist dieselbe wie in allen existentiellen Prozessen im Leben: in der Sexualität, in der Mann-Frau-Beziehung wie in der Trennung einer Mann-Frau-Beziehung, in der Mutter-Kind-Beziehung, in der Entscheidung zum Leben, im Entbinden wie im Sterben.

4. Familienaufstellungen, Schamanismus und andere Dinge

Was ich von anderen Methoden, von der Esoterik und vor allem vom Schamanismus in Bezug auf die Paararbeit lernen konnte.

Nach der Erfahrung, dass all das über so viele Jahre im Bereich Psychotherapie und Paartherapie Erlernte mir nicht half, eine gelingende Partnerschaft zu leben, suchte ich weiter nach den WIRKlichen Mechanismen, die ein Paar zusammenziehen und die Sexualität auch über die Jahre lebendig erhalten. So erforschte ich den Schamanismus, Familienaufstellungen nach Hellinger, die Bibel und ging nochmals zurück zu meinen Wurzeln – zur Körperpsychotherapie.

Vom Schamanismus – und besonders von meinem lang-jährigen Lehrer Hugo-Bert Eichmüller – lernte ich viel über das Wesen der Kraft. Zunächst mit großer Abwehr, denn Kraft hatte ich eigentlich immer eher zu viel gehabt. Mein Problem war vielmehr, wie ich damit konstruktiv umgehen konnte. Aber langsam begann ich, die Wahrheit zu begreifen, die ich hinter seinen Worten spüren konnte.

Diese Arbeit mit ihm war faszinierend: Wir arbeiteten spürbar am „Dahinter", nicht am „Offensichtlichen" wie in der Gestalttherapie, nicht am „zugrundeliegenden Grundkonflikt" wie in der tiefenpsychologisch-fundierten Therapie, nicht am konkreten Verhalten im Miteinander wie in der Verhaltenstherapie und nicht an der Seele wie beim Channeling oder bei den „Archetypen der Seele" von Hasselmann und Schmolke, sondern an einer konkreten Lebenswirklichkeit, die ich spüren konnte, aber für die ich bislang weder Aufmerksamkeit noch Worte gehabt hatte. Hier wirkten Mechanismen im Hintergrund und hier gab es

Gesetzmäßigkeiten, die ich zum Teil aus den alten Moralregeln kannte, aber als für den modernen Menschen veraltet und überholt erachtet hatte. Jetzt legte ein Mensch diese Gesetzmäßigkeiten in meinem eigenen Leben offen und machte sie begreifbar. Ich spürte die Stimmigkeit, auch wenn ich oft zunächst wütend auf ihn war. Da sagte mir ein Mann, dass ich als Frau schlecht nehmen könne, dass der Mann geben lernen müsse, dass ich unabhängig bleiben wolle, anstatt mich einzulassen und, und, und. - Und er hatte Recht.

Was mir jedoch fehlte, war, wie ich diese Erkenntnisse umsetzen konnte. Es waren oft nur Brocken, die ich hingeworfen bekam und die in mir arbeiteten. Und viele Jahre fand ich keinen rechten Weg, sie in meine individuelle Art zu integrieren und entsprechend umzusetzen. Vielleicht hatte er auch nur seinen eigenen Weg gefunden und konnte andere auf die Wahrheit hinweisen, aber das „Wie" musste man selbst ergründen. Diese Arbeit war anders als in der Psychotherapie: es gab kein „Kleine-Schritte-Erarbeiten", sondern eher immer wieder ein „Tritt an die richtige Stelle", der einen aus dem Konzept warf. Oft litt ich furchtbar – und lernte viel. Und irgendwann, nach immerhin zehn Jahren, hatte ich „ausgelernt" und musste gehen.

Durch diese Arbeit angeregt befasste ich mich intensiv mit Völkerkunde und fragte nach dem tieferen Sinn alter Moralregeln der verschiedenen Völker. Dabei musste ich feststellen, dass die Frauen früher zwar sehr viel zu leiden hatten, aber auch irgendwie viel mehr beschützt waren als sie das heute in Deutschland sind. Eigentlich muss man als Frau in unserer modernen, westlichen Welt ja hart werden, dachte ich mir, so unbeschützt wie wir der Härte der Welt ausgesetzt sind. So bleiben z.B. die Frauen bei manchen Völkern nach der Entbindung einen Monat lang mit dem Kind im Haus oder tragen in der Stillzeit ein besonderes Kleidungsstück, woran die Mitmenschen sie erkennen und Rücksicht auf sie nehmen können. Wie anders ist das bei uns! Die Frauen gehen nach ein paar Tagen Klinik nach Hause und dann bricht der geballte Alltag wieder über sie herein. Hinzu kommt der enorme Anspruch, den Eltern heute im Umgang mit ihren Kindern an sich stellen. Kein Wunder, dass viele Mütter an Depressionen erkranken.

Oder ein anderes Beispiel: die Frauen sollten vor der Ehe nicht mit einem Mann schlafen, bei den Männern wurde dies stillschweigend geduldet, bei manchen Völkern sogar gefördert. Was für eine Doppelmoral! Aber andererseits: Die Frauen sind es, die schwanger werden können und sich viel leichter beim Geschlechtsverkehr mit Krankheiten infizieren können als die Männer. Die Frau lässt den Mann ganz tief in ihr Innerstes hinein – körperlich und zumeist auch seelisch –, und das ist gefährlich.

Für die Männer birgt der Sex auf körperlicher Ebene weit weniger Folgen und Gefahren: sie können nicht schwanger werden und das bisschen Schleimhaut, das mit der Frau in Berührung kommt, birgt ein viel geringeres Infektionsrisiko. Sie müssen sich beim Sex nicht so weit öffnen und niemanden in ihr Inneres lassen, sondern dringen ein – und ziehen sich wieder zurück.

Ich begann lang verheiratete, glücklich wirkende Paare zu ihrem Miteinander zu befragen und beim Zuhören ganz genau auf die Kleinigkeiten zu achten, die sie von ihrem Alltag erzählten. Was wußten diese Paare darüber, was den Zusammenhalt zwischen ihnen fördert und was ihn schwächt? Und was bedeutet diese elementare „Kraft", die ich bei meinem schamanischen Lehrer kennengelernt hatte, wirklich für das konkrete Alltagsleben? Wie

schafften sie es, im Alltag ohne schamanische Rituale über ihre Ego-Grenzen hinaus- und zu dem geliebten Partner hinzuwachsen?
Und ich schulte meine Wahrnehmung in der Unterscheidung, wo die von unseren Vorfahren tradierten Regeln für das Zusammenleben von Frau und Mann unkonstruktiv beengen und wo sie in guter Weise Halt geben.

Interessanterweise entsprechen die sexuellen Fantasien vieler Frauen und Männer diesen alten Moralregeln:
Moderne, selbstständige Frauen möchten beim Sex Abhängigkeit vom Mann spüren, sehen den Mann als Chef und sich selbst als Lustsklavin. Sadomasochistische Rituale, bei denen sie Schmerzen in Kauf nehmen, helfen ihnen, tiefer loszulassen. Viele moderne Männer wünschen sich die Frauen weiblicher, aufnehmender – und vor allem nicht so fordernd – und doch souverän in ihrer Weiblichkeit. Beim Sex fühlen sich heute viele Männer überfordert von der anspruchsvollen Haltung der Frauen, die sich nehmen, was sie brauchen, oder sie sind ermüdet von dem passiven Den-Sex-über-sich-ergehen-Lassen der Frauen.
In den alten Moralregeln war also ebenfalls ein Wissen über das Wirken der sexuellen Bindungskraft enthalten.

Als ich mich zurückbesann auf die konkrete Wirklichkeit der Körperpsychotherapie und das neu Gelernte integrierte, entdeckte ich immer mehr Zusammenhänge zwischen unserem körperlichen Funktionieren und den Wirkmechanismen in einer Paarbeziehung. So war das Reagieren der Geschlechtsorgane von Mann und Frau während der Sexualität parallel zu der Art von psychischem Verhalten, das jeweils das Gegengeschlecht sexuell anzog: Das feste Aufrechtsein des Penis mit seinem Fokussieren auf das Ziel

„Samenerguss" und das Aufnehmende der Frau sowie ihr Eskalieren im Orgasmus stand der psychischen Zielorientierung, dem „starken, aufrechten Mann, der weiß, was er will" und der psychischen Weichheit und Hingabefähigkeit der Frau gegenüber. Ja, beide Eigenschaften waren wie Pole desselben Magneten – beide Seiten zogen einander magisch an und das machte Lust.
Sollte ein großer Teil der sexuellen Paarbindung auf solch einfachen Mechanismen beruhen? War tatsächlich die körperliche und die psychische Realität so parallel? Waren wir als moderne Menschen und – vor allem auch als emanzipierte Frauen – doch so sehr eingebunden in derartige Mechanismen, die ich zunächst als beengend, ja, als degradierend für uns Frauen erlebte?

Lange Zeit rang ich mit diesen Erkenntnissen, wollte sie nicht wahrhaben und suchte nach Alternativen. Doch je mehr ich ausprobierte und forschte, desto mehr sah ich, dass tatsächlich das Sich-Einfügen in die Mechanismen unseres Körpers Partnerschaft erleichtert und die Bindung verstärkt. Es war, als ob Menschen, indem sie sich in diese körperlich wahrnehmbare Ordnung der Natur einfügten, gleichzeitig die Kraft bekamen, aus Liebe über die eigenen Grenzen hinauszuwachsen, hin zum Partner. Und wir, ich selbst sowie viele meiner KlientInnen, erlebten regelrechte kleine Wunder in unseren Partnerschaften, in welchen der Partner sich plötzlich derart zum Positiven veränderte, wie es zuvor niemals möglich schien.

Während ich persönlich lernte, Phasen von heftigsten, existentiellen Krisen mit meinem Mann zu durchstehen, blieb ich weiter auf der Suche nach der Wahrheit der Liebe. In dem Maße wie ich meinen eigenen Weg als Ehefrau mit all diesen Erkenntnissen neu entwickelte und meine Erkenntnisse zu kommunizieren begann, zog ich Frauen, Männer und Paare mit denselben Problemen an, wie ich sie zuvor durchlebt und durcharbeitet hatte.

Das Wunderschöne daran war, ich bekam dafür gleich zwei Geschenke: Meine eigene Ehe bekam immer mehr Kraft, Stabilität und Lust – wenn wir auch nach wie vor heftig stritten – und ich konnte immer mehr Paaren und einzeln kommenden Männern und Frauen helfen, ins „Blühen" zu kommen. „Blühen" heißt für mich, wenn ein Mensch körperlich, energetisch und seelisch voller Leben ist, weder ausgemergelt, noch kraftprotzend, sondern lebendig, im Fluss, in Verbindung mit sich und der Welt und in Achtung vor der Urkraft der Natur.

5. Die *Elementare Geschlechterkraft* und der *Existentielle Punkt*

Es entstand eine eigene Theorie der Elementaren Geschlechterkraft und des Punktes, über den wir uns hinauswagen müssen, damit diese Kraft wieder fließen kann.

Die meisten Menschen, die ich kennengelernt und betreut habe, sehnten sich auf die eine oder andere Art nach Intensität, nach dieser elementaren Kraft im Leben – und gleichzeitig fürchteten sie diese.

Wenn Mann und Frau sich auch sexuell vereinen, entsteht eine unwahrscheinlich starke Dynamik zwischen ihnen. Es ist die Kraft der Natur, die Kraft der Fortpflanzung zum Erhalt der Menschheit, die uns zum anderen hinzieht – oftmals über alle Grenzen des Egos hinaus. Es zieht uns hin, anfangs finden wir dies auch noch spannend. Doch je mehr der Alltag eintritt und unsere Ängste stärker werden – meist dann auch stärker als unsere Liebe –, desto mehr versuchen wir uns durch Mauern zu schützen, die wir gegenüber dem Partner aufbauen. Damit verhärten sich die Fronten, die Streite lassen sich nicht mehr lösen, es entsteht immer mehr Distanz und diese Kraft stirbt, sie erstarrt wie Lava: Man hat sich „auseinandergelebt".

Diese unwahrscheinlich starke Kraft zwischen Mann und Frau kann schöpferisch sein, Kinder zeugen, große Werke bewirken - sie kann aber auch belasten und zerstören: den einen oder beide Partner, deren Existenzgrundlage und auch deren Kinder.
Warum haben wir bislang keine „Betriebsanleitung" für einen konstruktiven Umgang mit dieser Kraft, wo wir ihr doch alle

ausgesetzt sind? Hier möchte ich Hilfestellungen an die Hand geben.

Als *Elementare Geschlechterkraft* bezeichne ich im Folgenden diese Naturkraft, die ein Paar existentiell aneinander bindet und die Lust zwischen ihnen entfacht. Es ist die Urkraft der Schöpfung, die Zeugen und Entbinden, Nähren – und auch Streiten – hervorbringt. Und diese Urkraft verursacht eine Anziehung zwischen dem männlichen und dem weiblichen Pol wie zwischen den beiden Polen eines Magneten.
Wir können diese Kraft fließen lassen und dadurch in unserer Partnerschaft „aufleben" und „erblühen" oder wir können Mauern gegen diese Kraft bauen, „erstarren" und sogar daran zerbrechen oder einander töten – wie das leider immer wieder geschieht. Diese Kraft ist stärker als unser Ich. Sie ist etwas, das uns an die Erde bindet und einbindet in die Natur, das uns den tiefen Sinn unseres Menschseins unmittelbar spüren und über unser „kleines Ich" hinauswachsen lässt. Und der Punkt, an dem wir trotz unserer inneren Widerstände und Ängste über die Begrenzungen unseres Egos hinauswachsen – das ist der *Existentielle Punkt*.

Was bedeutet dies konkret für unser Leben?
Wir vermeiden in unserer Kultur existentielles Erleben von Bedrohungen. Immer mehr haben wir uns geschützt. Doch damit haben wir auch die Übung darin verloren, uns existentiellen Bedrohungen zu stellen und für unser Leben und Glück über uns selbst hinauszuwachsen. Alles soll bequem sein: Wir haben elektronische Geräte, die uns die Arbeit abnehmen, Airbags, die uns schützen, Handys, damit wir uns nicht vermissen müssen, und, und, und … Aber wir haben keine Übung mehr darin zu verzichten, am Leiden zu wachsen und vor allem wirklich mit

allen Sinnen in unserem Körper präsent zu sein – gerade dann, wenn es im Leben bedrohlich unangenehm wird.

Nur: Partnerschaft ist eine existentielle Bedrohung für unser Ego, denn sie wird aus einer Quelle gespeist, die weit größer ist als unser Ich: Es ist die Schöpfungskraft, die dem Erhalt der Menschheit dient – und gleichzeitig ist es eine seelische, psychische und materielle Entscheidung, wenn zwei Menschen sich aneinander binden. Hier kommt also Erdenkraft und Seelenkraft zusammen, deshalb wird es so existentiell und so stark. Hiervor können wir uns nicht mehr schützen. Damit müssen wir umgehen lernen, wenn Partnerschaft gelingen soll. Das ist nichts für „Weicheier" und bequeme Couch-Potatoes. Hier gilt das Märchen von Sterntaler, dem Mädchen, das im Winterwald frierenden Mitmenschen nach und nach all seine (Schutz-)Kleidung bis auf ein Hemd schenkte und dem dann die Goldtaler in eben jenes Hemd fielen: Nur wer auch seinen letzten Ego-Schutz loslässt und immer wieder mutig für die Liebe einsteht, bekommt das Gold vom Himmel in seinen Schoß gelegt.

In diesem Buch werden diese elementaren Kräfte zwischen Mann und Frau aus verschiedensten therapeutischen und spirituellen Richtungen erforscht und Wege aufgezeigt, diese Kräfte auf gute Weise leben zu lernen.
Wir können wieder lernen, uns die *Elementare Geschlechterkraft* nutzbar zu machen, indem wir diese kennenlernen, verstehen und üben, den *Existentiellen Punkt*, also unsere Ego-Grenze zu überschreiten, um uns mit unserem Partner in der Tiefe zu verbinden und die Kraft zu finden, auch in schlimmen Phasen uns nicht hinter Mauern zu verschanzen, sondern in Liebe auf unseren Partner zuzugehen.

Meine Hypothese aus all meinen Forschungen zu existentiellen Lebensthemen wie Geburt und Entbindung, Partnerschaft und Sexualität, existentielle Krise und Sterben lautet:
Alle existentiellen Lebensprozesse lassen elementare Kräfte in uns wach werden. Und alle existentiellen Lebensprozesse enthalten einen *Existentiellen Punkt,* über den es gilt, hinauszuwachsen.

Dieses Hinauswachsen über die eigenen Ego-Grenzen wird in allen mir bekannten Eingeborenenkulturen und im Schamanismus geübt – in Form von Einweihungsritualen. Die modernen Kulturen hingegen vermeiden es und verschieben dieses Über-sich-Hinauswachsen auf andere Themenbereiche wie Extremsportarten, Drogen, Internet etc. Doch dies macht leider nicht fähiger für eine Partnerschaft.

Wir möchten sicher leben, wir möchten sauber leben: Blut, Schleim, Schmerz und Schreien wird aus unserem Alltag herausgehalten und macht uns Angst.

Aber in gleichem Maße haben wir auch den Kontakt zur Urkraft verloren. Wir sind verweichlicht geworden.

Doch – ich möchte es nochmals betonen – der Kontakt zu dieser Urkraft entsteht nur, wenn wir uns trauen, über den *Existentiellen Punkt* zu gehen – den Punkt, den wir nicht mehr mit unseren aktuellen Bewältigungsfähigkeiten begreifen und bewältigen können, der uns anmutet wie Sterben (weil ein Teil unseres Ego stirbt) und der Punkt, der einen solch gewaltigen Entwicklungssprung bewirken kann wie kaum etwas in unserem Leben.

Der Ablauf solch existentieller Prozesse folgt dem Krisen-Schema von Stemmler und Bock (F.-M. Stemmler & W. Bock,

Ganzheitliche Veränderung in der Gestalttherapie, München 1991, S. 107ff.): Durch das Eintauchen in die völlige Verzweiflung zerbrechen Teile des Ego, die den Energiefluss in der existentiellen Situation gestört haben – und durch das Eintauchen in die völlige Hilflosigkeit treten wir in Kontakt zu unserem Selbst, unserer Ganzheit und öffnen uns der Verbindung zum Göttlichen.

Für existentielle Prozesse haben wir in den westlichen Ländern weder Rituale noch hierin erfahrene Lehrer, weshalb sie uns sehr schwer fallen. Eingeborenenkulturen hingegen trainieren diesen Teil des Menschseins in regelmäßigen Ritualen. Auch wir sollten hierfür wieder einen Platz in unserem Leben finden – wobei Rituale im spielerischen und gewählten therapeutischen Kontext zwar hilfreich sind, jedoch durch mangelnde Nähe zum konkreten Alltagsleben zumeist nicht die nötige Kraft entwickeln, um eine Partnerschaft zu heilen. Es bleiben „Spiele" und Auszeiten vom Alltag. Das tiefe Eintauchen in eine „andere Welt" wie z.B. in die Welt des Berufs, Sports, der Psychoseminare, Esoterik, wo wir auch ansatzweise etwas wie diesen existentiellen Krisenablauf durchleben können, ist leider viel „ungefährlicher" für unser Ego. Denn wir lagern die „ego-gefährlichen" Entwicklungsaufgaben des Sich-Einlassens auf ein Du einfach in einen harmloseren Bereich aus. Psychotherapeutisch bezeichnen wir dies als „Abspaltung". Auch das ist nicht schlecht, so lange es eine „Durchgangsphase" bleibt, in welcher wir experimentieren und Bewältigungsfähigkeiten aufbauen, um diese dann auf die Partnerschaft zu übertragen. Wenn wir jedoch hier „hängenbleiben" – vielleicht, weil wir hier sehr erfolgreich sind (z.B. eine nette „Psycho-Gruppe" finden oder gar Seminarleiter werden) –, stagniert unsere Entwicklung als Liebespartner. Denn hier sind wir nicht gezwungen, uns körperlich und seelisch „nackt" unserem langjährigen Liebes- und Sexualpartner zu stellen. Wir können uns in unserer „Komfort-Zone" einrichten – zusammen mit anderen, die ebenfalls dem existentiellen Miteinander-um-die-Liebe-Ringen in der Partnerschaft ausweichen. Die Gruppe bestärkt sich häufig gegenseitig in diesem Verhalten, indem sie Intellektualisierungen anbietet wie: „Mit Männern könne man solch tiefe Spiritualität nie erleben ..." Und der Trainer macht vielleicht noch mit, denn er verdient ja sein Geld dadurch. Deshalb geschieht bei existentiell wirkenden Prozessen bei Psychoseminaren zumeist kein existentieller Neubeginn, der den Menschen und die Partnerschaft heilt. Es wird nicht existentiell für unser Leben, sondern ein „Abenteuer unter gesicherten Bedingungen". Man redet beim Psychoseminar von Liebe – und daheim herrschen das Familienchaos und die Beziehungserstarrung. Man stellt bei Aufstellungsseminaren jeden Seelenaspekt auf, doch zu Hause liegt die Beziehung weiterhin in den letzten Zügen, und Sex gibt es schon lange nicht mehr. Für die Übertragung des Erlernten ins Alltagsleben sind – das hat die Psychologie sehr genau erforscht – nun einmal ganz andere Aspekte wichtig.

Es gilt, die im Leben ganz natürlich vorkommenden existentiellen Situationen wieder als Einweihungsrituale zu nutzen und die ihnen innewohnenden Urkräfte leben zu lernen: in Achtung, in Hingabe und im Wissen, dass wir geborgen sind im Schutz der größeren Weisheit der Natur, trotz des Leidens, das unvermeidlich mit zu diesem Erdenleben gehört.
Und es gilt, uns nicht mehr von unseren Ängsten einschüchtern zu lassen, sondern über die Ängste hinaus- und zum Partner hin zu wachsen.

Hierbei soll dieses Buch eine Hilfestellung bieten – oder zumindest ein Begleitbuch für eine therapeutisch betreute PaaR-EVOLUTION sein.

Viel zu oft suchen Paare die Schuld für ihre mangelnde sexuelle Anziehung, Streite oder für das Sich-auseinandergelebt-Haben in den sogenannten schlechten Eigenschaften des Partners oder in Außenfaktoren.
Dabei geht es darum, den Mut zu finden, sich und den Partner zu erkennen wie man ist und in diesem Jetzt lieben zu lernen. Denn, was wir jetzt in der Beziehung erleben, ist die einzige wirklich greifbare Realität, die wir haben. Wenn wir diese vermeiden, bleibt unser Leben immer irgendwie leer und unerfüllt und die Beziehung wird zur leeren Hülle, in der das Leben erstarrt.

Lebendige Partnerschaften, in denen die Lust bleibt und beide wachsen, zeichnen sich durch wiederholte existentielle Übergänge aus, die bewältigt werden müssen – aus dem inneren Wunsch heraus, zusammenzubleiben. Das gibt diesen Partnerschaften die Kraft.

Erstarrte Partnerschaften mogeln sich – in der Moderne oft mithilfe des Intellekts oder auch vermittels therapeutischer Techniken – über diese *Existentiellen Punkte* hinweg – und so schwindet die Lust oder wird zur Farce.

So zeigen sich zumeist drei Varianten von erstarrten Partnerschaften:
Variante 1 für die zumindest vor sich und dem Partner
   Ehrlichen: kein Sex.

Variante 2 für die „braven Frauen": täglicher Sex, weil der Mann es so will. Die Frau lässt es über sich ergehen, was sie sich aber selbst nicht eingesteht, bis ihr Unterleib mehr und mehr mit Entzündungen reagiert.

Variante 3 für die „kompetenten Macher": ritualisierter „Schnell-Sex" mit Orgasmus – zu ritualisierten Zeiten oder unter Alkohol etc., um „es hinter sich zu bringen" und dem Anspruch der Moderne oder dem Partner zu genügen.

6. Ganzheitliche Psychotherapie: HEILUNGS-PUNKT-Arbeit mit der ARCHEMAH-Struktur - Finden, was hilft, auf den 7 Ebenen des Menschseins

Ein neues Konzept ganzheitlicher Präzisionspsychotherapie und darüber, wie die Elementare Geschlechterkraft in die Ganzheit unseres Menschseins eingebettet ist, was sie heilen kann und wo ihre Grenzen liegen.

Während meines Psychologiestudiums profitierte ich sehr von den Vorlesungen und Seminaren zur Psychotherapielehre und zur Psychotherapie-Evaluation (Erfolgsforschung, Qualitätssicherung). Hier fiel mir auf, dass die vielen verschiedenen Theorien der Psychotherapie einander in ihren Aussagen widersprechen. Andererseits zeigten sie alle überprüfbare Erfolge – doch nicht bei allen KlientInnen. Auch therapiefähige und motivierte KlientInnen konnten bei verschiedenen Therapeuten mit demselben Verfahren keinen Erfolg haben, mit einem anderen Verfahren kurzzeitigen Erfolg und dann wieder zu einem Stillstand gelangen.

Warum half die Therapie dem einen Menschen und dem anderen nicht? Was heilt Wen Wann Wirklich? Diese **5 Ws** verfolgte ich weiter, als ich in den folgenden Jahren in mehrjährigen Ausbildungen mit Theorie, Praxis und Selbsterfahrung verschiedene Therapieverfahren von Grund auf erlernte. Ich studierte die Wirkung jedes Verfahrens an meinem eigenen Therapieprozess, am Entwicklungsprozess meiner KollegInnen und auch der Lehrer. Und ich erkannte: Jedes Verfahren hat seine Möglichkeiten, seine Grenzen und seine Gefahren – und vor allem: Jedes Verfahren spricht eine oder mehrere Ebenen im Menschen an. Also muss man für effektive Psychotherapie herausfinden, auf welchen Ebenen des Menschen sein Problem liegt, welche Verfahren dafür hilfreich sind, aber auch, für welche Verfahren dieser Mensch jetzt überhaupt ansprechbar ist – denn nicht jeder kommt z.B. mit Rollenspielen zurecht, nicht jeder lässt sich hypnotisieren und viele Menschen haben eine gering ausgeprägte Selbstwahrnehmung.

ARCHEMAH-Struktur
Aus diesen Forschungen entwickelte ich ein Modell aus zunächst fünf Ebenen oder Dimensionen des Menschen (KÖRPER, PSYCHE, GEIST, SYSTEM, PAARDYNAMIK), auf welchen seine Potenziale wie auch seine Probleme und die zugehörigen Therapieverfahren angesiedelt sind. Im Zuge der Forschungen zu meiner Doktorarbeit habe ich dieses Modell um zwei weitere Dimensionen ergänzt, nämlich die der SEELE und die des ENERGIEKÖRPERs.
Jetzt konnte ich die Widersprüche zwischen den einzelnen Therapieverfahren verstehen, genauso wie die fehlende Wirkung der Therapie bei vielen therapiefähigen und therapiemotivierten KlientInnen. Und ich konnte die erlernten Therapiemethoden präziser den Bedürfnissen meiner KlientInnen zuordnen, wodurch meine therapeutische Arbeit präziser, ökonomischer und heilsamer wurde.

Diese sieben Ebenen gilt es auch in der Paartherapie zu integrieren, denn ein sich auch sexuell vereinigendes Paar ist auf all diesen Ebenen miteinander in engstem Austausch und bedarf zumeist auf mehreren Ebenen der Hilfe, wenn die Beziehung erstarrt ist.

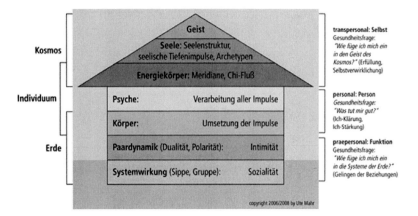

1. SYSTEMWIRKUNG/SOZIALSYSTEM: Auf der Erde funktioniert sämtliches Leben in Systemen (Biosystemen, Sozialsystemen, Familiensystemen etc.), die ihre ganz eigenen Wirkungsmechanismen und Ordnungen haben. Auf jedem Platz in einem System wirken bestimmte Kräfte auf den Einzelnen – und diese Kräfte wirken völlig unabhängig vom Individuum auf jeden, der an diesen Platz im System tritt – d.h. dieses Wirken ist „prae-personal", also die Basis, auf der die Persönlichkeit ruht, quasi ein Fundament.

Dies erforscht und therapiert man mit systemischer Familientherapie und Systemaufstellungen wie z.B. Hellinger-Aufstellungen. Heilung heißt also immer auch, diese Systemwirkung zu betrachten und so zu verändern, dass das Individuum gesund in einem System leben kann.

2. PAARDYNAMIK: Das Überleben der menschlichen Rasse wird dadurch garantiert, dass der Mensch in zwei verschiedenen Geschlechtern geboren wird, die einander im Sexualtrieb anziehen. Die Wirkmechanismen dieser Anziehung bezeichne ich als *Elementare Geschlechterkräfte* (vgl. Kap. 10) und sind

ebenfalls „prae-personal". Sie sind körperlich verwurzelt im Geschlecht und in der verschiedenen Hirnentwicklung von Mann und Frau. Diese Aspekte stehen häufig im Spannungsfeld zu den Impulsen der Seele, die unabhängig vom körperlichen Geschlecht sind (Paartherapie, Yin/Yang-Arbeit).
Die individuelle Ausprägung dieser Polaritäten kann beim Kind durch Stress in der Schwangerschaft der Mutter verändert werden, weshalb es zu Verschiebungen kommen kann, welche vermittels Testverfahren vor einer Paartherapie überprüft werden sollten. Bei Homosexualität sind diese Polaritäten ebenfalls verschoben und müssen in der Paartherapie entsprechend berücksichtigt werden.
Diese Ebene ist unbedingt von der Ebene des Systems zu unterscheiden, da hier die Fortpflanzung und hiermit verbundene, auf niedrigen Hirnstrukturen angesiedelte Impulse bestimmend sind, die auf einer tiefen, zumeist unbewussten Ebene die Paardynamik beeinflussen.

3. KÖRPER bzw. KÖRPERSYSTEM: Auch der KÖRPER funktioniert in Systemzusammenhängen, die berücksichtigt werden müssen, um zu wirklicher Heilung zu finden (z.B. Zusammenhang Reflexzonen, Darm- und Nasenschleimhäute, Wirbelsäule und Organfunktionen). Leider werden diese Systeme in der heutigen, hochspezialisierten Medizin häufig vernachlässigt, obwohl sie im Medizinstudium noch gelehrt werden.
(Auf dieser Ebene wirken alle Körpertherapien, aber auch Yoga, Applied Kinesiology, Schadstoffwirkung etc.)

4. PSYCHE: Das individuelle „Verarbeitungsorgan" PSYCHE vermittelt die Impulse der Seele an den Körper, verarbeitet die Angst im Umgang mit den bedrohlichen Seiten des Erdenlebens

und kann Bewältigungsfähigkeiten für das Umsetzen der seelischen Impulse entwickeln. Auf dieser Ebene ist das meiste „subjektiv": Es gibt keine objektiv greifbare Wahrheit, sondern es geht um das „Wie erlebe ich es jetzt?", das dem Menschen hilft, klarer zu werden.
(Hier arbeiten die meisten Formen der Psychotherapie, Angstbewältigung und Entspannung sowie innerpsychische Systemarbeit.)

5. *ENERGIEKÖRPER*: Der ENERGIEKÖRPER umfasst alle energetischen Aspekte des Menschen, die zwar mit dem Körper in Verbindung stehen, aber nicht-materiell sind. Hier sind wir im Bereich jener Beziehungsaspekte, die wir nicht direkt sehen können, aber unbewusst wahrnehmen und die unser Beziehungsverhalten bestimmen. In der Esoterik wird dies die „Aura" genannt. Häufig sind solche Aspekte wesentliche Kernthemen der Streite und Ressentiments eines Paares und bedürfen der Bewusstmachung, da sie sonst unbewältigbar bleiben.
(Auf dieser Ebene wirken z.B. die Akupunktur, Energiearbeit und schamanisches Heilen, Reinkarnationstherapie, aber auch alle Formen von Psychotherapie, die das Innere eines Menschen klären, sowie Achtsamkeitsmeditation.)

6. *SEELE*: Die SEELE ist eine Energie, die jenseits von Zeit und Raum existiert und diese Existenz mit einer bestimmten Struktur (Archetypen) und bestimmten Ideen quasi „plant". Die Impulse der Seele setzen sich im Leben eines Menschen immer durch und ihre Beachtung ist für Gesundheit und Glück von immenser Bedeutung. Deshalb ist es wesentlich, diese Ebene in einer effektiven Therapie im Unterschied zur Ebene der Psyche zu

betrachten. Es gilt, Bewältigungsfähigkeiten für die Konflikte zwischen den Impulsen der Seele und den Anliegen der Ebenen der Psyche, der Systemwirkung und der Paardynamik zu erarbeiten.

Und, wie das alte Sprichwort sagt: „Ehen werden im Himmel geschlossen", d.h. neben der *Elementaren Geschlechterkraft* der Paarebene liegt die wesentliche Bindungskraft auf der Seelen-Ebene – und diese gilt es für eine gelingende Partnerschaft zu nützen.

Auf dieser Ebene wirken die Seelen-Archetypen, die ich in Kapitel 7.6. ausführlicher beschreibe.

(Therapien, die diese Ebene berücksichtigen sind z.b. die Archetypen-Therapie und die Jung´sche Analyse)

7. *GEIST bzw. BEWUSSTSEIN*: Er bzw. es ist die höchst flexible Wahrnehmungsfähigkeit, die trainierbar ist und die es uns ermöglicht, uns mit verschiedenen Inhalten auseinanderzusetzen und einander zu verstehen.

(Auf dieser Ebene wirken z.B. Achtsamkeitstraining, Philosophie, kognitive Therapie und Meditation.)

Die drei „*materie-nahen"* Ebenen SOZIALSYSTEM, PAAR-DYNAMIK und KÖRPER verbinden uns fundamental – und ohne Rücksicht auf unsere Individualität – mit der Erde und deren Wirkfaktoren. Hier gibt es objektive Fakten, Beziehungswahrheiten und relativ einfache Wirkmechanismen.

Die Ebene KÖRPER hat jedoch eine Zwitterstellung, da sie ebenfalls den drei „*individuellen"* Ebenen KÖRPER, PSYCHE und ENERGIEKÖRPER angehört, die uns fundamental mit unserer ureigenen Individualität konfrontieren.

Die Ebene ENERGIEKÖRPER hat hier ebenfalls eine Zwitterstellung, da sie auch zu den drei *„universellen"* Ebenen ENERGIEKÖRPER, SEELE und GEIST bzw. BEWUSSTSEIN gehört, welche uns einbinden in den Kosmos und den dortigen Wirkfaktoren unterliegen.

Die beiden Ebenen PAARDYNAMIK und SOZIALSYSTEM sind somit *„prae-personal"*, d.h. hier geht es einzig und allein darum, das Überleben der Art zu sichern und damit um das Funktionieren. Gesundheit hat hier im Wesentlichen damit zu tun, wie wir uns einfügen in das System der Erde, damit unsere Beziehungen gelingen.

Die beiden Ebenen KÖRPER und PSYCHE bezeichne ich als *personal*, da es hier darum geht, das Ich zu klären, „Ich-Stärke" zu erlernen und danach zu fragen: „Was tut mir gut?"

Die letzten drei Ebenen ENERGIEKÖRPER, SEELE und GEIST haben mit dem Selbst zu tun und sind deshalb *„trans-personal"*. Hier geht es darum, wie ich mich einfüge in den Kosmos, denn es gibt ein Gefühl der tiefen Erfüllung und wirklichen Zufriedenheit, wenn ich mein „Selbst" „verwirkliche", also die Tiefenimpulse meiner Seele in diesem Leben wahr- und ernst nehme.

Die 7 Ebenen/Dimensionen des Menschen

	Dimension	Funktion	Ziel	Chakra
nach oben: *zunehmend materieferner und*	**Geist/ Bewusstsein** *(„über-individuell", unvergänglich?)*	Vermittler von Inhalten	Überbrückung von Unterschieden	**Scheitel- chakra** Eins-Werdung mit dem Göttlichen
beweglicher	**Seele = Selbst**	Energie mit Entwicklungs-	Erfahrungen sammeln	**Stirnchakra** Intuition

	("über-individuell, da unvergänglich)	drang, Quelle der Tiefenimpulse		
	Energiekörper (Ich-Anteil, vergänglich)	Verbindung Seele-Körper	Energiefluss	**Kehlchakra** Kommunikation
Individuum *im Jetzt*	**PSYCHE** = **Ich-Zentrum** (vergänglich)	Vermittler Seele-Geist-Materie, Entscheidungsträger	Angstverarbeitung	**Herzchakra** Fühlen, Liebe
	Körper (Ich-Anteil, vergänglich)	Umsetzung der Seelenimpulse	Schmerzvermeidung	**Nabel-/Solarplexuschakra** Macht, Kraft
nach unten:	**Paarsystem** = **als Teil von Zweien** (*"praeindividuell"*)	„dyadische" Unterstützung	Fortpflanzung	**Sexual- oder Milzchakra** Fortpflanzung
zunehmend materieller, einfachere Mechanismen	**Sozialsystem** = **als Teil von Vielen** (*"praeindividuell"*)	„systemische" Unterstützung	Fortbestand der Menschheit	**Wurzelchakra (Steißbein)** Überleben

Ute Mahr Dez.2008

Und jede dieser sieben Ebenen hat einen bestimmten energetischen Charakter, der den 7 Energien des Archetypenkonzepts (Yarbro, Hasselmann und Schmolke u.a.) entspricht:

1. die sanfte, einende HEILER-ENERGIE:
   sprachlos, langsam, einfach, rührend, zurückhaltend und nährend mit dem Prinzip *Unterstützen*. Sie entspricht der Ebene des SYSTEMS, auf welcher die Familie und die größeren Sozialverbände unterstützt werden;
2. die einfallsreiche, verspielte KÜNSTLER-ENERGIE:
   lustig, sprunghaft, lebendig, kunstvoll und anregend mit dem Prinzip *Gestalten*. Sie entspricht der Ebene der PAARDYNAMIK, auf welcher der Nachwuchs entsteht;
3. die kraftvolle, zielgerichtete KRIEGER-ENERGIE:

wirkungsvoll, schützend, überzeugend, ausdauernd und lustbetont mit dem Prinzip *Kämpfen*. Sie entspricht der Ebene des KÖRPERS, auf der wir diesen Überlebenskampf auf Erden kämpfen;
4. die instinktsichere, funktionale GELEHRTEN-ENERGIE: achtsam, gründlich, entschlossen und distanziert mit dem Prinzip *Lernen und Lehren*. Sie entspricht der Ebene der PSYCHE, auf der wir die Bewältigungsfähigkeiten lernen, um dieses Leben zu meistern.
5. die ausdrucksvoll-kommunikative, integrierende WEISEN-ENERGIE: zufrieden, gütig, versöhnlich, gemütlich und idealistisch mit dem Prinzip *Verbinden*. Sie entspricht der Ebene des ENERGIEKÖRPERS, auf der sich die Materie mit dem Nichtmateriellen verbindet;
6. die ergreifende und erhebende PRIESTER-ENERGIE: vertrauensvoll, still, ernst, verletzlich, barmherzig, leidenschaftlich und entgrenzend mit dem Prinzip *Trösten*. Sie entspricht der Ebene der SEELE, auf der wir den tieferen Sinn des Seins spüren und hierdurch Trost finden und Barmherzigkkeit mit dem Leid der Welt und
7. die raumfüllende, souveräne KÖNIGS-ENERGIE: würdevoll, geduldig, strukturierend, verantwortlich und strahlend mit dem Prinzip *Führen,* welche der Ebene des GEISTES entspricht, dem obersten Prinzip, das uns ermöglicht, uns allumfassend mit den verschiedensten Prinzipien und Blickwinkeln zu befassen.

Somit hat die therapeutische Arbeit auf den 7 Ebenen folgende Zielsetzungen:
1. Die Arbeit mit der *SYSTEMWIRKUNG* – einer Heilerenergie – hat das Ziel, in eine gute Ordnung zu kommen,

damit das Leben auf der Erde „von unten her" auf einem sicheren und wohltuenden Fundament steht.
2. Die Arbeit mit der *PAARDYNAMIK* – einer Künstlerenergie – hat das Ziel, Freude an der Intensität der Mann-Frau-Polarität zu finden und aus deren kreativem Schaffensdrang etwas Neues zu er-schaffen.
3. Die Arbeit mit dem *KÖRPERSYSTEM* – einer Kriegerenergie – hat das Ziel, den Körper gesund und stark für den Überlebenskampf zu machen, sodass er sich mit den Gefahren der Welt auseinandersetzen kann.
4. Die Arbeit mit der *PSYCHE* – einer Gelehrtenenergie – hat das Ziel, auszugleichen und zu vermitteln zwischen den Impulsen der Seele und den Impulsen des Körpers und durch Entwicklung von Ich-Stärke frei zu entscheiden, in welche Richtung man jetzt gehen und welchen Impulsen man jetzt folgen möchte.
5. Die Arbeit am *ENERGIEKÖRPER* – einer Weisen-Energie – hat das Ziel, den Energiekörper mit seinen mitgebrachten Erfahrungen über die verschiedenen Leben zu versöhnen und ihn gut mit dem aktuellen Leben zu verbinden.
6. Die Arbeit mit der *SEELE* – einer Priesterenergie – hat das Ziel, die Tiefenimpulse der Seele zu begreifen und sie – mit Hilfe der Psyche – im täglichen Leben umsetzen zu lernen, was zu innerer Erfüllung und Befriedigung führt.
7. Die Arbeit mit dem *GEIST/BEWUSSTSEIN* – einer Königsenergie – hat das Ziel, unsere Bewusstheit für uns selbst und unser Tun zu erhöhen, sodass wir „Herr im eigenen Haus" werden, statt unbewusst von unseren Impulsen geleitet zu werden. Zudem können wir unsere Lebenskonzepte und Lebensphilosophien auf ihre

Tauglichkeit überprüfen und unseren aktuellen Wünschen anpassen, um konstruktiv mit dem Lebensverlauf umgehen zu können.

HEILUNGSPUNKT-Arbeit
Das Wesentliche am Menschen im Unterschied zum Tier scheint seine aufrechte Körperhaltung verbunden mit einer enormen Lern- und Liebesfähigkeit zu sein.
Als Körperpsychotherapeutin betrachte ich den Körper als „Gefäß der Seele". Der aufrechte Gang zeigt mir das wesentliche Lebensthema des Menschen: Er verbindet die Impulse der materiefernen, wertfreien Ebene der Seele mit den materienahen und wertenden Ebenen des Körpers, der sozialen Systeme und der Paardynamik.
Diese Spannung macht das menschliche Leben aus: Wir haben Impulse in uns, die uns in schlimme Situationen bringen können. Und gleichzeitig ist es oftmals für die Seele wichtig, diesen Impulsen zu folgen, um eben diese speziellen Erfahrungen zu machen, welche die Seele für ihre Erfüllung benötigt. Hierdurch geraten wir in Krisen, die wir mit Hilfe der Bewältigungsfähigkeiten unserer Psyche und der Flexibilität unseres Geistes meistern können. Und unser Geist hilft uns, immer neue wertvolle Zugänge zu diesen Seelenimpulsen kreieren.

Oder anders gesagt: Auf der Erde hat unser Handeln Konsequenzen. Der Mensch fühlt Schmerz und Leid sehr deutlich und sehnt sich danach, das Leid zu reduzieren. Die Seele jedoch kennt keine Moral und fühlt keinen Schmerz, denn sie kommt aus einer unendlichen, körperlosen Dimension. Sie will einfach Erfahrungen machen und lernen.

Das heißt aber auch, dass unsere Gesundheit und unser Lebensglück wesentlich davon abhängen, in wieweit wir
- die Impulse der Seele wahrnehmen und zulassen lernen – denn die Seele kennt weder Wertung noch Moral, da sie auch keinen Schmerz kennt.
- die Wirkmechanismen auf der Erde begreifen und bejahen lernen – denn als Menschen auf der Erde bedeutet ein Leben vor allem auch das Streben nach Glück, Gesundheit und nach der Verringerung von Schmerz und Leid, da der menschliche Körper verletzlich ist und nichts das Leben so sehr belastet wie Schmerzen, psychisches Leiden und Existenz-ängste.
- diese Seelenimpulse mit den Wirkmechanismen der Erde in Einklang bringen lernen – denn beides hat seine Berechtigung und ist wesentlich für unser Glück.

Die Seele als körperloses Etwas aus einer körperlosen Existenz kommt in diesem Leben in einen Körper auf eine Erde, die den Prinzipien der Materie unterliegt. Das ist nicht immer schön und oftmals unbefriedigend für die Seele, die keine Grenzen kennt und frustriert ist von jenen, die ihr hier auf der Erde gesetzt werden. Doch gleichzeitig will die Seele Erfahrungen machen, die es in der körperlosen Existenz nicht gibt.
Es geht also genau darum, diese Spannung zwischen der grenzenlosen Freiheit von Seele und Geist und den Grenzen, Regeln und Mechanismen auf der Erde zu bejahen, anzuerkennen und hierin im Jetzt den jeweils ureigenen Weg zu finden.

Je mehr wir diese Mechanismen und Grenzen erkennen und in Liebe zu bejahen lernen, desto mehr können wir entdecken, wofür unser Inneres, unsere Seele und unsere Psyche diese Lernerfahrungen benötigen und daraus lernen:

Ein Beispiel: Wenn wir bejahen, dass es natürlich eine tiefe Wirkung auf ein Paar hat, wenn es nicht mehr miteinander schläft, da es so die größte Nähe der Seele-Körper-Verbindung vermeidet und damit auch eine weniger intensive Bindung erlebt, tut diese Einsicht zwar zunächst weh, aber sie regt die Entwicklung an. Wenn wir uns hingegen vormachen, dass der Geschlechtsakt, dass das Eindringen an sich doch nicht so wesentlich sei, dass doch die seelische Verbindung viel wesentlicher sei etc., dann umgehen wir diesen Lernanstoß.

Das gilt ebenso für den Lernprozess des einzelnen Partners: In unsere Gesellschaft wollen wir das Mann-Sein nicht mit sexueller Potenz gleichsetzen und plädieren dafür, dass auch ein Mann mit Potenzstörungen ein „richtiger" Mann bleibt, alles andere sei doch abwertend. Doch, wie heißt es so schön in dem bekannten Gedicht: „Es ist, wie es ist, sagt die Liebe." Es ist leider aber auch Tatsache, dass ein impotenter Mann eben nicht in einem Geschlechtsakt ein Kind zeugen kann, d.h. ein Teil seiner naturgegebenen „Funktionen" und Möglichkeiten ist eingeschränkt. Dies gilt es, als Einschränkung, als Blockierung anzuerkennen.

Und ebenso: Wenn eine Frau Sexualität nicht interessiert und sie macht daraus: „Das bedeutet nichts, deshalb bin ich ja nach wie vor eine vollwertige Frau", dann vergisst sie, dass hier doch ein Teil des Frau-Seins blockiert ist und verleugnet, was sie damit ihrem Mann zumutet, der um die intensivste Körper-Seele-Nähe eines Paares kämpfen, betteln und oftmals darauf ganz verzichten muss.

Bejahen sie/er diese Tatsache jedoch in Liebe, ohne sich dafür abzuwerten, dann beginnt ein Lernprozess, in welchem sie/er die verdrängten Ursachen ihrer sexuellen Einschränkungen erforschen und ihr sexuelles Potenzial entfalten können. „Anerkennen, was ist, heilt" heißt so treffend ein bekannter Buchtitel von Bert Hellinger.

Einfach gesagt: Was ein Mensch auch an Krankheitssymptomen hat, er bleibt als Mensch immer wertvoll. Doch wenn man sich scheut, in der Therapie Krankheit und angstverursachtes Verhalten als krank zu bewerten – und natürlich auch anders herum; wenn man tiefe Seelenimpulse als krank bewertet, obwohl sie Ausdruck des Potenzials eines Menschen sind, um dessen Umsetzung er in dieser Welt ringt –, dann geht Psychotherapie schief. Deshalb braucht es für eine gute Psychotherapie eine umfassende Ausbildung des Therapeuten in Methodik, Psychologie und Philosophie und vor allem auch umfassende Selbsterfahrung, um krank als krank und Seelenimpuls als Seelenimpuls zu erkennen. Es braucht Wahrheit und es braucht Liebe, um zu heilen. Das Streben und der Mut zur Wahrheit helfen uns zu sehen, was wirklich ist, und die Liebe hilft uns, die Brücke zu schlagen zwischen Seelenimpulsen und Erdenregeln.

Vielleicht erleben Sie dies als harte Worte. Aber andererseits erlebe ich in meiner Praxis jeden Tag viele Menschen, die aufgrund solcher Falsch-Interpretationen – weil nämlich die Mechanismen der materienahen Ebenen nicht geachtet werden – in ihrem Leben über Jahre in sehr ungesunde Richtungen gehen. Ein „nettes" Beispiel für die schädliche Wirkung von geistiger Freiheit ohne Achtung der Wirkmechanismen der Erde las ich 2009 in der Nürnberger Zeitung: Eine Frau wurde im Winter bei Dunkelheit mit ihrem Fahrrad von der Polizei angehalten. Auf dem Rücksitz saß ein kleines Kind. Das Kind war nackt. Es war einige Grade unter null. Der Polizist fragte die Frau, warum sie denn dem Kind nichts anziehe und diese erwiderte, das Kind wollte sich nichts anziehen lassen. Sie sei Anwältin und wisse um das Recht der Willensfreiheit. Das habe sie bei dem Kind respektiert.

In der HEILUNGSPUNKT-Arbeit beginnt der individuelle HEILUNGSWEG mit dem Training der präzisen Wahrnehmungsfähigkeit (d.h. des GEISTES) an einfacher, konkreter und objektivierbarer KÖRPER-Wahrnehmung. Dann geht es weiter zum konkreten Wahrnehmen des Körper-INNEN-Erlebens, man tastet sich so vor zum Erspüren der diffusen SEELEN-Impulse zur Präzisierung im Dialog mit den Verstandesebenen der PSYCHE zum aktuellen HEILUNGS-SCHRITT des Klienten auf seinem individuellen HEILUNGS-WEG. Parallel wird jeder Schritt daraufhin betrachtet, ob und wie er in die systemischen Ordnungen hineinpasst auf seine Passung in die systemischen Ordnungen betrachtet. Bei Diskrepanzen wird ein individueller Lösungsweg erarbeitet, der die Bedürfnise aller Ebenen des jeweiligen Menschen integriert.

Dies alles versuchen wir soweit als möglich direkt in der Sitzung umzusetzen, sodass der Transfer in den Alltag erleichtert wird.

Durch diese Präzisierung des Körper-INNEN-Erlebens wird der Klient zum Experten für seinen HEILUNGSWEG, da er nicht mehr einfach nur von Verstandeskonzepten und Ängsten geleitet wird, sondern lernt, auf sein Inneres zu hören.

7. Die 7 Ebenen der ARCHEMAH-Struktur und ihre Bedeutung für die Paartherapie

Eine ganz persönliche Betrachtung der Möglichkeiten, Grenzen und Gefahren der verschiedenen Therapieformen.

Zum Tiefenverständnis von Psychosomatik: „UND" statt „ODER"

Die gängige Frage in unserem Gesundheitssystem zur Ursache von Beschwerden, ist: „Ist es seelisch ‚oder' körperlich?"
Hierin liegt der grundsätzliche Irrtum, denn es ist ein „UND", es ist immer körperlich UND seelisch UND psychisch.

Zur Verdeutlichung nochmals das Modell der ARCHEMAH-Struktur von Seite 57f.:

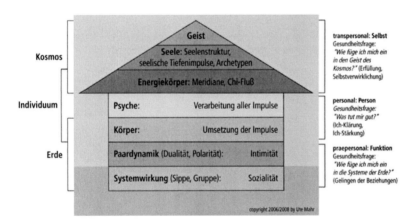

Ich beobachte als Therapeutin Folgendes: Jeder Mensch hat eine ganz einzigartige Kombination von Anliegen an das Leben in einem menschlichen Körper – das sind die seelischen

Tiefenimpulse. Diese Anliegen möchte er im Laufe seines Lebens ausdrücken – man könnte sagen, der Menschheit schenken. Hierdurch findet der Mensch Erfüllung.
Der Körper ist das Gefäß der Seele: Körpertherapeutisch betrachtet liegt das Unbewusste, die Seele im Bauch, das Ich im Solarplexus, die Liebesfähigkeit im Herzen und der Verstand im Kopf. Der Geist/das Bewusstsein ist frei und kann sich überall aufhalten.

Die Seelenimpulse steigen im Körper auf, werden im Zwerchfell kontrolliert, im Herzen mit Liebe oder Hass vermengt, im Hals wieder kontrolliert und drücken sich durch Arme und/oder Gesicht/Mund aus.
Doch diese Impulse stehen oftmals im Widerspruch zu unseren Alltagsbedürfnissen, z.B. weil die Psyche Angst hat vor der Unsicherheit, wenn ein neuer Verhaltensimpuls durchdringen möchte, aber auch, weil die Umgebung, die Gesellschaft, unser Gegenüber sich durch unseren Impuls gestört fühlt.

Bei kleinen Kindern ist dieser Impulsfluss nahezu ungestört, weshalb sie so beweglich sind, ganz im Jetzt leben und ganz authentisch sind. Mit dem Älterwerden wächst auch unsere Fähigkeit, Impulse zu kontrollieren. Viele Impulse unterdrücken wir dann, weil sie uns in Konflikt mit unserer Umgebung oder mit anderen Bedürfnissen bringen. Dieses Unterdrücken geschieht immer psychisch und körperlich: psychisch über Abwehrmechanismen und körperlich über Muskelverspannungen.
Je mehr der Körper sich mit Verspannungen panzert, desto schlechter sind die Durchblutung, der Lymphfluss und damit die Versorgung in den verspannten Bereichen und desto leichter erkranken wir dort.

Und – desto enger ist auch unser Denken und Fühlen, denn der Körper wirkt auf die seelisch-geistige Freiheit, so wie die psychischen Blockaden auf den Körper wirken.

Hier liegt der Wirkungsbereich der Psyche und der Psychotherapie: Wir erarbeiten Bewältigungsfähigkeiten für die Umsetzung der seelischen Impulse im konkreten Leben, damit der Mensch ganzheitlich Erfüllung findet. Denn die Impulse der Seele sind es, die uns in unserer Tiefe Erfüllung bringen, aber auch zu Krankheiten führen, wenn wir sie nicht beachten.

7.1. Die „erdigste" Ebene der ARCHEMAH-Struktur: Die SOZIALSYSTEME

Dies ist die Ebene, in der wir als Menschen Bestandteile von Systemen sind – und somit austauschbar. Hier geht es nicht etwa um unsere Individualität. Hier geht es um die Systemwirkung, der wir auf einem bestimmten Platz innerhalb unserer Familie oder Firma ausgesetzt sind und die hilfreich oder belastend sein kann. Und jeder, der an diesen Platz in einem System tritt, wird dieselben Empfindungen und Probleme haben.

Die Ebene der Sozialsysteme ist die „erdigste" Ebene, die konkreteste und liegt am nächsten an der Reaktionsweise unserer tierischen Vorfahren.
Es ist eine sanfte, aber tief wirksame Kraft, die hier am Werke ist: Sie wirkt wie ein Fundament, das im Alltagsleben nicht sichtbar ist – doch wenn es in Schieflage ist, wird das ganze Gebäude instabil und ist nicht durch therapeutische Arbeit an einer „höheren" Ebene wie Psyche oder Geist stabilisierbar.

Die hier für die Gesundheit des Menschen wesentliche Frage lautet: „Wie füge ich mich ein in die menschlichen Sozialsysteme?"

Für uns moderne Menschen ist dies oftmals eine schwer anzunehmende Thematik: Da hat sich der Mensch über viele Jahrtausende so weit fortentwickelt und doch unterliegt jeder – unabhängig von seiner Individualität – bestimmten, einfachen Wirkmechanismen, die Systeme auf uns Menschen ausüben. Es fällt uns schwer, anzunehmen, dass unser im Alltag doch so wichtig erscheinendes individuelles Sein hier völlig unwichtig ist

und sich nicht entfalten kann, wenn dieses Fundament des Sozialsystems in Unordnung geraten ist.
Denn in jedem System gibt es klare Rangordnungen, klare Verantwortlichkeiten und Werte, die anerkannt werden wollen. So bringt es z.B. eine gesunde Ordnung in eine Familie, wenn die Eltern dafür sorgen, dass die Kinder sie achten, denn die Eltern sorgen für die Familie und tragen die Verantwortung für ihr Überleben. Wenn die Kinder hier keine Begrenzung erfahren, beginnen sie, die Herrschaft in der Familie zu übernehmen. Das gesamte Familiensystem gerät in Schieflage, da ja die Kinder nicht für die Familie sorgen können.

Oder es bringt Ordnung in eine Firma, wenn die Mitarbeiter den Chef achten – auch wenn er Fehler macht. Denn kein Mensch ist unfehlbar. Wenn er bei jedem Fehler von einem Mitarbeiter attackiert und in seiner Stellung angezweifelt wird, schwächt und verunsichert ihn dies in seiner Führungskraft und er wird den Mut verlieren, zum Wohle der Firma auch für die Mitarbeiter unbequeme Entscheidungen zu treffen. Und dadurch sind die Arbeitsplätze aller gefährdet.

Heilung geschieht hier durch das Bewusstmachen dieser Systemwirkung und durch Verändern des Systems in Richtung auf mehr Gesundheit für alle Beteiligten.
Und Heilung geschieht dadurch, dass der Einzelne bewusst seinen Platz im System anerkennt und sich in diese Ordnung einfügt: Z.B. wenn Eltern ihr Kind dazu anhalten, dass es ihnen mit Achtung gegenüber tritt und anerkennt, dass die Eltern die für das Funktionieren des Gesamtsystems Familie nötige Arbeit tun. Wenn Eltern allerdings ihren Kindern „auf einer Ebene" quasi als Freunde gegenübertreten, erleben die Kinder sich als „gleich

groß" wie die Erwachsenen und begreifen nicht, wieviel sie noch nicht können, wieviel Arbeit die Eltern für sie leisten und was sie selbst noch zu lernen haben, um im Leben erfolgreich zu sein. Sie können sich selbst so nicht im Verhältnis zu den Erwachsenen einschätzen, sondern überschätzen ihre Fähigkeiten und lernen nicht, ihre Bedürfnisse für das Gemeinwohl zurückzustecken und sich selbst auf gute Weise zu begrenzen. Sie werden zu „kleinen Prinzen", die viel wollen und wenig leisten, die sich als „Nabel der Welt" erleben und Probleme mit Ordnungen haben. Dies führt zu Orientierungslosigkeit; Unsicherheit, Suchtverhalten und steht in engem Zusammenhang mit Aggressionsausbrüchen bei Kindern und Essstörungen.

In der Familientherapie sieht der Therapeut aufgrund seiner Ausbildung diese Mechanismen und verändert sie in Richtung Heilung.

Nun steht aber oftmals das Bedürfnis einer anderen Ebene des Menschen seinem Sich-Einfügen in die Systemordnung entgegen. Wenn hier die Therapie nicht hilft, diese anderen Ebenen zu integrieren, wird ein Mensch die Anregungen des Therapeuten nicht annehmen können und bleibt in seiner Stagnation hängen.

Gerade bei Gruppenaufstellungen gibt es hier zwei Probleme: Zum einen kommt es öfter zu übergroßer Härte seitens des Therapeuten, sodass die bewirkten, oftmals beeindruckenden Erfahrungen nicht integrierbar sind für die KlientInnen.

Zum anderen gehen viele Aufstellungen am eigentlichen Thema vorbei, da der Therapeut seine Wahrnehmung nur auf Systeme ausgerichtet hat, sodass er die anderen Aspekte übersieht. Da die KlientInnen bei einer solchen Gruppe eine „gute Zeit" haben wollen, tun sie ihr Bestes, damit auch eine solche Aufstellung zu einem guten Abschluss kommt – doch leider wird auf diese Weise oftmals keine Verbesserung bewirkt.

Vorteil dieser Methode ist also das Aufdecken und Verändern systemabhängiger Mechanismen in Richtung auf mehr Gesundheit für alle. Das ist eine wunderbare Sache und sehr wohltuend.

Nachteil ist die bedingungslose Macht des Therapeuten, wodurch der Therapieerfolg völlig von dessen Ausbildung, Integrität als Mensch und Feinfühligkeit abhängt. Da es keine Überprüfung dieser Therapeuten-Faktoren gibt, tummeln sich auf dem Markt eine Unzahl von nicht sehr kompetenten Systemaufstellern, die entsprechende Introjekte (d.h. nicht verdaubare Einflüsse) bei den Teilnehmern erzeugen.

Ein weiterer Nachteil ist, dass diese Methode – ähnlich wie die Kinesiologie – objektiv wirkt, es aber nicht ist: Es sind ja die Stellvertreter, die ohne tieferes Wissen „nur" auf die Systemwirkung „reagieren" – scheinbar. Doch beim Aufstellen entsteht eine Atmosphäre, ein „Geist" im Raum, der wesentlich von der Haltung des Therapeuten abhängig ist. Hinzu kommt die Gruppendynamik, die unter den Stellvertretern wirkt. So kann eine Aufstellung in sich stimmig abschließen – und am eigentlichen Thema eines Klienten völlig vorbeigehen.

Wie kann man es als Klient vermeiden, zu einem solchen Therapeuten zu kommen? Mundpropaganda ist hilfreich, wenn man bei mehreren Teilnehmern genau nachfragt, wie die langfristige Wirkung einer Aufstellung war, ob das Problem, mit dem man hingegangen ist, wirklich gelöst ist und wie sich dies im Alltagsleben konkret gezeigt hat. Auch ist es wichtig, zu fragen, wie sich die Teilnehmer während und nach dem Seminar gefühlt haben, was ihnen gutgetan hat und was nicht.

Hilfreich ist ebenso, zunächst mit dem Therapeuten eine Einzelstunde zu vereinbaren und ihm ruhig „Löcher in den Bauch" zu fragen: zu seinem Vorgehen, seiner eigenen Einschätzung zu Schwierigkeiten von Teilnehmern mit seinem Vorgehen und dazu, wie er mit seiner Fehlerhaftigkeit als Therapeut umgeht. Wenn ein Therapeut keine Aussagen zu seiner eigenen Fehlerhaftigkeit machen kann, ist er sicherlich mit Vorsicht zu genießen, da ihm die nötige Selbstkritik und Bescheidenheit fehlen.

Für die Paartherapie bedeutet dies, dass man integrieren muss, welche Systemwirkung die Partner innerhalb des gesamten Familiensystems erleben, aber auch innerhalb des Freundeskreises und innerhalb der Arbeit, da all dies auf die Partnerschaft wirkt.

7.2. Die zweite „erdnahe" Ebene der ARCHEMAH-Struktur: Die PAARDYNAMIK (Dyade, Polarität, Yin und Yang)

Dies ist die Ebene der Wirkfaktoren zwischen zwei Partnern einer Sexualbeziehung. Und dies bedeutet immer das Miteinander der Polaritäten Weiblich und Männlich – auch, wenn diese z.b. bei homosexuellen Paaren zwei gleich-geschlechtliche Partner sind. In den Gehirnen zeigen sich auch bei homosexuellen Paaren Unterschiede, die beim einen Partner mehr die weibliche und beim anderen mehr die männliche Polarität ausbilden, sodass es zur selben Anziehung kommt wie bei heterosexuellen Paaren.

Paartherapie hilft, diese beiden Gegensätze in einem kreativen Prozess zu einem Ganzen zu verbinden, ohne dass der Einzelne sein Wesentliches verliert.

Einerseits geht es hier wie auf der systemischen Ebene darum, dass das Individuum sich in eine naturgegebene Ordnung einfügt, um Freiraum für die individuelle Persönlichkeitsentfaltung zu haben, statt sich in zermürbenden Beziehungskämpfen zu verausgaben. D.h. das Gelingen einer Partnerschaft und die Gesundheit eines Menschen ist davon abhängig: „Wie füge ich mich ein in eine Dyade aus Männlich und Weiblich?"
Andererseits müssen hierzu auch die „höheren" Ebenen miteinbezogen werden, da sonst der Mensch den Eindruck bekommt, er muss zu viel von sich aufgeben, um in eine Partnerschaft „hineinzupassen".

Interessanterweise ist es für das Gelingen einer Ehe nicht unbedingt wichtig, dass das Paar sich „gut versteht", miteinander

reden kann oder gar Harmonie pflegt. Auch das so hoch gelobte Streiten scheint nicht der goldene Weg für eine gelingende Partnerschaft zu sein, wie so oft behauptet wird.
Zu viele Paare habe ich gesehen, die sich trotz Harmonie, guter Kommunikation und gutem Miteinander getrennt haben oder einfach keine sexuelle Lust mehr aufeinander spüren konnten.

Das Wesentliche scheint vielmehr auf der Ebene der Anziehung der gegensätzlichen Polaritäten des Weiblichen und Männlichen zu liegen, die in der Sexualität wie im Seelischen zu einem kreativen und lebendigen Miteinander finden müssen.
Deshalb liegt bei einer Paartherapie der Schwerpunkt auf diesem Miteinander der Polaritäten.

Paartherapie empfinde ich als das Schwerste, aber auch als das Spannendste, was man als TherapeutIn zu bewältigen vermag, denn die Gefahr, „zwischen die Fronten" eines Paares zu kommen, ist sehr groß und die Dynamik eines Paares kann extrem negativ werden – noch mehr als die einer Familie.
Gleichzeitig ist die Dynamik eines Paares die letzte große Herausforderung unserer Zeit - und das fasziniert mich.
Es gilt, sich unserem fundamentalen Frau- oder Mannsein zu stellen und unser individuelles Menschsein auf all seinen Ebenen damit in Einklang zu bringen, damit eine Partnerschaft gelingt.

7.3. Die dritte „erdnahe" Ebene der ARCHEMAH-Struktur: Der KÖRPER

Der Körper des Menschen scheint klaren mechanischen Prinzipien zu folgen, wie sie jahrhundertelang in der Medizin erforscht wurden – und doch werden immer mehr Menschen durch unsere moderne Medizin nicht mehr geheilt und suchen Hilfe bei Heilpraktikern und Wunderheilern. Warum? Heilen diese besser? Sie heilen auf jeden Fall weniger invasiv, mit weniger starken Eingriffen und versuchen, den menschlichen Körper tiefer zu verstehen.

Aber wirklich heilen?
Obwohl Homöopathie bei vielen akuten Erkrankungen, Unfällen etc. sehr gute Wirkung zeigt, bringen doch viele homöopathische Behandlungen trotz kompetenter Therapeuten und langfristiger Einnahme keine wirkliche Heilung eines Symptoms.
Zu viele Geistheiler bringen zunächst erstaunliche Wirkungen – und dann kommt die alte Symptomatik zurück.
Zu viele Osteopathen sind völlig überzeugt von ihrer Methode, aber dennoch erfolgt keine Besserung. Und fragt man als Patient nach, warum, so erhält man keine Antwort – oder bekommt die Erklärung, es sei psychisch.
Mein Eindruck: Wir haben eigentlich den menschlichen Körper noch nicht in seiner Tiefe begriffen.

Ein interessanter Ansatz ist die Kombination des schulmedizinischen Wissens mit präzisem logischen Denken und der empirischen Methode der Applied Kinesiology, wie ich sie bei einem Arzt in Nürnberg antraf. Seine Heilungserfolge sind erstaunlich.

Und wie arbeitet dieser Arzt?
Ich fragte ihm „Löcher in den Bauch", um sein Vorgehen zu verstehen und begriff, dass er auf dem Gebiet des Körpers in ähnlicher Weise Heilung erforschte wie ich als Psychologin im körper-psychotherapeutischen Bereich.
Er sagte: „Ich versuche einfach, die wirklichen Ursachen einer Erkrankung zu finden und zu lösen." Hierzu kombiniere er das Zusammenhangswissen des Medizinstudiums – das zumeist in der Spezialisierung zum Facharzt verloren gehe – mit dem empirischen Ansatz der Applied Kinesiology. Seine Art des logischen Denkens habe er auf dem humanistischen Gymnasium gelernt, das auch ich besucht hatte. Er meinte: „Mit Latein und Altgriechisch haben wir Denken gelernt." Das stimmte: Die große Genauigkeit, die gerade das Altgriechische beim Übersetzen erfordert, lässt kein einfach mal „nach Gefühl Übersetzen" zu, sondern man muss sich präzise an die „Fakten" der verschiedenen Endungen und Zeitformen halten.
Genauso ist es in der Heilungsforschung: Viel zu schnell beherrschen unsere Konzepte unsere Interventionen als Therapeuten – und dann heilen wir nicht, weil wir an der Individualität des Klienten vorbei gearbeitet haben. Andererseits gibt es aber auch allgemeingültige Mechanismen im Menschen. Wenn wir wirklich heilen helfen wollen, müssen wir lernen, das eine vom anderen zu unterscheiden.

Das Vorgehen dieses Arztes entspricht – wie in meinem Ansatz – einem Zwiebelschalen-Modell, das auf der Organismusreaktion im Jetzt beruht. D.h. man tastet sich von Sitzung zu Sitzung anhand der konkreten Reaktionen des Organismus weiter vor – ohne zu versuchen, diese vorschnell über die menschliche Logik zu begreifen. Sondern man lässt sich vom menschlichen

Organismus belehren und von dessen Reaktionen von einem HEILUNGSSCHRITT zum nächsten führen. So kommt man zu immer neuen Ursachenzusammenhängen und Heilungswegen, die sehr präzise auf den individuellen HEILUNGS-WEG des jeweiligen Menschen abgestimmt sind.

Zum Beispiel kann jemand zu viel Amalgam im Körper haben – aber jetzt gerade nicht darunter leiden. Dann ist dies jetzt nicht sein Problem, sondern er braucht eine andere Unterstützung. Und jemand kann Amalgam im Körper haben und jetzt darunter leiden – dann wird dies jetzt angegangen.
Wieder sieht man den individuellen HEILUNGSWEG mit dem aktuellen HEILUNGSPUNKT. Anscheinend ist dies ein Prinzip, das eher allgemein-menschlich ist.

Was viele stört: So wird man nie „fertig" mit den Arztbesuchen. Aber Tatsache ist, dass Körper und Psyche nie ganz gesund sind, sich ständig „etwas einfangen", dass aber dieses „Dranbleiben" an den aktuellen Symptomen und am Lösen deren tieferer Ursachen eine wunderbare Prophylaxe gegen schwerere Erkrankungen ist.

Mein persönliches Resümee: Meine langjährigen Nebenhöhlenentzündungen sind Vergangenheit und ebenso mein anfälliges Immunsystem sowie meine schnelle körperliche Ermüdbarkeit. Dafür aber empfinde ich viel schneller als früher irgendwo in meinem Körper Schmerzen, habe schneller einen „Erkältungsanflug" oder Bauchprobleme, die sich jedoch mit dieser Methode relativ zügig wieder heilen lassen kann. Wie sagte mein Osteopath: „Dein Frühwarnsystem ist in Ordnung."

7.4. Die vierte und mittlere Ebene der ARCHEMAH-Struktur: Die PSYCHE – „Verdauungsapparat" und Vermittler zwischen Erde und Himmel, Körper und Seele

Ein weiterer Aspekt des Paar-Seins ist die psychische Dynamik zwischen beiden Beziehungspartnern.

Eine sehr gute Erläuterung der Psyche fand ich bei Hasselmann und Schmolke, nämlich: Die PSYCHE sei ein vergängliches, nicht-sichtbares Organ, das an den Körper gebunden, aber nicht körperlich ist. Es stellt eine Art Angstverarbeitungsmechanismus dar – ähnlich wie der Darm ein Nahrungsverarbeitungsmechanismus ist – und ähnlich wie der Darm, so sei auch die Psyche nie ganz gesund. *Psychische Erkrankungen* seien Störungen der Angstbewältigungsfähigkeit, die durch Psychotherapie, Angstbewältigungsstrategien, Entspannungstraining etc. gelindert werden. (Hasselmann, 1999:11; Hasselmann, 2002:9)

Man kann sich die Psyche auch als Vermittlungs- oder Verdauungsprozess zwischen Seele und Materie vorstellen oder als „Brille der Seele", mit der diese die Welt sieht: Überall dort, wo die Psyche „einen Hänger" hat, geht spirituelle Entwicklung schief, weil die Weisheit der Seele nicht direkt auf unser Leben wirken kann, sondern verzerrt wird. Deshalb ist es für die spirituelle Weiterentwicklung so hilfreich, die Psyche zu klären, damit unsere Seele sich möglichst direkt und unverfälscht in diesem Leben ausdrücken kann.

Gerade bei starken spirituellen Erfahrungen, bei Seminaren oder gechannelten Botschaften entsteht oft das Problem, diese

Erfahrungen gut zu integrieren: Sie werden zu „schwer verdaubaren Brocken", die eine Menge „Magensaft", also eine Menge Arbeit der Psyche bedürfen, um verdaubar zu werden. Dies verführt zum „Abheben" aus der normalen Lebenswirklichkeit, weil die spirituelle Welt viel anziehender erscheint als das oft unbarmherzig wirkende reale Leben.
Hier ist die „Kleine-Schrittchen-Arbeit" der Psychotherapie: Wir „kauen" über das körperlich-psychische Erspüren die großen Brocken klein und machen sie verdaubar, d.h. für den jetzigen Entwicklungsstand der Psyche verdaubar und integrierbar, sodass sich die tiefen spirituellen Erfahrungen auch wirklich in der Lebenswirklichkeit niederschlagen und zu einem erfüllten und „wirksamen" Leben auf dieser Welt führen – dem Zweck unseres Hierseins.

Auf der psychischen Ebene, also im Bereich unserer Sozialisation, erlernen wir bestimmte Verhaltensmuster, die völlig konträr zu unserer Geschlechterenergie wirken können.
So können zum Beispiel heute Frauen Fußball spielen – doch für die meisten von mir befragten Männer wirkt dieser Anblick sexuell nicht gerade anziehend, wenn sie auch den intellektuellen Austausch über das geliebte Thema Fußball schätzen. Ebenso können heute Männer Hausmänner werden, was vielen geschäftlich erfolgreichen Frauen wohltut und den Alltag erleichtert. Doch auf der sexuellen Ebene hat keine der von mir befragten Frauen von einem Gefühl der Anziehung oder gar Erregung beim Anblick eines Windeln wechselnden Hausmannes berichtet – dagegen sehr wohl bei typischen Filmhelden wie James Bond, Spartacus u.a.
Bei den von mir befragten Männern hingegen fühlen sich schon manche von einer strengen Karrierefrau angezogen. Wenn ich

jedoch genauer nachfragte, dann standen dahinter masochistischen Fantasien von einer Domina auf der Basis einer Depressio. Keiner dieser Männer wollte wirklich eine strenge Karrierefrau als Ehefrau bei sich zu Hause und im eigenen Bett haben.

7.5. Die fünfte und feinstoffliche Ebene der ARCHEMAH-Struktur: Der ENERGIEKÖRPER

Der Energiekörper wird auch feinstofflicher Körper oder Aura genannt und besteht aus mehreren Schichten (s. untenstehende Abbildung).

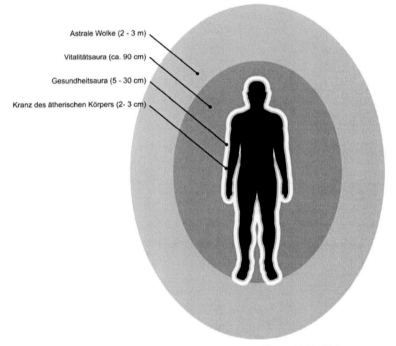

Nach: Wessbecher, Harald. Das dritte Auge öffnen, 2001: 126.

Hier sind die unverarbeiteten Reste unserer früheren Leben gespeichert, genauso wie unsere „Hänger" in diesem Leben.
Fühlen wir uns niedergeschlagen, so ist dies an der Aura sicht- oder fühlbar. Sind wir im Frieden, so ebenfalls.

Die meisten Heiler arbeiten mit dem Energiekörper – und auch die Reinkarnationstherapie.

Auffallend ist, dass obwohl inzwischen so viele Leute zum Geistheiler gehen, nur wenige der von mir Befragten (ca. 1%) hierdurch wirklich gesund geworden sind.
Warum?
Der Ablauf, der mir immer wieder berichtet wird, ist ungefähr Folgender: Man geht zum Geistheiler und er verändert mit der Energie des Kosmos, der Erde, der Engel o.a. oder auch mit seiner eigenen Energie den Energiekörper und die Symptome schwinden.
Nach einer Zeit jedoch kommen sie zurück.
Warum?

Hervorragende Forschung zu diesem Thema hat der Klinische Psychotherapeut Jakob Bösch zusammen mit der Heilerin Anouk Class geleistet. Beide halten zusammen Seminare für geistiges Heilen und sagen ganz offen, dass Geistheilung langfristig erfolglos bleibt, wenn die Menschen nicht zu tieferen Einsichten kommen und ihr konkretes Leben verändern. Man kann zum Geistheiler gehen, genauso wie man eine Tablette nimmt – und genauso bleibt dann auch die Geistheilung nur eine Symptombekämpfung, obwohl sie mehr könnte.

Ganz Ähnliches, nur noch rigoroser, beschrieb das Medium Sybille Reuter, bei dem ich mich vor Jahren im Channeln der Archetypen coachen ließ: „Das Leben will gelebt werden, die Erfahrungen wollen gemacht werden – auch wenn sie nicht angenehm sind."

Sie hatte sich nach Jahren intensiver Arbeit im Bereich der Geistheilung und des Channelings rigoros aus diesem Bereich zurückgezogen und sich ganz dem „normalen" Leben zugewandt: Das Sein als Leben im Alltag mit Mann und Kind, zwischen Küche und Arbeit – um hierin die Tiefe der Spiritualität zu leben. Spirituelle Hilfsmittel (wie energieleitende Geräte) lehnte sie als abhängig machend ab, da wir Menschen aufgerufen seien, das Leben aus unseren Bewältigungsfähigkeiten her zu meistern, statt uns wie Ertrinkende an spirituellen Hilfsmitteln festzuhalten.

Auch in der Reinkarnationstherapie arbeitet man zu einem großen Teil mit dem Energiekörper. Hier sieht es in den Sitzungen meist ebenso eindrucksvoll aus. Befragte ich jedoch die Menschen nach den konkreten Heilungsergebnissen, dann bekam ich immer wieder ausweichende Antworten. Nur eine kleine Zahl von Menschen berichtete von einer wirklichen und dauerhaften Heilung eines Symptoms durch Reinkarnationstherapie.
Ich vermute, dass es hier zum selben Phänomen kommt wie bei den Systemaufstellungen: In der Sitzung arbeiten Therapeut und Klient zusammen und wollen eine gute Sitzung haben, weshalb diese zumeist rund und augenscheinlich erfolgreich abgeschlossen wird. Nach der Theorie der Reinkarnationstherapie hat der Therapeut alles richtig gemacht – und jetzt muss es auch funktionieren. Wenn es dann nicht zur Heilung kommt, schaut man nicht mehr so genau hin oder es liegt eben an irgendwelchen anderen Faktoren. Vermutlich war der Klient einfach noch nicht reif für die Heilung.

Für mich ist es mir über die Jahre wesentlich geworden, Menschen Methoden zu zeigen, wie sie selbst ihren Energiekörper klären können – und dies im konkreten

Realitätskontakt. Also nicht einfach nur Arbeit am Energiekörper, sondern immer eingebettet in den Aufbau von Bewältigungsfähigkeiten für die Lösung konkreter Alltagsprobleme, denen man sonst zu entfliehen sucht. In der präzisen Körperwahrnehmung auf diesen Problempunkt entwickeln wir gemeinsam Methoden, wie Klienten ihre Aura klären oder schließen können – und nur dort, wo dies nicht genügt, arbeite ich auch selbst mit der Aura meiner KlientInnen. Mir war und ist es als Therapeutin sehr wichtig, dass meine KlientInnen erfahren, wie sie sich selbst helfen können. Ich bin kein Guru und will keiner sein. Spiritualität und Energiearbeit sind für mich konkrete Lebenswirklichkeit, die im Leben für das Leben stark machen und nicht über das Leben hinwegheben soll.

7.6. Die sechste, feinstoffliche Ebene der ARCHEMAH-Struktur: Die SEELE

Wenn ich versuche, zu beschreiben, wie ich als Therapeutin die Seele erlebe, dann kommt mir immer das Bild eines kleinen Außerirdischen, der mit einem großen Beutel voll von Ideen auf diese Welt kommt, welche er in diesem Leben umsetzen möchte.
Dieser kleine Außerirdische kommt „frisch-fröhlich" auf diese Erde und hat noch keine Ahnung, wie es hier so zugeht. Angekommen auf der Erde muss er dann feststellen, dass es gar nicht so einfach ist, diese Ideen aus dem Unendlichen in der konkreten Lebenswirklichkeit der Erde umzusetzen. Und hier sieht der kleine Außerirdische dann plötzlich gar nicht mehr so fröhlich aus: Das Ringen und das Leiden haben begonnen.

Hasselmann und Schmolke beschreiben SEELE als Energie mit überwältigendem Entwicklungsdrang, eine Identität ohne Inhalte, die jenseits von Zeit und Raum existiert und diese Existenz plant. Für jedes Leben wähle sie eine spezielle Struktur, die Archetypen-Struktur.
Die SEELE manifestiere sich über die PSYCHE – und zwar umso mehr, je geringer der Angstanteil ist. Therapie kann durch Angstreduktion diesen Ausdruck der SEELE über die PSYCHE fördern – und damit den Selbstausdruck und die Selbsterkenntnis. Die seelische Entwicklung jedoch könne sie nicht fördern, da diese einfach durch die Erfahrungen im Laufe der Inkarnationen geschieht. (Hasselmann, 1999:11; Hasselmann, 2002:9)

Zwischen den Impulsen der Seele, die aus dem Unendlichen stamme, und den Wünschen des Ichs, das der konkreten Lebenswirklichkeit ausgesetzt ist und hier Glück finden möchte, besteht

häufig ein Spannungsfeld, in welchem sich das Wollen der Seele letztendlich immer durchsetze. (Hasselmann, 2002:9)
Aus diesem Grunde ist es therapeutisch sinnvoll, sich intensiv mit dem Wollen der Seele auseinander zu setzen, Bewältigungsfähigkeiten für deren Impulse zu entwickeln und diese in das konkrete Leben zu integrieren, damit sie nicht – weil ins Unbewusste verdrängt – als Schatten die konkrete Lebensbewältigung erschweren.

Der Archetyp an sich ist – wie schon C. G. Jung ausgeführt hat – zwar *um*schreibbar, aber nicht konkret *be*schreibbar. (Jacobi, 1978:50) Ähnlich wie in der Homöopathie sind alle Beschreibungen nur Annäherungsversuche an ein dahinterliegendes Prinzip und werden jeweils von den anderen Aspekten der seelischen Struktur eines Menschen beeinflusst, gefärbt und eventuell auch überlagert.

Vereinfacht gesprochen, kann man den Archetyp als den *Impuls aus dem Unbewussten* verstehen, den jemand hat, wenn er aus einem bestimmten Bereich seiner Seelenstruktur heraus lebt. Der Mensch selbst entscheidet – ob bewusst oder unbewusst –, aus welchem Bereich seiner Seelenstruktur heraus er auf eine Situation reagiert.
Ob und wie hingegen ein Impuls im Verhalten Ausdruck findet, hängt zum einen von seiner sozialen Erwünschtheit und den Möglichkeiten und Grenzen des realen Lebens des Menschen sowie von dessen restlicher Seelenstruktur ab.
Um die Impulse der Seele präzise zu begreifen und Menschen hierin zu verstehen, ist für mich als Therapeutin das Archetypen-Konzept von Yarbro (1979, 1988), Stevens & Warwick-Smith (1990), Hasselmann & Schmolke (1993, 2001, 2002) eine große

Hilfe. Es war das Forschungsthema meiner Doktorarbeit an der Universität Erlangen-Nürnberg und wurde als „Handbuch-Archetypen-Therapie" veröffentlicht, weshalb ich hier nur kurz in Übersichten darauf eingehen möchte:

Dieses Konzept arbeitet mit einer 7 x 7 Matrix aus den sieben Kategorien (Grundmuster): essentielle Seelenrolle (Essenz), Angst, Entwicklungsziel, Modus, Mentalität, Reaktionsmuster und Seelenalter (Hasselmann, 1999:31), die wiederum aus je sieben Archetypen bestehen und sieben Grundenergien zugeordnet sind. (Hasselmann, 1999:45–50)

Das Archetypen-Konzept (Hasselmann, 1999:50)

Energie	Seelenrolle	Angst	Entwicklungsziel	Modus	Mentalität	Reaktionszentrum
1	Heiler	Selbstverleugnung	Verzögern	Zurückhaltung	Stoiker	emotional
2	Künstler	Selbstsabotage	Ablehnen	Vorsicht	Skeptiker	intellektuell
3	Krieger	Märtyrertum	Unterordnen	Ausdauer	Zyniker	sexuell
4	Gelehrter	Starrsinn	Stillstehen	Beobachtung	Pragmatiker	instinktiv
5	Weiser	Gier	Akzeptieren	Macht	Idealist	spirituell
6	Priester	Hochmut	Beschleunigen	Leidenschaftlichkeit	Spiritualist	ekstatisch
7	König	Ungeduld	Herrschen	Aggressivität	Realist	motorisch

I. Die 7 Seelen-Rollen

Dieser Archetyp bezeichnet den innersten Kern der seelischen Identität, das Wesen eines Menschen. Er ist das *Eine*, das *Wesentliche*, was den Menschen mit sich *eint*.

Man erkennt ihn, indem man danach fragt, *was die größte Authentizität und die innigste Befriedigung, die positivste Ausstrahlung in einem Menschen erzeugt. Wie spricht jemand? Wie ist seine Energie, seine Wirkung auf mich? Was kann er am besten? Was schätzen die anderen an ihm? Was mochten seine Eltern nicht an ihm?*

Jeder Archetyp hat ein zugeordnetes Prinzip und kann mehr vom Minus- oder mehr vom Pluspol her gelebt werden, wobei der Pluspol dem Wohlgefühl und Lebensglück zuträglich ist, aber beide Pole für die Weiterentwicklung immer wieder erfahren werden müssen.

1) Heiler/Helfer	zwischen den Polen
Prinzip: Dienen, Helfen:	- bei Angst *sklavisch*
	+ wohltuend *hilfreich*
2) Künstler	
Prinzip: Gestalten:	- bei Angst *gekünstelt*
	+ wohltuend *einfallsreich*
3) Krieger	
Prinzip: Kämpfen:	- bei Angst *überwältigend*
	+ wohltuend *überzeugend*
4) Gelehrter	
Prinzip: Lernen/Lehren	- bei Angst *theoretisierend*
	+ wohltuend *wissend*
5) Weiser	
Prinzip: Mitteilen:	- bei Angst *redselig*
	+ wohltuend *ausdrucksvoll*
6) Priester	
Prinzip: Trösten:	- bei Angst *übereifrig*
	+ wohltuend *barmherzig*
7) König	
Prinzip: Führen:	- bei Angst *selbstherrlich*
	+ wohltuend *hoheitsvoll*

(Hasselmann 1999:24, 52–105, Hasselmann 2003:19–55, Yarbro 1998:93–101)

II. Die 7 Grund- und 7 Nebenängste

Die Grundangst ist das *Zweite*, also das, was den Menschen *entzweit*. Sie stellt die größten Barrieren, die unbewussten Hemmnisse, die heimlichsten Schwierigkeiten eines Menschen dar.

Man erkennt sie, indem man danach fragt, *was in einem Menschen am meisten Widerwillen, am meisten Verachtung und Ärger erzeugt, das, was man unbedingt vermeiden möchte, was einem am peinlichsten ist.*
Sie wird jeweils durch die Art der Angst und durch das zugehörige Lösungs- oder Vermeidungsverhalten gekennzeichnet.
So drückt sich nach diesem Modell beispielsweise die Angst vor Unzulänglichkeit in Selbstverleugnung aus, die unterwürfig oder auch – was sozial gut akzeptiert ist – bescheiden wirken kann, aber dennoch immer durch Angst motiviert ist.

Jeder Mensch hat zwei grundlegende Ängste auf der Ebene der Seele: eine Hauptangst und eine Nebenangst, die immer dann in den Vordergrund tritt, wenn die Hauptangst durch Angstabbau in den Hintergrund tritt (im Sinne eines „zuerst" und „dann"). Die Hauptangst dient somit als Maske für die darunter verborgene Nebenangst.
Bei den Ängsten sind beide Pole der Angst negativ zu bewerten – auch wenn der Pluspol sozial eher akzeptiert ist –, da Angst immer zur Verspannung führt.

1) Selbstverleugnung = *Angst vor Unzulänglichkeit:*
 (Selbstherabsetzung)   - *unterwürfig*
                                         + *bescheiden*

2) Selbstsabotage = *Angst vor Lebendigkeit:*
 (Selbstboykottierung)   - *selbstzerstörend*

	+ *aufopfernd*
3) *Märtyrertum*	= *Angst vor Wertlosigkeit:*
(Selbstbestrafung)	- *selbstbestrafend*
	+ *selbstlos*
4) *Starrsinn*	= *A. vor Unberechenbarkeit:*
(Festhalten)	- *verbissen*
	+ *entschlossen*
5) *Gier*	= *Angst vor Mangel:*
(Mehr-haben-Wollen)	- *unersättlich*
	+ *selbstzufrieden*
6) *Hochmut*	= *Angst vor Verletztwerden:*
(Mehrsein-Wollen)	- *selbstgefällig*
	+ *stolz*
7) *Ungeduld*	= *Angst vor Versäumnis:*
(Schneller-sein-Wollen)	- *unduldsam*
	+ *waghalsig*

(Hasselmann 1999:24,108–172, Hasselmann 2003:56–120, Yarbro 1998:116–118 - Die Angst-Bezeichnungen in Klammern sind Ergänzungen der Verfasserin.)

Spürbar sind diese 7 Ängste bei guter Selbstwahrnehmung wie folgt:

1)*Selbstverleugnung:*	*Angst:*	*Ich mache es falsch!*
(Selbstherabsetzung)	*Projektion:*	*Du machst es falsch!*
	Abwehr:	*Viel-Arbeiten oder gar nicht.*
	Hilfe:	*Ich vertraue meinen Impulsen.*
2) *Selbstsabotage*	*Angst:*	*Ich mache es mir kaputt!*
(Selbstboykottierung)	*Projektion:*	*Du machst es mir kaputt!*
	Abwehr:	*Das Spontane kontrollieren.*
	Hilfe: Ich erlaube mir Freude an dem, was unvorhergesehen geschieht.	
3) *Märtyrertum*	*Angst:*	*Ich bin wertlos!*
(Selbstbestrafung)	*Projektion: Du bist wertlos!*	
	Abwehr:	*Hilfe aufzwingen.*
	Hilfe: Ich bin wertvoll – unabhängig von meinen Handlungen.	
4) *Starrsinn*	*Angst:*	*Ich verliere den Halt.*

(Festhalten)	*Projektion: Du bist unberechenbar!*
	Abwehr: *Es gibt nur meinen Weg!*
	Hilfe: *Ich erlaube mir Geborgenheit.*
5) Gier	*Angst:* *Ich bekomme nicht genug!*
(Mehr-haben-Wollen)	*Projektion: Du bist unersättlich!*
	Abwehr: *Askese*
	Hilfe: *Ich erlaube mir Fülle.*
6) Hochmut	*Angst:* *Ich werde verletzt!*
(Mehrsein-Wollen)	*Projektion: Du bist so verletzlich!*
	Abwehr: *Unantastbarkeit, Distanz*
	Hilfe: Ich erlaube mir, mich zu schützen.
7) Ungeduld	*Angst:* *Ich versäume etwas!*
(Schneller-sein-Wollen)	*Projektion: Du bist zu langsam!*
	Abwehr: *Hektik, Eile, Vorwärtsdrängen*
	Hilfe: *Ich schenke mir Zeit.*
	Ich habe für alles Zeit, was wirklich wichtig ist.

III. Die 7 Entwicklungsziele

Das dem Leben eines Menschen innewohnende Entwicklungsziel enthält die entscheidenden Aspekte einer Lebensthematik und zeigt sich in allen Handlungen und Unterlassungen eines Menschen.

Man erkennt es, indem man danach fragt, *welches Thema sich am häufigsten, am deutlichsten, am lustvollsten und am schmerzhaftesten in einem Menschen Widerhall sucht.*

Das Entwicklungsziel beschreibt eine Art zielgerichteter Energie, einen dem Menschen innewohnenden Drang, welchen er kaum vermeiden kann und dessen Akzeptanz zu mehr Sinnhaftigkeit im Leben führt. Nach der Seelen-Rolle als dem Ersten, das den Menschen eint und der Angst als dem Zweiten, das den Menschen entzweit, ist das Ziel *das Dritte (Symbol des Dreiecks)*, auf das der Mensch hinstrebt und das ihn in eine Reibung mit der Umwelt bringt, an der er wächst (Auseinandersetzungen, Krisen, Erkrankungen).

	zwischen den Polen
1) Verzögern:	- bei Angst *Rückzug* + wohltuende *Rückschau*
2) Ablehnen:	- bei Angst *Vorurteil* + wohltuende *Urteilskraft*
3) Unterordnen:	- bei Angst *Unterwerfung* + wohltuende *Hingabe*
4) Stillstand:	- bei Angst *Erstarrung* + wohltuendes *Innehalten*
5) Akzeptieren:	- bei Angst *Liebenswürdigkeit* + wohltuende *Güte*
6) Beschleunigen:	- bei Angst *Verwirrtheit* + wohltuende *Einsicht*
7) Herrschen:	- bei Angst *Diktatur* + wohltuende *Führung*

(Hasselmann 1999: 25,174–219, Yarbro 1998:106–108)

IV. Die 7 Modi

Die Modi beschreiben die Art, wie man sein Leben und seine Entwicklungsthematik am kraftvollsten führt. Es ist *die ruhende Mitte (Symbol des Quadrats), die „Quelle der Kraft"*.

Man erkennt den Modus vermittels der Frage, *wie sich ein Mensch gesund, geerdet und geeint fühlt, welcher Modus ihm Natürlichkeit, Spontaneität und ein aufrichtiges Gefühl sich selbst gegenüber vermittelt.*

Auch hier gibt es wieder einen Minus- und einen Pluspol. Je mehr ein Mensch aus seinem Pluspol heraus lebt, desto mehr findet er zu seiner Lebensfreude, Leichtigkeit und Lebenskraft, während der Minuspol kraftzehrend wirkt, aber zum Erfahrung-Sammeln immer wieder wichtig ist.

	zwischen den Polen
1) Zurückhaltung:	- bei Angst *Hemmung* + wohltuende *Zügelung*
2) Vorsicht: wohltuende *Bedächtigkeit*	- bei Angst *Überängstlichkeit* +
3) Ausdauer: wohltuende *Beharrlichkeit*	- bei Angst *Unverrückbarkeit* +
4) Beobachtung:	- bei Angst *Überwachung* + wohltuende *Klarsicht*
5) Macht:	- bei Angst *Bevormundung* + wohltuende *Autorität*
6) Leidenschaftlichkeit:	- bei Angst *Fanatismus* + wohltuendes *Charisma*
7) Aggressivität:	- bei Angst *Streitsucht* + wohltuende *Dynamik*

(Hasselmann 1999: 25/26, 222–274, Hasselmann 2004:169ff., Yarbro 1998:109–110)

V. Die 7 Mentalitäten

Die Mentalität beschreibt die *geistige Grundhaltung eines Menschen seiner individuellen Realität gegenüber*, aber auch im Hinblick auf seine subjektive Weltsicht. Es sind Vorstellungen und Gedankenmuster, die ein Mensch entwickelt und einsetzt, um seine Wirklichkeit zu begreifen und auf diese Weise Sicherheit zu bekommen. Es spiegelt nicht das Anerzogene, nicht die

Sichtweisen einer Zeit oder Gesellschaft, sondern die ureigene Betrachtungsweise eines Menschen wider.

Die Mentalität erkennt man durch die Frage danach, was ein Mensch anstrebt, *welche Ideen er über die „richtige Art zu leben" entwickelt und welche Mentalität die Menschen haben, mit welchen man ein unmittelbares harmonisches Verstehen erlebt.* Die Menschen, mit denen man sich am schnellsten streitet, haben normalerweise eine ganz andere Grundeinstellung zum Leben als man selbst. Auch die Frage: „Wenn ich die Welt verändern könnte und wenn ich die Einstellungen, die Denkungsart, die Perspektive der Menschen beeinflussen könnte – wie würde ich wirken wollen? Was würde ich bewirken wollen?", hilft bei der Annäherung an die eigene Mentalität.

Auch die Mentalitäten können von beiden Polen her gelebt werden.

	zwischen den Polen
1) Stoiker:	- bei Angst *resigniert*
	+ wohltuend *gelassen*
2) Skeptiker:	- bei Angst *misstrauisch*
	+ wohltuend *nachforschend*
3) Zyniker:	- bei Angst *herabsetzend*
	+ wohltuend *kritikfähig*
4) Pragmatiker:	- bei Angst *stur*
	+ wohltuend *praktisch*
5) Idealist:	- bei Angst *abgehoben*
	+ wohltuend *verschmelzend*
6) Spiritualist:	- bei Angst *leichtgläubig*
	+ wohltuend *überprüfend*
7) Realist:	- bei Angst *mutmaßend*
	+ wohltuend *wahrnehmend*

(Hasselmann 1999: 26, 276–311, Hasselmann 2004: 215ff., Yarbro 1998:111–113)

VI. Die Reaktionsmuster:
5 Reaktionszentren und 5 (Reaktions-)Orientierungen
stellen den Bereich dar, aus welchem heraus ein Mensch spontan und unmittelbar auf seine Umwelt reagiert – sowohl seelisch als auch körperlich –, was sich für den Bereich psychosomatischer Störungen und chronischer Schmerzen als relevant erwiesen hat.

So haben motorisch zentrierte Menschen sehr häufig Magen-Darm-Probleme – sie scheinen ihre motorische Aktivität körperlich in starken Darmbewegungen umzusetzen. Und emotional zentrierte Menschen leiden häufig unter Herz-Kreislauf-Problemen.

Man erfasst sie durch die Frage, *aus welchen Reaktionsbereichen heraus ein Mensch am schnellsten oder am häufigsten reagiert* oder auch, *welche Körperregionen am empfindsamsten sind, wo Verspannungen und Schmerzen deutlich werden* und *welche Situationen einen Menschen verletzlich machen und zu einem Gefühl von Bedrohtheit führen.*

Neben dem Hauptzentrum (ca. 70%) gibt es noch ein Nebenzentrum (ca. 30%), welches die Richtung aufzeigt, in welcher die Reaktion eines Menschen geschieht: Sie beginnt im Hauptzentrum und verändert sich in Richtung Nebenzentrum.

	zwischen den Polen
1) emotional:	- bei Angst *sentimental* + wohltuend *sensibel*
2) intellektuell:	- bei Angst *vernüftelnd* + wohltuend *nachdenklich*
3) sexuell:	- bei Angst *verführerisch* + wohltuend *schöpferisch*
4) instinktiv:	- bei Angst *unbedacht* + wohltuend *spontan*
7) motorisch:	- bei Angst *hektisch* + wohltuend *unermüdlich*

(Hasselmann 1999: 319–369, Hasselmann 2004: 249ff., Yarbro 1998:114–115)

VII. Das Seelenalter:
5 Seelenalter-Zyklen und die 7 Altersstufen

Hinzu kommt das Seelenalter, denn das System geht – wie viele Weltreligionen – von der Möglichkeit der Reinkarnation aus, d.h. es müssten Menschen mit verschieden vielen hinter ihnen liegenden Inkarnationen auf der Erde leben, die durch ihren verschiedenen Erfahrungshintergrund auch verschiedene Bedürfnisse an das Leben auf der Erde haben. Etwa 70 Leben soll ein Mensch insgesamt auf dieser Erde haben, so das Konzept.

Genauer gesagt, gibt es 5 Seelenalter-Zyklen, die im menschlichen Körper durchlebt werden können, und in jedem Seelenalter wieder 7 Stufen.

Die Frage nach dem Seelenalter stellt sich zuletzt, und doch ist es der entscheidende Ausgangspunkt der Reise, denn es ist Ergebnis eines über Jahrtausende gewachsenen Erkenntnisprozesses.

Die Herausforderungen werden mit fortschreitender Reife immer komplexer, subtiler und kunstvoller, weshalb sie auch mehr Vorbereitung und Erfahrung erfordern.

Das Seelenalter ist kein Verdienst, ähnlich wie es auch kein Verdienst ist, ein Erwachsener zu sein.

Die Leitfragen zum Herausfinden des Seelenalters sind: *„Wie groß sind meine Empfindungen von Fremdheit, meine Sehnsucht nach kosmischer Verbundenheit? Wie gestalten sich meine Probleme und Konflikte? Welche Wünsche habe ich an Beziehungen und Alleinsein? Welche Krankheiten plagen mich? Was brauche ich am meisten?"*

(Hasselmann 1999: 372–495 , Hasselmann 2003: 356 ff., Hasselmann 2004: 296ff., Yarbro1998: 69–77, 81–82, 97–101)

Zur weiteren Erläuterung sämtlicher Kategorien des Arche-typen-Konzepts:
Die Kategorien Seelenrolle, Angst, Ziel etc. folgen einer klaren Logik: Die Seelenrolle (als Kategorie ebenfalls der Energie 1 angehörig) ist **das Eine**, das uns eint, d.h. die Seelenrolle ist das Potential, das zu leben uns mit uns selbst vereint. Die Angst – als Kategorie der Energie 2 angehörig – ist **das Zweite**, das uns entzweit, damit wir uns von Neuem und viel tiefer finden können. Das Ziel – als Kategorie der Energie 3 angehörend – ist **das Dritte**, auf das wir uns hinbewegen. Und der Modus – als Kategorie der Energie 4 angehörend – ist **das Vierte**, das zwischen den drei vorherigen Kategorien vermittelnd wirkt. Die Mentalität – als Kategorie der Energie 5 zugehörig – ist **das Fünfte**, das unser Verhältnis zur Welt beschreibt, das Reaktionsmuster – als Kategorie der Energie 6 zugehörig – ist **das Sechste**, das die Seele mit der Erde verbindet und das Seelenalter – als Kategorie der Energie 7 zugehörig – ist **das Siebte**, das alle anderen sechs Kategorien umfasst und dem Ganzen von Leben zu Leben einen tieferen und weiterentwickelten Sinn verleiht.

Die Matrix des Konzepts „Archetypen der Seele"
Quelle: Archetypen der Seele. V. Hasselmann/F. Schmolke, 1993

Zusammenstellung: Ute Mahr

	Energie 1 Das Eine, das eint. Prinzip: Unterstützen	Energie 2 Das Zweite, das entzweit. Prinzip: Gestalten	Energie 3 Das Dritte, das auf ein Ziel hinführt. Prinzip: Kämpfen	Energie 4 Das Vierte, das in die eigene Mitte führt. Prinzip: Verarbeiten, Lernen, Lehren	Energie 5 Das Fünfte, die Kommunikation mit der Außenwelt. Prinzip: Verbinden	Energie 6 Das Sechste, die Verbindung Materie – Nicht- Materie. Prinzip: Trösten	Energie 7 Das Siebte, das alles umfasst. Prinzip: Führen
Energie 1 Das Eine, das eint **= Seelen-Rolle**	Heiler	Künstler	Krieger	Gelehrter	Weiser	Priester	König
Energie 2 Das Zweite, das entzweit **= Angst**							
Energie 3 Das Dritte, das auf ein Ziel hinführt **= Entwicklungsziel**	Verzögern	Ablehnen	Unterordnen	Stillstehen	Akzeptieren	Beschleunigen	Herrschen
Energie 4 Das Vierte, das in die eigene Mitte führt **= Modus**							
Energie 5 Das Fünfte, die Kommunikation **= Mentalität**							
Energie 6 Das Sechste, die Verbindung Materie – Nicht-Materie **= Reaktionsmuster**							
Energie 7 Das Siebte, das alles umfasst **= Seelenalter**							

Die Matrix des Konzepts „Archetypen der Seele"

Quelle: Archetypen der Seele, V. Hasselmann/F. Schmolke, 1993
Zusammenstellung: Ute Mahr

	Energie 1 Prinzip: Unterstützen	Energie 2 Prinzip: Gestalten	Energie 3 Prinzip: Kämpfen	Energie 4 Prinzip: Verarbeiten, Lernen, Lehren	Energie 5 Prinzip: Verbinden	Energie 6 Prinzip: Trösten	Energie 7 Prinzip: Führen
Energie 1 Das Eine, das eint = **Seelen-Rolle**	Heiler - sklavisch + dienend	Künstler - gekünstelt + einfallsreich	Krieger Prinzip: Kämpfen - Überwältigend + überzeugend	Gelehrter Prinz.: Lernen/Lehren - theoretisierend + wissend	Weiser Prinzip Mitteilen - redselig + ausdrucksvoll	Priester Prinzip Trösten - überreifrig + barmherzig	König Prinzip: Führen - selbstherrlich + hoheitsvoll
Energie 2 Das Zweite, das entzweit = **Angst**	Selbstverleugnung Angst vor Unzulänglichkeit, entst. durch Mangel an Selbstvertrauen - unterwürfig + bescheiden	Selbstsabotage Angst vor Lebensangst, entst. d. Mangel an Freude - selbstzerstörerisch + aufopfernd	Märtyrertum Angst vor Wertlosigkeit, entst. d. Mangel an Selbstwert - selbstbestrafend + selbstlos	Starrsinn Angst vor Unberechenbarkeit, entst. durch Mangel an Geborgenheit - verbissen + entschlossen	Gier Angst vor Mangel, entst. durch Mangel an Fülle - unersättlich + selbstzufrieden (Askese)	Hochmut Angst vor Verletztwerden, entst. d.M. an bedingungsloser Liebe - selbstgefällig + stolz	Ungeduld Angst vor Versäumnis, entst. d. Mangel an Lebenszeit - unduldsam + waghalsig
Energie 3 Das Dritte, das auf ein Ziel hinführt = **Entwicklungsziel**	Verzögern - Rückzug + Rückschau	Ablehnen - Vorurteil + Urteilskraft	Unterordnen - Unterwerfung + Hingabe	Stillstehen - Erstarrung + Innehalten	Akzeptieren - Liebenswürdigkeit + Güte	Beschleunigen - Verwirrtheit + Einsicht	Herrschen - Diktatur + Führung
Energie 4 Das Vierte, das in die eigene Mitte führt = **Modus**	Zurückhaltung - Hemmung + Zügelung	Vorsicht - Überängstlichkeit + Bedachtheit	Ausdauer - Unverrückbarkeit + Beharrlichkeit	Beobachtung - Überwachung + Klarsicht	Macht - Bevormundung + Autorität	Leidenschaft - Fanatismus + Charisma	Aggressivität - Streitsucht + Dynamik
Energie 5 Das Fünfte, die Kommunikation = **Mentalität**	Stoiker - resigniert + gelassen	Skeptiker - misstrauisch + nachforschend	Zyniker - herabsetzend + kritikfähig	Pragmatiker - stur + praktisch	Idealist - abgehoben + verschmelzend	Spiritualist - leichtgläubig + überprüfend	Realist - mutmaßend + wahrnehmend
Energie 6 D. Sechste, Verbindung Materie – Nicht-Materie = **Reaktionsmuster**	emotional - sentimental + sensibel	intellektuell - vernünftelnd + nachdenklich	sexuell - verführerisch + schöpferisch	instinktiv - unbedacht + spontan	(spirituell)* - telepathisch + inspiriert	(ekstatisch)* - sensitiv + mystisch	motorisch - hektisch + unermüdlich
Energie 7 D. Siebte, allumfassend = **Seelenalter**	Säuglings-Seele Schutzlosigkeit, angewiesen auf Geborgenheit.	Kind-Seele Konflikt zwischen Abhängigkeit und Selbständigkeit.	Junge Seele ... zieht aus, um Erfahrungen zu machen/zu siegen.	Reife Seele ... entdeckt die innere Welt, das Du im Vordergrund.	Alte Seele Einsamkeit und Verbundenheit, Rückerinnerung.	(Transpersonal)*	(Transpersonal)*

* Die Reaktionszentren spirituell und ekstatisch haben keinen Anteil am Reaktionsmuster, ebenso wie die Transpersonale und Transliminale Seele nicht am Seelenalter-Zyklus.

Alle Archetypen lassen sich den oben beschriebenen *sieben Energien* zuordnen, d.h. die jeweilige Zahl bezeichnet auch die jeweilige Energie, welche mit etwas Erfahrung gut nachvollziehbar ist (vgl. hierzu Kapitel 6):

1) die sanfte, einende HEILER-ENERGIE:
sprachlos, langsam, einfach, rührend, zurück-haltend und nährend
mit dem Prinzip *Unterstützen*

2) die einfallsreiche, verspielte KÜNSTLER-ENERGIE: lustig, sprunghaft, lebendig, kunstvoll und anregend
mit dem Prinzip *Gestalten*

3) die kraftvolle, zielgerichtete KRIEGER-ENERGIE: wirkungsvoll, schützend, überzeugend, ausdauernd und lustbetont
mit dem Prinzip *Kämpfen*

4) die instinktsichere, funktionale GELEHRTEN-ENERGIE: achtsam, gründlich, entschlossen und distanziert
mit dem Prinzip *Lernen und Lehren*

5) die ausdrucksvoll-kommunikative, integrierende WEISEN-ENERGIE: zufrieden, gütig, versöhnlich, gemütlich und idealistisch
mit dem Prinzip *Verbinden*

6) die ergreifende und erhebende PRIESTER-ENERGIE: vertrauensvoll, still, ernst, verletzlich, barmherzig, leidenschaftlich und entgrenzend
mit dem Prinzip *Trösten*

7) die raumfüllende, souveräne KÖNIGS-ENERGIE: würdevoll, geduldig, strukturierend, verantwortlich und strahlend
mit dem Prinzip *Führen.*

(Hasselmann 2001: 43–49; Schwerpunktsetzung der Verfasserin)

Die Grundenergien des Archetypen-Konzepts

YIN: *WEIBLICHES Prinzip*
Geschehen lassen, Willenlosigkeit, Widerstehen
- *nach innen gewandt,*
- *empfangend,*
- *passiv bewirkend (durch den anderen).*

Energie 1
Seelen-Rolle Heiler, Angst Selbstverleugnung, Ziel Verzögern, Modus Zurückhaltung, Mentalität Stoiker, Zentrum emotional.

Energie 2
Seelen-Rolle Künstler, Angst Selbstsabotage, Ziel Ablehnen, Modus Vorsicht, Mentalität Skeptiker, Zentrum intellektuell.

Energie 3
Seelen-Rolle Krieger, Angst Märtyrertum, Ziel Unterordnen, Modus Ausdauer, Mentalität Zyniker, Zentrum sexuell.

YANG: *MÄNNLICHES Prinzip*
Geschehen machen, Wille, Drängen
- *nach außen gewandt,*
- *gebend,*
- *aktiv bewirkend.*

Energie 6
Seelen-Rolle Priester, Angst Hochmut, Ziel Beschleunigen, Modus Leidenschaft, Mentalität Spiritualist, (Zentrum ekstatisch).

Energie 5
Seelen-Rolle Weiser, Angst Gier, Ziel Akzeptieren, Modus Macht, Mentalität Idealist, (Zentrum spirituell).

Energie 7
Seelen-Rolle König, Angst Ungeduld, Ziel Herrschen, Modus Aggressivität, Mentalität Realist, Zentrum motorisch.

INSPIRATION
Dienst an Menschheit
Empfangen
Fühlen - Herz

EXPRESSION
Schöpf. Gestalten
Selbstausdruck
Denken - Gehirn

AKTION
Führerschaft, Überblick
Handeln, Bewegen
Magen/Gliedmaßen

ASSIMILATION
Distanziertes Betrachten, Verarbeiten – Ruhe

Energie 4
Seelen-Rolle Gelehrter, Angst Starrsinn, Ziel Stillstehen, Modus Beobachtung, Mentalität Pragmatiker, Zentrum instinktiv.

Wie in obiger Tabelle beschrieben lassen sich jeweils 6 Archetypen in die Prinzipien „Männlich" und „Weiblich" einordnen und jeweils eine dritte Gruppe liegt in der neutralen Mitte (Energie 4):

„Weiblich" geprägt sind die Elemente der Gruppen mit den Ordnungszahlen 1 (Heiler), 2 (Künstler), 3 (Krieger): die hier vorherrschenden Impulse sind eher „nach innen gewandt, empfangend, zurückgezogen, passiv wirkend" (durch die dualen Archetypen) und wirken durch Geschehenlassen, Willenlosigkeit und Widerstehen.

„Männlich" geprägt sind die Elemente der Gruppen 6 (Priester), 5 (Weiser), 7 (König): die hier vorherrschenden Impulse haben eher mit Willen, Geschehen machen, Drängen zu tun und sind eher „nach außen gewandt, gebend, aktiv wirkend, ausgreifend" (Hasselmann 1999: 48–49).

Hier ist ein wesentlicher Anknüpfungspunkt zur Paartherapie: Eine Frau kann mehr männliche Seelenanteile haben und ein Mann mehr weibliche, wodurch eine Spannung zu den Impulsen auf der Paar-Ebene entsteht und der Mensch leicht zu vermuten beginnt, dass er sich selbst unterdrücken müsste, um eine gelingende Paarbeziehung zu führen. Oftmals „basteln" sich hier Menschen regelrechte Rechtfertigungs-Konzept, in denen sie sich dann den Rest ihres Lebens gefangen fühlen – nur, weil ihnen ihre Seelenimpulse nicht in einer Paarbeziehung lebbar erscheinen. Dies ist ein wunderbares und sehr effektives Feld für kreative, die Seelenimpulse berücksichtigende Paartherapie.

Sie ahnen es: Es kann in einer Paarbeziehung enormes Konfliktpotential schaffen, wenn die Seelenimpulse gegenläufig zu den *Elementaren Geschlechterkräften* ausgeprägt sind.
Wenn beispielsweise eine Frau eine „männliche" Angst (z.B. Hochmut, Gier, Ungeduld) hat und der Mann eine „weibliche" (z.B. Selbstverleugnung, Selbstsabotage, Märtyrertum - vgl. Tabelle: Die Grundenergien des Archetypen-Konzepts), dann fühlen sich beide von der Geschlechterkraft her nicht zueinander hingezogen, wann immer diese Angst in den Vordergrund tritt. Denn der Mann fühlt sich von der „männlichen" Ausstrahlung der Frau abgestoßen und die Frau findet in dem „weiblichen" Reagieren des Mannes nicht den Halt, den sie sucht.
Oder wenn gar die Frau mehr „männliche" Archetypen in ihrer Seelenstruktur hat und der Mann mehr „weibliche", dann können sie sich lieben, sehr gut verstehen und sich doch sexuell voneinander eher abgestoßen fühlen.
Hier haben wir also einen scheinbar unüberbrückbaren Konflikt in Mann und Frau. Und dies scheint in der heutigen Zeit stärker und häufiger vorzukommen als noch in der Generation unserer Urgroßeltern – vermutlich im Zuge des Individuationsprozesses der Menschheit.

Genau hierin liegt aber auch die Lösung:
Unsere Individualität hat in den letzten 100 Jahren enorm zugenommen. Dadurch sind wir nicht mehr nur Opfer der Umstände, Teile von Systemen, sondern wir können unsere Ich-Kraft und unser Ich-Bewusstheit sowie unsere Selbst-Erkenntnis so fördern, dass wir selbst entscheiden können, welchem Seelen-Impuls wir momentan am besten nachgeben und wo wir diesen zurückhalten sollten.

Das heißt konkret: Wenn ich als Frau eine eher männliche Angst habe, kann ich wahrnehmen, wie das Ausagieren dieser Angst – nicht nur im „normalen" Bereich – negativ wirkt wie bei jeder Angst, sondern meinen Partner geradezu „zurückstößt". Und ich kann lernen, mich hier aus Liebe etwas zu zügeln – auch wenn ich innerlich glaube, dabei zu bersten. Dieses Sich-Zügeln aus Liebe wird meinen Partner als Mann fördern und ich werde es an seinem angenehmeren Verhalten mir gegenüber merken.

Und, wenn ich als Mann eine eher weibliche Angst habe, kann ich ebenfalls wahrnehmen, wie das Ausleben dieser Angst auf meine Frau abstoßend wirkt und ihr sexuelles Begehren verringert. Ich kann an dieser Stelle üben, mich in meinem Becken zu verankern und wahrzunehmen, dass ich viel mehr bin als dieser Seelenimpuls. Egal, welche Impulse von meiner Seele ausgesendet werden, ich bin und bleibe immer noch ein Mann – und das kann ich in mir spüren und hierdurch so ausstrahlen, dass es auch meine Frau fühlen kann. (Vgl. hierzu auch die Übungen in Kapitel 12 und 13.)

Dies ist zwar anstrengend und benötigt Disziplin, wirkt aber enorm fördernd auf die psychische Reifung des Menschen, da wir entdecken, dass wir soviel mehr sind als diese einzelnen Facetten unserer seelischen Struktur. Wir können lernen, dass wir als freie Individuen „auswählen" können, welche Impulse wir ausdrücken und welche wir momentan für ein „Wir" zurückstellen. Mit Hilfe der Probleme, die uns ein Partner anbietet, können wir lieben lernen. Diese Kraft kommt aus der Entscheidung und dem Mut, den wir mit unserer PSYCHE entwickeln können. (Vgl. Kap. 7.4 und Kap. 11.2.)

Je tiefer wir die Mechanismen dieses Lebens begreifen und an unserer Ich-Entscheidungsfähigkeit arbeiten, desto besser gelingt sie uns.

Der große Vorteil des Archetypen-Konzepts ist das tiefe Verständnis für die seelischen Impulse, das es vermittelt. Nachteil ist jedoch, dass es in sich die Gefahr des „Schubladendenkens" und der Auf- und Abwertungen trägt.

Je weniger ein Mensch in seinem Selbstwert gefestigt, geerdet und entspannt ist, desto mehr wird er dazu neigen, sich und andere für bestimmte Archetypen hoch zu schätzen (z.B. Beschleunigen, höheres Seelenalter, König) bzw. abzuwerten (z.B. Verzögern, Stillstand, Heiler, Junge Seelen). Und wenn ein Mensch nicht lernt, das Jetzt bewusst wahrzunehmen, wird er sich auf die Inhalte der Archetypen festlegen und sich hierdurch „in eine Schublade stecken".

Die Forschung im Rahmen meiner Dissertation hat hierzu ergeben, dass sich die Psyche eines Menschen im Laufe seiner Entwicklung mit verschiedenen Archetypen beschäftigt – wenn auch immer aus dem Blickwinkel der eigenen seelischen Grundstruktur. Also auf der seelischen Ebene gibt es eine lebenslang stabile Archetypen-Struktur und auf der psychischen Ebene setzen wir uns parallel im Laufe des Lebens intensiv mit anderen Archetypen-Themen auseinander. Und dies ist so stark, dass es sowohl vom Individuum selbst als auch von seinen Mitmenschen eindeutig wahrgenommen wird.

7.7. Die siebte und völlig freie Ebene der ARCHEMAH-Struktur: Der GEIST und das BEWUSSTSEIN

GEIST und BEWUSSTSEIN sind sich laut meinem jetzigen Forschungsstand ähnlich und befinden sich auf einer Ebene. Beide sind frei(beweglich), wodurch der Mensch ab einem gewissen Alter verschiedenste Standpunkte einnehmen und sich selbst sogar von außen betrachten kann.

Das BEWUSSTSEIN ist das materie-fernste und damit flexibelste Prinzip und ist an sich inhaltsleer. Seine Aufgabe besteht vielmehr im Wahnehmen und Einnehmen verschiedenster Standpunkte, ohne an einem festzuhalten. Man kann es durch Achtsamkeitsarbeit und Meditation trainieren und damit bewusst steuern.

Den GEIST würde ich mit Hasselmann und Schmolke als Vermittler von Inhalten, der durch seine Anpassungsfähigkeit die Unterschiede zwischen den Menschen überbrücken kann, beschreiben. Er ist trainierbar durch die Beschäftigung mit Philosophie und Psychologie, aber auch einfach durch das Kennenlernen der Vielfalt des menschlichen Seins.

Die Entwicklung des Geistes geschieht in der PaaR-EVOLUTION vor allem durch Achtsamkeitstraining und Perspektivenübernahme, also dem Einnehmen der Sicht des Partners. Bei Bedarf kommen auch Auseinandersetzung mit den verschiedenen philosophischen Modellen und psychologischen Theorien, die die Relativität der menschlichen Werte verdeutlichen. Hierdurch wird eine Lösung von destruktiven Gedankenmustern erleichtert und im Achtsamkeitstraining eine

Orientierung am Sein und somit das Loslassen von Konzepten trainiert.

Achtsamkeit heißt, sich mit allen Sinnen völlig der Realität des Jetzt zu stellen, statt in ein Wunschbild der Zukunft zu flüchten oder den Erinnerungen der Vergangenheit nachzuhängen. Nur in diesem Jetzt kann man wirkliche Befriedigung der eigenen körperlichen, psychischen und seelischen Bedürfnisse finden, deshalb ist diese Zentrierung im Jetzt so wichtig. Und nur im Jetzt hat der Mensch sein ganzes Potential zur Verfügung, weshalb auch nur im Jetzt wirkliche Heilung möglich ist.

Hierzu habe ich eine spezielle Arbeitsweise im Umgang mit der Beziehungsrealität entwickelt, in welcher ich die KlientInnen anrege, in der Körperorientierung mit allen Sinnen das jetzige Geschehen in ihrem Leben und mit ihrem Partner wahrzunehmen und einmal – nur für JETZT – zu bejahen. Dieses Ja zu dem, was ist, setzt immense Selbstheilungskräfte in Gang, wenn der Therapeut dieses Jetzt ebenfalls mit allen Sinnen zulassen kann und hier nicht mit Vermeidung reagieren muss. Denn so kann der Klient entdecken, welch tieferer Sinn auch in sehr schwierigen Lebenssituationen und Beziehungskonstellationen für ihn steckt und wie vor allem auch seine Seele davon profitieren will.

Die 7 Dimensionen des Menschen

		Dimension	Funktion	Ziel	Heilungsfaktoren	und deren Funktion	Chakra
nach oben: zunehmend materieferner und beweglicher	S I N N	**Geist** = Bewusstsein („über-individuell", unvergänglich?)	Vermittler von Inhalten	Überbrückung von Unterschieden	Befreiung des Denkens	um flexibel die Seelenimpulse in die Materie fliessen zu lassen	**Scheitelchakra** Einswerdung mit dem Göttlichen
		Seele = Selbst („über-individuell, da unvergänglich")	Energie mit Entwicklungsdrang, Quelle der Tiefenimpulse	Erfahrungen sammeln	Erkennen und Bejahen der Seelenimpulse (im Unterschied zur psychischen und zu impulsiven Impulsen)	um Sinnerfüllung im Leben zu finden und eine unbewusste Verlagerung der zur Durchsetzung drängenden Seelenimpulse auf die Körperebene zu vermeiden.	**Stirnchakra** Intuition
Individuum im Jetzt	L I E B E	**Energiekörper** (Ich-Anteil, vergänglich)	Verbindung Seele-Körper	Energiefluss	Befreiung der Energiebahnen (Meridiane)	um durch freien Energiefluss auch die Seelenenergien freier in die Materie fliessen zu lassen.	**Kehlchakra** Kommunikation
		PSYCHE = Ich-Zentrum (vergänglich)	Vermittler Seele-Geist-Materie, Entscheidungsträger, „Verdauungsapparat"	Angst-verarbeitung	Erarbeitung von Bewältigungsfähigkeiten für die Ängste gegenüber den Seelenimpulsen und gegenüber den Lebensgefahren	um die Umsetzung der Seelenimpulse in die Materie durch das Handeln zu ermöglichen	**Herzchakra** Fühlen, Liebe
		Körper (Ich-Anteil, vergänglich)	Umsetzung der Seelenimpulse	Schmerz-vermeidung			**Nabel-/Solarplexuschakra** Macht, Kraft
	K R A F T	**Paarsystem** = als Teil von Zweien („prae-individuell")	„dyadische" Unterstützung	Fortpflanzung, Kindererziehung (sexuelle Anziehung und Bindungskraft)	Berücksichtigung der Unterschiede von männlicher und weiblicher Hirnstruktur	verstärkt die Anziehung zwischen den Polen Männlich und Weiblich und somit die Bindung	**Sexual-/Milzchakra** Fortpflanzung
zunehmend materieller, einfachere Mechanismen		**Sozialsystem** = als Teil von Vielen („prae-individuell")	„systemische" Unterstützung	Fortbestand der Menschheit durch soziale Gemeinschaft	Systemische Werte vermitteln Sicherheit und Geborgenheit.	damit Systeme funktionieren und die menschliche Art erhalten	**Wurzelchakra (Steißbein)** Überleben

Dr. Ute Mahr 04.2013

8. „Missing Peace trifft Big O" (Silverstein 1981) – Das „ganzgewordene" Neutrum der Neuzeit
oder: „Individuation bis zum Singlesein"

Die moderne Paarpsychologie, aber auch die spirituellen Paarkonzepte – wie das von Chuck Spezzano – meinen zumeist, in der Ganzwerdung und Rücknahme der Projektionen das Heil des Paares zu finden.
Doch dies ist die Ebene des Geistes und die Ebene der Psyche (vgl. ARCHEMAH-Struktur mit den 7 Ebenen), die Ebene der Mann-Frau-Beziehung mit ihren elementaren Kräften bleibt hier ausgespart.

Wir arbeiten an uns, sehen, wo wir den anderen zur Befriedigung unserer unreifen Bedürfnisse benutzen, lernen dies zu unterlassen und uns selbst zu geben, was wir brauchen ... – ein guter Weg; ein Weg der Ähnlichkeit zum Buddhismus hat.
Gewaltlos. Achtsam. Frei.

Doch – ich habe es ja schon in den Eingangskapiteln beschrieben: Bei mir selbst wie bei vielen meiner Aus-bildungskollegInnen hat dieser Weg nicht zur Heilung der Paarbeziehung geführt.

Inzwischen, nach vielfältigen Psychotherapieausbildungen und nach 10-jährigem Lernen bei einem schamanischen Lehrer, Hugo-Bert Eichmüller, erlebe ich diese therapeutische Vorgehensweise eher als kraftlosen „Weichspülgang". Man hofft, auf diese Weise die unwahrscheinlich starke, körperlich-seelische Dynamik, die zwischen einem Liebespaar entstehen kann, mit geistig-psychotherapeutischen Methoden in den Griff zu bekommen – aber das ist in etwa so, als würde man die Atomkraft in einer Tupperdose bändigen wollen.

Wir sind doch nicht hier, um einander nicht mehr zu brauchen! Warum würde denn sonst der Mensch sowohl als Baby als auch als alter oder kranker Mensch so sehr andere Menschen brauchen? Es hat doch einen tieferen Sinn, dass wir zunächst als Jugendliche um unsere Unabhängigkeit kämpfen, um sie dann als junge Erwachsene zu leben, dann im nächsten Schritt zu erlernen, uns auf eine intensive Bindung einzulassen und zuletzt im Alter wieder in der äußerlichen Abhängigkeit von anderen Menschen zu leben und uns gleichzeitig immer unabhängiger von unserem Körper zu machen, bis wir ihn letztendlich im Sterben loslassen werden.

Und – ganz ehrlich: Ich möchte nicht jede Projektion „bei mir lassen". Ich möchte meinem Mann auch „eine vor den Latz knallen" können, spüren, dass er dem gewachsen ist, sich von mir nicht zur Eskalation verführen lässt, sondern klar „seinen Mann steht" und mir Grenzen setzt, damit ich spüre: „Das ist ein Mann, solche Spielchen lässt der nicht zu. Dem kannst du dich hingeben, der fällt nicht um. Der weiß, was er will und was nicht." Das „macht" mir Achtung – und das macht mich an.

Natürlich, das hat auch mit meinem Charakter und meiner seelischen Struktur zu tun: Ich mag Herausforderungen.
Aber wenn ich andere Frauen frage – und andere Männer –, dann vermissen auch sie das Existentielle im Zusammenleben. Auch sie suchen es vergeblich in einem harmonischen Miteinander, das zumeist mit den Jahren unter der Oberfläche immer größere Dramen generiert.

Das Grundthema der Sehnsucht nach existentieller Tiefe im Sex wie im Alltag, nach der Liebe als „dem Abenteuer" ist bei allen Paaren gleich – die Ausprägung ist nur verschieden. Und viele haben diesen Aspekt einfach in die Welt der Träume abgeschoben, da sie die Hoffnung auf Erfüllung aufgegeben haben.

Die anschaulichste (und humorvollste) Beschreibung der bisherigen Vorgehensweise in der Paartherapie ist das Buch von Shel Silverstein „Missing Peace trifft Big O".
Es ist, als würden hier in Symbol-Form die vergangenen fünf Jahrzehnte der Paar- und Sexualtherapie beschrieben werden: Ein eckiges Symbol in Form eines Kuchenstücks sucht seinen Partner: Es sucht bei einem Kreis, bei einem in Kuchenform, bei einem Quadrat ... – aber nichts passt. Mit keinem kann es gemeinsam rollen. Aber mit der Zeit reibt es auf diesem Weg durch das Rollen seine Kanten ab und wird zum Kreis – und damit ganz. Und es trifft einen anderen Kreis – und jetzt rollen die beiden glücklich und zufrieden nebeneinander.
Ziel ist bei dieser Vorgehensweise also nicht die Einheit des Paares als zwei Teile, die zusammen ein Ganzes werden, sondern jeder wird für sich ganz und unabhängig. Hier ist kein Einander-Brauchen mehr, das einen zwingen würde, sich über die Ego-Grenzen hinweg zum Partner hin zu entwickeln, sondern Partnerschaft wird zur unabhängigen Gefährtenschaft, die man auch jederzeit wieder lösen kann. Die Bindung ist hierbei minimiert.

Und: Es reizt mich zu fragen: Wird das nicht langweilig, so ein meditatives „Gerolle" die ganze Zeit? Wo ist denn das Abenteuer, die Herausforderung? Und wo ist die Kraft dabei?

So zu leben und zu lieben, bleibt unverbindlich – dafür aber natürlich auch frei. Man mag sich, kann aber gehen, wenn es nicht mehr passt. Man rollt sozusagen nebeneinander her. Nett, oder?
Da passiert einem wenigstens nichts Schlimmes!
Aber, was mach ich, wenn es mir zu langweilig wird? Na, ich wechsle einfach den Partner und roll mit jemand anderen. Das ist doch kein Problem ...

Klar, um partnerschaftsfähig zu werden, muss man wirklich zunächst ganz werden und lernen, seine Projektionen zurückzunehmen, sonst wird der andere zum Buh-Mann und die Partnerschaft erstarrt – bis zum Bruch.
Aber, das ist nur die erste Phase der Entwicklung. Danach geht es darum, sich wirklich auf ein „Du" einzulassen und sich binden zu lernen. Dann lernt man, den anderen zu brauchen und in diesem Brauchen frei zu sein. Dies ist ähnlich wie mit dem Altwerden: Man verliert einen Teil seiner äußerlichen Möglichkeiten, hat dafür aber innerlich mehr Freiraum gewonnen. Dieses Brauchen, diese Bindungskraft braucht eine gesunde Ordnung – ähnlich wie in Sozialsystemen, damit diese enorme Kraft hilfreich und nicht zerstörerisch wirkt.

Ansonsten geschieht das, was viele Paare nach den ersten erotisch-erfüllenden Jahren berichten: Man lebt sich auseinander und die Sexualität verliert den Reiz.
Viele Männer über 50 berichten nach wechselnden Partnerschaften ein Desinteresse an dem – wie sie es nennen – „ewigen Rein-Raus-Geschäft". Wozu das Ganze?
Nett war's, aber nicht mehr. Hier hat kein existentieller Prozess stattgefunden, der auch bis ins hohe Alter spannend bleibt.

Aber zurück zur PaaR-EVOLUTION: Mit dem individuellen Ganzwerden haben wir den ersten Schritt in Richtung auf eine gelingende und dauerhafte Partnerschaft erarbeitet, aber dann geht das große Abenteuer erst richtig los, denn es gilt die Ego-Grenzen zu überwinden und wirklich lieben zu lernen.

Das fordert jeden Menschen bis an die innersten Grenzen heraus und braucht eine gute Ordnung in dieser Bindungskraft, die ein Paar zusammenzieht. Und dieses Abenteuer ist aufregend, erfüllend und befruchtend (im wahrsten Sinne, wie ich besonders in der Arbeit mit ungewollt kinderlosen KlientInnen und Paaren feststellen konnte).

Bungee-Jumping war vorgestern, Rafting war gestern und heute ist PaaR-EVOLUTION, die uns zu neuen Ufern führen kann – und das, wenn wir wollen, bis ans Lebensende.
Ist das etwas für Sie?
Nein? Dann sollten Sie dieses Buch ganz schnell einem nervigen Nachbarn schenken, dann hat der etwas zu tun – aber lassen Sie dann bloß nicht Ihren Partner in die nächsten Kapitel schauen!
Oder vielleicht doch? Dann können Sie weiter lesen.

9. Das grundsätzliche Problem in jeder Partnerschaft

Das Leiden am Anderssein des Anderen, und warum zunächst meistens vor allem die Frau leidet ...

Das vorherrschende Geschlechtshormon des Mannes ist das Testosteron, und diejenigen der Frau die Östrogene. Diese Hormone – so hat die Hirnforschung festgestellt – verursachen schon im Mutterleib eine unterschiedliche Hirnentwicklung bei Mann und Frau.

Die körperliche und hormongesteuerte psychische Ausrichtung des MANNes ist deshalb vor allem von **Aggression und Eindringen** (Testosteron: zielgerichtetes Kämpfen, Geschlechtsdrang, Konkurrenzkampf und Herrschen) (Brinzendine, 2011:22) geprägt.

Die körperliche und hormongesteuerte psychische Ausrichtung der FRAU hingegen besteht vor allem in **Eskalation und Aufnehmen** (Östrogene: machtvolles Umfassen, Weich- und Weitwerden, Sich-Öffnen und Aufnehmen bzw. Aufnahmebereit-Werden (z.B. Gebärmuttermund) sowie Kommunikation) (Brinzendine, 2008:26).

Das bedeutet aber auch, dass in jeder tiefgehenden Partnerschaft die harte Aggression des Mannes auf die gefühlsmäßige Eskalation der Frau treffen wird, so wie in der Sexualität der Penis „herangeht" und „eindringt" und die Frau ihn „aufnimmt" und durch ihre Erregung „weich- und weit wird".

Im Streit wird dieses erregende Phänomen zum Schlimmen: Der Mann reagiert mit Härte und Aggression, die Frau mit Weinen und Verletztwerden. Somit ist Leiden vorprogrammiert und zwar zunächst vor allem das Leiden der Frau.

Hier treffen wir auf ein extrem tief verwurzeltes Thema: Über Tausende von Jahren sind Generationen von Frauen von Männern vergewaltigt, misshandelt und abgewertet worden.
Jetzt endlich, in unserer Kultur, durch unser Sozialsystem, die Pille und die finanzielle Unabhängigkeit der Frau ist es möglich geworden, dass Frauen sich zur Wehr setzen und hierzu Nein sagen.
Und doch – wenn wir als Frauen dieses Leiden am Mann völlig zu vermeiden suchen – bleibt nur:
- Sicherheitsabstand vom Manne zu halten, wie dies heute so häufig in Beziehungen geschieht
- oder den Mann zu entmachten, zum Schoßhund zu machen – ungefährlich, kastriert.

Dies löst jedoch das Problem der Paarbeziehung nicht, sondern zieht dem Mann und der Paarbeziehung einfach nur „den Zahn", macht sie ungefährlich, aber auch leer, unspannend, leblos.

Wie lösen wir dann dieses Problem?
Es geht darum, die Schönheit in der Aggression des Mannes wieder zu entdecken und zu kultivieren und Männern zu helfen, einen für die Partnerschaft hilfreichen Weg zu finden, mit der Aggression umzugehen, bei dem sie aber nicht ins Gegenteil abgleiten und gleich zum „Softie" werden.
Und es geht darum, Frauen zu helfen, mit dieser Aggression umgehen zu lernen, statt sie zu verleugnen, zu bekämpfen oder ihr auszuweichen.

Ein Beispiel: Ein Paar kommt zur Therapie, weil der Mann seine Frau geschlagen hat und zwar so heftig, dass ihr Trommelfeld

geplatzt ist. Er hatte schon psychotherapeutisch an seiner Mutter-Beziehung und an seiner Aggression gearbeitet.
Als ich mit der Frau ihren Anteil anschauen will, fällt auf, dass sie noch provozierend gesagt hatte: „Schlag doch zu", d.h. sie schützte sich nicht gegen die männliche Aggression.
So geht es ganz vielen Frauen im Umgang mit verbal oder körperlich aggressiven Männern: Die Frauen wollen einfach, dass es die männliche Aggression nicht gibt, aber sie entwickeln keine Bewältigungsfähigkeiten für den Umgang damit.
Auffällig ist auch, dass viele Frauen an diesem Punkt die Therapie abbrechen. Sie wollen, dass der Mann das nicht darf. Aber sie wollen nicht anerkennen, dass der Mann zum Wohl der Menschheit, für das Überleben der Art mit Aggression ausgestattet wurde: Er soll kämpfen können, um die Familie zu verteidigen und jagen, um sie zu ernähren.

Nur – wir haben trotz unserer kulturellen Entwicklung noch keine Wege gefunden, wie die Männer mit ihrer Aggression gut umgehen können. Sport ist zwar eine Möglichkeit, den Druck abzubauen, aber noch keine Bewältigungsfähigkeit für hochschießende Aggression in Beziehungskonflikten. Das Anti-Aggressionstraining, wie es in Gefängnissen mit Gewalttätern durchgeführt wird, trifft in der Partnerschaft nicht den Kern des Problems. Denn Partnerschaftskonflikte treffen die Männer noch viel tiefer im Innersten, erzeugen noch viel heftigere Aggressionen als „distanziertere" Beziehungskonflikte im allgemeinen sozialen Umfeld. Für diese existentiell herausfordernden Beziehungskonflikte gilt es, Bewältigungsfähigkeiten zu entwickeln, und vor allem auch Wege zu eröffnen, welche die im Gehirn angelegten Verhaltensmuster der Männer integrieren, sodass sich Männer nicht mehr im Alltag ständig

verbiegen müssen, um dann doch an den komplexen Beziehungswünschen der Frauen zu scheitern.
Aber auch: Die Frauen haben häufig viel mehr Anteil daran als ihnen bewusst ist, ob die Aggression in der Beziehung eskaliert oder der Mann immer besser Wege im Umgang damit findet. Und um diese Wege zu finden, braucht es zuerst einmal das Bejahen der Aggression des Mannes und das Sehen des Guten darin. Das allein berührt die Männer schon so sanft in ihrer inneren Tiefe, dass sie weicher werden.

Als Sexualtherapeutin kommen zu mir sehr viele Männer, bei denen sich die Sexualität suchthaft in für uns Frauen „seltsame" Richtungen entwickelt hat: von der Sexsucht, Internet-Sexsucht, über das Bedürfnis, in Frauenkleidern zu onanieren oder suchtartiges Beobachten und Belauschen anderer Paare beim Sex. Da all diese Männer gleichzeitig ihre Aggression unterdrückt hatten, kam ich auf den Gedanken, dass hier ein Zusammenhang bestehen könnte. Und tatsächlich: Wenn ich den Männern nahebringen konnte, ihre Aggression als eine Naturkraft wieder achten und ins Alltagsbewusstsein integrieren zu lernen sowie und in Selbstachtung hiermit ihrer Frau zu begegnen, ließ auch die sexuelle Symptomatik nach. Es scheint also ein Zusammenhang zwischen unterdrückter Aggression bei Männern und ihrer Neigung zu suchthaftem, sexuell „seltsamem" Verhalten zu bestehen – als würden die Männer ausweichen in einen „ungefährlicheren" Weg.

In einer Partnerschaft ereilt uns die existentielle Gefährlichkeit des Lebens, die unsere Kultur so gerne vermeidet und verleugnet: Leben als Mensch auf der Erde

wird immer wieder auch zum existentiellen Leiden – und die Seele will genau das, um daran zu wachsen.

Dies zeigt sich immer wieder an Menschen, die existentielle Krisen bewusst durchlebt und durchlitten haben: Sie sind viel menschlicher geworden und müssen weniger Aspekte des Menschseins abwerten.

10. Die 10 Schritte wirksamkeitsorientierter Paartherapie – PaaR-EVOLUTION

10 einprägsame Wirkmechanismen, wie die Elementare Geschlechterkraft gestärkt und im Alltag gelebt werden kann.

„Im Gegensatz zu Vögeln ist treue Partnerbindung bei Säugetieren eine Ausnahme. Die Strategie, dass ein Männchen mit vielen Weibchen eine möglichst große Nachkommenschaft zeugt, hat sich bei einem Großteil der Säugerarten etabliert. Die Aufzucht erledigen anschließend die Mütter allein oder mit Hilfe von verwandten Weibchen. Manche Säuger und rund 27 Prozent aller Primaten leben jedoch in sogenannter sozialer Monogamie. Das bedeutet, die Eltern ziehen den Nachwuchs gemeinsam auf, aber sexuelle Kontakte mit anderen Tieren können stattfinden." (Spektrum.de: Martin Busch, Was Primaten treu macht, 01.08.2013.)

Die Weibchen ziehen zwar den Nachwuchs bei vielen Primaten alleine auf, aber dafür beschützen die Männchen die Herde und sorgen dafür, dass die Weibchen sich wirklich auf das Aufziehen konzentrieren können.

Als Auslöser für die Entwicklung der sozialen Monogamie werden aktuell zwei Theorien durch wissenschaftliche Studien belegt und hängen vermutlich auf noch ungeklärte Weise zusammen:

1) Zwei Elternteile können die Jungen besser versor-gen als eine alleinerziehende Mutter.
2) Vater und Mutter können die Jungtiere vor Kinds-tötung durch rivalisierende Männchen schützen.

Und wie ist dies beim Menschen?

Die Urmenschen scheinen nicht unbedingt treu gewesen zu sein, aber sie lebten zusammen in festen Sippen, die gemeinsam für den Nachwuchs sorgten: die Männer gingen jagen und die Frauen versorgten die Kinder und sammelten mit ihnen Beeren, Kräuter etc.

Mit der kulturellen Entwicklung setzte sich die Monogamie in den meisten Ländern durch und die LIEBE zwischen <u>einem</u> Mann und <u>einer</u> Frau wurde zur großen Triebfeder – wenn es auch immer wieder zu sexuellen Kontakten mit anderen Partnern kommt.

Egal, ob treu oder nicht treu, egal ob soziale Monogamie oder Polygamie – beim Menschen spielt in der Entwicklung die Bindung eine wesentliche Rolle für die Gesundheit des Kindes und späteren Erwachsenen. Die Bindung sorgt für eine stabile Persönlichkeit und für die Fähigkeit, sich auf Beziehungen tiefer einzulassen.

Dies ist in unserer Kultur schon aufgrund der Komplexität unserer Lebensweise nachvollziehbar: Unsere Kinder sind sogenannte „Nesthocker", d.h. sie brauchen mindestens bis zum 16. Lebensjahr Betreuung, um bei den heutigen Problemen des Jugendalters Geborgenheit als Sicherheit im Hintergrund zu haben, bis sie ganz ihren eigenen Weg gehen können.

Die Entwicklung der Monogamie scheint mit der Komplexität der kulturellen Entwicklung des Menschen zu tun zu haben, durch welche immer mehr Engagement des Vaters nötig wurde, welches dieser natürlich nur zu geben bereit war, wenn die Sicherheit seiner Vaterschaft gegeben war. (Deshalb waren wohl auch die alten Moralregeln für die Frauen streng und für die Männer viel freizügiger.)

Das heißt, die Zusammenarbeit und Bindung zwischen Mann und Frau ist naturgeschaffen, um die menschliche Art zu erhalten. Auch beim Menschen müssen Mann und Frau zusammenarbeiten, damit Erziehung wirklich gelingt.

Unser moderner Sozialstaat scheint diese Notwendigkeit aufgehoben zu haben: Viele Frauen sind alleinerziehend und es scheint zu funktionieren. Sie können arbeiten, die Kinder sind in Einrichtungen betreut. Aber, wenn man genau hinschaut, fehlt etwas. Es fehlt dieses Miteinander zweier Menschen, die die Gegensätze verbindet. Bei alleinerziehenden Frauen fehlt das Männliche in der Erziehung, was die Frauen oftmals selbst versuchen, durch Männlicher-Werden einzubringen – aber gerade bei pubertären Jungs gelingt dies nicht richtig. Sie fühlen sich oft zu wenig verstanden von ihren Müttern und vermissen jemanden, der ihnen zeigt, wie sie mit dem Mann-Sein in unserer Gesellschaft zurechtkommen können.

Und vor allem: Es ist dann keiner da, der den Kindern vorlebt, wie die Gegensätze des Männlichen und Weiblichen in Liebe verbunden werden können.

Hier hilft auch das moderne Scheidungsgesetz nicht, das die Eltern dazu zwingt, nach der Scheidung in der Erziehung zusammenzuarbeiten. Das Paar ist und bleibt getrennt und was es vorher nicht lösen konnte, das kann es erfahrungsgemäß auch nach der Scheidung nicht lösen. (Es sei denn, es gab kaum Bindung zwischen ihnen, dann können diese distanzierten Paare auch weiterhin distanziert oftmals gut Erziehungsprobleme lösen – nur: Das ersetzt nicht die Anwesenheit beider Eltern in der Erziehung.)

Viele psychische Störungen von Kindern – vor allem in der Pubertät – konnte ich in meiner Praxis damit heilen helfen, dass ich den Frauen wieder die Freude an und Achtung vor dem Männlichen vermittelt habe.

Die im Folgenden geschilderten Wirkmechanismen der *Elementaren Geschlechterkraft* helfen, wieder ein tragfähiges Fundament und eine gute Ordnung in das Miteinander von Mann und Frau zu bringen. Eine solche Ordnung schafft die Freiheit für das Erblühen der individuellen Persönlichkeiten aller in der Familie, fördert die sexuelle Anziehung und innere Kraft in der Partnerschaft und bewahrt diese über die Jahre.

10.1. Außen und Innen – Eindringen und Einlassen

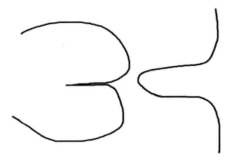

Wenn wir uns ganz entlang am Offensichtlichen und Elementaren dem Thema der menschlichen Sexualität und Bindung nähern, dann ist für das Menschsein der Fortbestand der Menschheit wesentlich: Ohne menschliches Leben können sich die Impulse der Seele nicht auf der Welt ausdrücken.

Das bedeutet: die Fortpflanzung des Menschen und das damit unmittelbar in Zusammenhang Stehende ist das zentrale Fundament des Menschseins auf dieser Erde – wie bei einem Haus. Wenn das Fundament nicht sicher ist, gerät das gesamte Gebäude ins Wanken. Im Falle des Menschen bilden die Sozialsysteme und die Paarbindung das Fundament. Das hierauf erbaute Haus ist die Persönlichkeit/Psyche und das Dach das Seelische und Geistige. (Vgl. Kapitel 6 und 7: Die sieben Ebenen des Menschen.)

Die weibliche Fortpflanzungsenergie drückt sich vor allem im **weiblichen Becken** aus: Hier ist der Hauptort, in welchem die FRAU in sich Kinder wachsen lassen und nähren kann – und es ist der Ort, in welchem sie den Mann aufnimmt. Erst später, wenn die Kinder geboren sind, kommen die **Brüste** in der Herzregion der Frau zum Tragen, um dort die Kinder weiter mit Milch und Herzenswärme zu ernähren.

Beim MANN drückt sich die Fortpflanzungsenergie vor allem im **Penis und Hoden** aus. Der Penis ist **außen am Mann,** dringt bei der Fortpflanzung ein **in das Innere der Frau** und gibt dort den Samen, welchen die Frau in sich aufnimmt.

An der Beschaffenheit des weiblichen Beckens mit Vagina, Eierstöcken und Gebärmutter und des männlichen Penis können wir körpertherapeutisch ablesen, wie wir Frauen uns auf gute und gesunde Art und Weise Frau sein lassen können und wie Männer sich auf gute und gesunde Art und Weise Mann sein lassen können, wenn wir uns an einen Partner binden wollen.

Bei der FRAU liegt das wesentliche Fortpflanzungsorgan tief im Körperinneren: Ihre Schöpfungskraft und ihre Aufgaben scheinen also mehr **im Inneren** zu liegen.
Beim MANN hingegen befindet sich das wesentliche Fortpflanzungsorgan außerhalb des Rumpfes: Seine Schöpfungskraft und seine Aufgaben scheinen also mehr **im Außen** zu liegen.

Der wesentliche Akt der Zeugung funktioniert durch das **Eindringen** des MANNES in das Tief-Innere der Frau sowie durch das Geben (des Samens) in dieses Tief-Innere und bei der FRAU durch das **Hereinlassen** des Mannes, seines Geschlechtsorgans und seines Samens in ihr Innerstes.

(Bei homosexuellen Paaren ist diese Fundamentalität weniger stark, aber auch hier reflektiert ein Partner zumeist eher die männliche und einer die weibliche Energie.)

Und – jedes der beiden Prinzipien ist gleichberechtigt und jedes braucht das Andere. Zu einer gelingenden Paarbeziehung, zum guten Sex, aber auch zu einer gelingenden Familiensituation kommen Mann und Frau nur gemeinsam. Denn nur gemeinsam wachsen wir über die Grenzen des Egos hinaus.

Dieser Weg ist gleichzeitig ein spiritueller Weg mit einer immensen Kraft, denn es ist viel weniger anspruchsvoll in der sicheren Umgebung eines Klosters oder allein mit einem Meister spirituell an sich zu arbeiten als im täglichen Alltag mit einem Liebes- und Lebenspartner. Dies geschieht vor allem dadurch, dass jeder Partner quasi als Spiegel des anderen Partners ständige Rückmeldung gibt. Man könnte dies mit einem Heizungsregelkreis vergleichen, in welchem der Thermostat ständig durch Sensoren Rückmeldung erhält, ob es zu warm oder zu kalt ist und entsprechend die Heizung höher oder tiefer stellt. Ganz ähnlich reguliert sich ein Paar ständig gegenseitig und bleibt dadurch gesund und im Lot – wenn die Partnerschaft funktioniert. Wenn die Partnerschaft erstarrt ist, funktioniert diese Rückmeldung nicht mehr richtig, die Sensoren melden nichts oder geben irreführende Signale an den Thermostaten, und die Heizung gerät durcheinander.

Diese ständige Rückkopplung innerhalb des Paares wird durch die Verbindung über die *Elementare Geschlechterkraft* noch intensiviert, sodass es kein Ausweichen mehr gibt, sondern das Miteinander wird elementar, existentiell – und das ist das Gefährliche, aber auch das Spannende daran. Eine langjährige Partnerschaft bringt sofort unser Innerstes ans Tageslicht – hier kann man keine Masken oder Illusionen über Jahre aufrecht erhalten, denn der Partner ist einem durch die Sexualität zu nah – man ist tief im Körperinnern und tief in der Seele verbunden.

Im Kloster oder bei Meditationstechniken kann man seine psychische und/oder spirituelle Entwicklungsarbeit auf distanziertere Themen beschränken, wie auf die Rituale oder den Umgang mit den Mitbrüdern und Mitschwestern – in der Partnerschaft jedoch nicht. Es macht einfach einen Unterschied, ob man mit dem Menschen lernt, mit dem man auch schläft und den konkreten Lebensalltag als Familie bewältigt – und damit auf allen sieben Ebenen des Menschseins verbunden ist – oder ob man mit Menschen lernt, mit denen man nur seelisch oder geistig verbunden ist.

10.2. „Harte Fokussierung" und „weiche Weite"

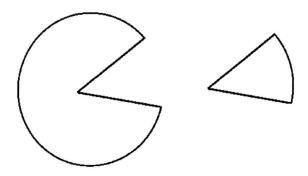

Wenn man die Körper von Frauen im Vergleich zu Männern körpertherapeutisch betrachtet, kann man sagen:
FRAUEN haben ein weicheres, dehnbareres Bindegewebe als Männer. Wenn eine Frau erregt wird, schwellen ihre Schamlippen an und ihre Beine bekommen den Drang, sich zu spreizen. Wird eine Frau schwanger, so wird sie noch weiter und wenn sie entbindet, lässt sie ihre Vagina von 0 auf über 10 cm Durchmesser weit werden. Stress wirkt sowohl der Erregung als auch der Entbindung entgegen. Das weibliche Gehirn zeichnet sich durch ein eigenes Sprachzentrum aus, wodurch Frauen gleichzeitig sprechen und eine andere Tätigkeit ausführen können wie z.B. Auto fahren.
Psychisch betrachtet stehen in Gesprächen von Frauen Gefühle und Beziehungen im Vordergrund: Frauen sind viel damit beschäftigt, wie es ihren nächsten Mitmenschen geht und führen gerne und gut mehrere Dinge gleichzeitig aus. Und – Frauen sind durch ihre Fähigkeit zur Schwangerschaft, durch ihre Regelblutung, aber auch einfach durch ihr Fühlen in engerem Kontakt mit der Natur alles Lebendigen als Männer, die eher mit

Kraft auf ein Ziel fokussieren, als die Umgebungsdetails neben einem Ziel wahrzunehmen.

MÄNNER hingegen haben ein festeres, weniger dehnbares Bindegewebe und einen schwereren Knochenbau als Frauen. Bei Erregung richtet sich der Penis mit Hilfe von speziellen Schwellkörpern auf, die mit Blut gefüllt werden. (Dies geschieht von selbst, gesteuert vom vegetativen Nervensystem und ohne Muskelkraft. Deshalb ist etwas Stress für die Erektion förderlich, mehr Stress wirkt jedoch hemmend.) Der Penis wird bei diesem Prozess fest und richtet sich auf, wegweisend vom Körper des Mannes „in die Welt nach draußen" auf einen Punkt, auf ein Ziel. An diesem einen Punkt gibt er den Samen ab. Der Rest interessiert eigentlich nicht so sehr – vom Testosteron aus gesehen.

„Männerhirne sind hochspezialisierte Angelegenheiten mit vielen kleinen Schubladen und Fächern. Das männliche Gehirn ist darauf ausgerichtet, sich voll und ganz auf eine einzige Aufgabe zu konzentrieren." (Pease&Pease, 2010: 94) Deshalb können Männer nur „eins nach dem anderen" machen, z.B. entweder Auto fahren oder zuhören, aber nicht beides gleichzeitig.

Psychisch tendieren Männer eher dazu, hart und auf eine Sache fokussiert zu handeln und dabei die Umwelt wenig zu berücksichtigen. Sie können enorme Kraft auf diese eine Sache konzentrieren, tun sich jedoch schwer, mehrere Dinge gleichzeitig zu tun.

Vielen Männern wurde zwar beigebracht, nett zu sein und ihre Gefühle zu zeigen, aber das ist meiner Erfahrung nach – aber auch laut der modernen Hirnforschung – eher äußerlich-antrainiert und entspricht nicht ihren inneren Impulsen. In den

Anamnesen sehe ich häufig, dass diese Männer als Jungen „wenig" Vater erlebt haben, den sie achten konnten (z.T. auch durch Tod oder beruflicher Abwesenheit), sondern ganz unter „weiblicher Herrschaft" erzogen wurden. Und hier hat frau ihnen die männliche Härte abtrainiert. Gleichzeitig zeigen viele dieser Männer eine starke Neigung zu Depression, Süchten jeder Art und sexuell „seltsamem" Verhalten. Manchmal kommt es auch zu unkontrollierbaren Aggressionsausbrüchen, wenn die Aggression sich im Unbewussten quasi „angesammelt" hat. Dann kommt es – besonders unter Alkoholeinfluss – zu körperlicher Gewalt in der Partnerschaft, gegenüber den Kindern oder auch außerhalb – je nach Reaktionsschema. (Vgl. hierzu Jochen Peichl, Destruktive Paarbeziehungen, Stuttgart 2008.)

Diese „netten" Männer haben zumeist kein gutes Selbstwertgefühl, sondern fühlen sich als Männer zweiter Klasse, weil sie von den Frauen nicht als anziehend empfunden werden – oder sie spielen ein Doppelspiel zwischen dem „netten Frauenversteher" und dem „Don Juan", der andererseits „knallhart" und ohne Bindung „seinen Samen unter möglichst vielen Frauen streut".

Ursächlich für diese geschlechtsspezifischen Unterschiede, die sich sowohl in der Ausbildung und Reaktionsweise der Geschlechtsorgane wie in der unterschiedlichen Hirnstruktur von Mann und Frau zeigen, ist vor allem das Hormon Testosteron, das – laienhaft gesprochen – im Mutterleib aus dem Mädchen einen Jungen macht und das Gehirn des Jungen in andersartiger Weise formt, d.h. die einen Bereiche ab- und andere Bereiche aufbaut im Gegensatz zum Mädchen.

10.3. Geben und Aufnehmen in den Kosmos – die Polarität wird zu einer Ganzheit

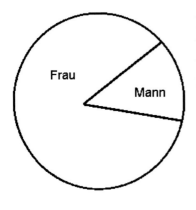

Die geschilderten Eigenheiten und Unterschiede zwischen Frau und Mann sind nach meinen Forschungen und therapeutischen Erfahrungen auch das zentrale Fundament einer tragfähigen Partner-schaft.

Es genügt nicht, wenn beide ein gutes Team sind, sich gut verstehen, sich geistig austauschen können – ja, im Gegenteil, das scheint für den Erhalt einer Partnerschaft gar nicht von so wesentlicher Bedeutung zu sein – so meine Erfahrung als Paartherapeutin. Paare bleiben zusammen, auch wenn sie sich viel streiten, oft existentiell in Verzweiflung sind, wenn sie „einander nehmen können" in ihrer Verschiedenheit, wenn es sie existentiell zueinander zieht und sich dieses Angezogensein auch in der Sexualität ausdrückt.

Wenn Mann und Frau sexuell zusammenkommen wollen, dann dringt – rein körperlich gesehen, der MANN mit seinem **Körperteil** Penis in den **gesamten Organismus** der Frau ein – und die FRAU nimmt mit ihrem **gesamten Organismus** dieses **Körperteil** des Mannes in sich auf.
Die FRAU **öffnet sich also mit ihrer Gesamtheit** dem Manne – während der MANN **nur, je nach Penis-Länge, 10 bis 20 cm mal 3 bis 5 cm seines Körpers** in die Frau einführt, und der Rest bleibt draußen.

Die FRAU öffnet damit ihren gesamten Organismus und lässt den Mann auf eine Distanz von **20 bis 30 cm an ihr Herz** herankommen, während der MANN nur einen kleinen Teil seines Organismus, der sich auch noch dazu außerhalb seines restlichen Körpers befindet, in die Frau einführt. Damit beträgt der **Weg von Penisspitze bis zum Herzen des Mannes** je nach dessen Körper- und Penisgröße **mindestens 50 cm** – bei großen Männern bis zu 80cm!
Und natürlich: Die Frau kann schwanger werden – der Mann nicht. Zudem ist die Frau in ihrem Inneren überall mit Schleimhaut ausgekleidet, beim Manne befindet sich nur an der Penisspitze Schleimhaut.
(Deshalb kann sich die Frau viel schneller mit einer Geschlechtskrankheit beim Mann anstecken als der Mann bei der Frau.)

Warum ist dies so wichtig?
Weil der Körper das Gefäß der Seele ist und wir spätestens seit der Begründung der Psychosomatik um die Parallelität von körperlicher und psychischer Reaktion wissen. Wenn jemand erschrickt, zieht er die Schultern hoch, hält den Atem an und öffnet ruckartig und weit die Augen. Und umgekehrt: Wenn die Schultern und das Zwerchfell stark verspannt sind, lebt jemand ein angstgeprägteres Leben.
Das Herz ist die „zentrale Lebenspumpe", die Leben in einem menschlichen Körper überhaupt erst ermöglicht – und es ist der Bereich, in welchem wir alle tiefen Gefühle spüren. (Vgl. hierzu auch Kapitel 7.6.: Emotionales Reaktionsmuster der Seelenstruktur.) Wir „nehmen uns etwas zu Herzen", wir „drücken an unsere Brust" und Mütter stillen ihre Babys an den Brüsten, die neben dem Herzen liegen.

Wenn eine Frau mit einem Mann schläft, gibt sie – wenn sie psychisch gesund ist und ihr Empfinden nicht abspaltet, Gefühle verleugnet oder „auf hart macht" – viel mehr preis, macht sich viel verletzlicher und bindet sich viel mehr mit ihrem Herzen an den Mann als der Mann sich seinerseits an die Frau. Deshalb kommt es nach One-Night-Stands oftmals ungeplant dazu, dass sich die Frau in den Mann verliebt und mehr will – bei Männern ist dies seltener – oder gar schwanger wird. Dramen sind vorprogrammiert, obwohl beide Partner sich zuvor klar waren, dass es „nur" um Sex geht.

Das bedeutet, wenn eine Frau sich selbst als Frau empfinden lässt, dann leidet sie schneller als der Mann, weshalb viele moderne und finanziell unabhängige Frauen ihr weibliches Empfinden zu kontrollieren und zu verdrängen suchen. Zu viele Jahrhunderte lang haben Frauen unter Männern gelitten. Das möchte frau nun endlich nicht mehr.

Doch leider hat diese Verhärtung viele negative Folgen:
1) Der Orgasmus kann immer weniger vaginal erreicht werden – einfach aus der tiefen Hingabe heraus –, sondern eher durch gezielte Stimulation der Klitoris, wo frau sicher ist, dass sie auch „ihren" Orgasmus bekommt und sich der Ungewissheit der Lustbe-friedigung durch den Mann nicht mehr aussetzen muss. Hier macht die moderne Sexualtherapie den Frauen etwas vor, indem sie es als „eine Spielart von Sex" bezeichnet, Orgasmus durch klitorale Stimulation zu erreichen, die gleichwertig mit dem vaginalen Orgasmus ist. Genau betrachtet ist jedoch für einen vaginalen Orgasmus viel tiefere Hingabe nötig als für einen klitoralen, da es nicht auf die Technik

der Stimulation, sondern auf das Loslassen der Frau ankommt, ob sie einen vaginalen Orgas-mus erreicht.
2) Das Entbinden ist für „härtere" Frauen, die schlech-ter loslassen können, viel schwieriger. Durch das Nicht-Loslassen-Wollen/Können öffnet sich der Muttermund nicht entsprechend und/oder das Kind kann sich nicht durch den Geburtskanal zwängen, weil dieser sich nicht entsprechend weitet. Unsere Medizin diagnostiziert dann gerne ein „zu enges Becken", obwohl jeder Arzt weiß, dass die Verbindungen zwischen den Beckenknochen aus Gewebe sind und sich damit auseinanderdehnen können. Hier machen wir uns alle gemeinsam vor, dass es gut sei, wenn eine Frau härter wird, dass man Entbinden „machen" kann wie den Sex.
Aber Entbinden und Sexualität sind existentielle Prozesse, die von der Kraft der Natur geleitet werden. Damit diese Prozesse gut ablaufen, ist es wichtig, dass wir uns als Menschen und als Therapeuten wieder achtungsvoll in die Naturprozesse einfügen, statt diese zu beherrschen zu suchen.

Zusammenfassend kann man sagen: Wenn Frau und Mann zusammenbleiben wollen, dann ist es wichtig, dass die Frau sich in der Partnerschaft Frau-Sein und der Mann sich Mann-Sein lässt. Denn nur dann braucht die Frau fundamental das Gegenstück Mann und der Mann fundamental das Gegenstück Frau – und dieses Brauchen, diese Bindung trägt über all die Schwierigkeiten und Ängste vor Nähe hinweg, bis zur Entwicklung einer gemeinsamen Einheit, die beide Persönlichkeiten befriedigend integriert.

Komplizierter wird es, wenn einer der beiden Partner wirklich in seiner Hirnstruktur vermehrte Anteile des anderen Geschlechts ausgebildet hat – wie es laut der modernen Hirnforschung besonders bei Stress in der Schwangerschaft gehäuft geschieht. Dann muss die Paartherapie dieser individuellen Ausprägung entsprechend angepasst werden. Dies können Sie auch gut selbst mit dem Fragebogen in dem Buch „Warum Männer nicht zuhören und Frauen schlecht einparken" von Allan und Barbara Pease (München, Ullstein Heine List GmbH. Erweiterte Neuausgabe Juni 2010: 102ff.) abklären.

10.4. Aufrechtes Drängen (Aufrichtiges Sich-auf-die-Frau-Beziehen) und ekstatische Hingabe (loslassender Selbstausdruck)

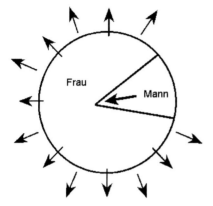

Bitte erlauben Sie mir, zur Vertiefung nochmals die wesentlichen Punkte der Psychosomatik zusammenzufassen, bevor wir weitergehen:

Die Vagina der Frau dehnt sich bei Erregung aus, sie umfasst und nimmt auf. Die Klitoris schwillt ebenfalls an. Bei einer Befruchtung entsteht im Unterleib der Frau neues Leben, das von ihrer Energie genährt und geschützt wird. Im Orgasmus wie im Geburtsakt kommt es zu einer mächtigen Eskalation der Urkraft der Natur – wenn Frau es zulassen kann – und diese Eskalation dient dem Fortbestand der Menschheit, nämlich zum einen dem Gebären, zum anderen bewegt sich bei einem Orgasmus, der das Becken erfasst, der Gebärmuttermund in saugender Weise und saugt sozusagen die Spermien in sich auf. Dies ist in heutiger Zeit besonders wichtig, da immer mehr Männer schlechtere Samenqualität haben und durch den Beckenorgasmus der Frau die beweglichen Spermien förmlich in die Gebärmutter eingesaugt werden, was die Fruchtbarkeit enorm erhöht.

Die meisten Frauen wünschen sich, bei Erregung fester angefasst und gehalten zu werden. Denn: Würden sie sich grenzenlos ausdehnen, würden sie sich verlieren. Aber in den Armen und in der körperlichen Kraft des Mannes können sie sich gefahrlos ausdehnen und eskalieren und erleben den Gegenpol, der sie ganz macht.

Der Penis des Mannes wird fest und richtet sich auf. Er dringt ein und gibt den Samen ab in die Mitte der Frau. Das Becken des Mannes macht hierbei sanftere oder aggressivere Stoßbewegungen. Das einzige Ziel ist zunächst, den Samen „abzuspritzen". Entwickelt sich der Mann weiter, so wird ihm dies zu wenig und zu langweilig – entwickelt er sich nicht weiter, dann bleibt er dabei hängen und das „Abspritzen" wird zur Sucht. Dann ist es egal, was mit der Frau ist, Hauptsache, sie macht mit.
Wenn der Mann sich aber einlässt auf sein Mann-Sein und sich erlaubt, zu begreifen, in welch verletzliche, innere Tiefe der Frau er beim Sex mit seinem Penis vorstößt, dann geschieht eine Veränderung in ihm. Er erlebt, dass er zu tieferer Befriedigung und zu einem inneren Glück kommt, wenn er dem sexuellen Reagieren der Frau „lauscht", wenn er seinen sexuellen Drang der Befriedigung der Frau unterordnet und sie „glücklich macht". Dies bedeutet auf sexueller Ebene, sie zum Orgasmus zu bringen, indem er nicht einfach nur „stößt" oder macht, wovon er meint, es würde sie glücklich machen, sondern dem Geheimnis, dem individuellen Reagieren seiner Frau lauscht und hierauf eingeht.

Ähnlich wie ein Manager, der seine Firma führt, das Wesen der Angestellten und der Firma als Ganzes verstehen muss, um gut führen zu können, so muss auch der Mann, wenn er in der Sexualität führen will, das Wesen seiner Frau verstehen – und das ist von Moment zu Moment unterschiedlich. Dies ist das große Problem für den Mann, denn diese spontane Art der Frau, aus den

Gefühlen des Jetzt heraus zu reagieren, ist für ihn überhaupt nicht nachvollziehbar.

Für sexuelle Erfüllung ist also ein hohes Maß an Präsenz, geistige Offenheit und Wahrnehmungsfähigkeit des Mannes nötig – im Alltag und im Sex. Als Geschenk hierfür kann er erleben, wie sich seine Frau ihm völlig hingibt – und diese Hingabe wächst über die Jahre zu immer größeren Tiefen und bleibt ein lebenslang spannender Prozess, in welchem der Mann über den Kosmos der Frau sein eigenes Eingebundensein und seine eigene Geborgenheit im Kosmos des Universums erfahren kann. Deshalb ist dies ein wesentlicher Teil der spirituellen Entwicklung des Mannes.

Ist ein Mann nicht bereit, seiner Frau zu lauschen, so bleibt die Sexualität ein Drängen des Mannes in eine Frau, die es über sich ergehen lässt, aber nicht „erfüllt" ist und von sich aus wenig Lust entwickelt.

Und ebenso: Wenn ein Mann sich nicht mehr traut, dieses aggressive Drängen in sich zuzulassen, wenn er Angst hat vor der eigenen männlichen Energie, die ihn nun einmal auch zu einem potentiellen Täter und Vergewaltiger werden lassen kann, verliert er diese aufrichtig-aufrichtende Kraft und bekommt zunehmend Potenzstörungen. Dasselbe passiert auch, wenn er seine gesamte männliche Kraft in die Arbeit steckt und für seine Familie und seine Frau dann nichts mehr „übrig hat". Dann wird er in der Arbeit der harte Erfolgsmensch sein und zu Hause der weiche Underdog, der entweder keine Lust mehr hat oder keine Erektion mehr bekommen kann – oder beides.

Wenn der MANN **geben** und die FRAU **nehmen** lernt, fügen sich beide ein in ihre körperlichen und gehirnlichen Reaktionsmuster – und dies erleichtert und ordnet das Miteinander, denn Psyche und Körper gehen in dieselbe Richtung.

10.5. Zeugen/Kämpfen und Gebären/Nähren –
weltlicher Held und göttliche Priesterin

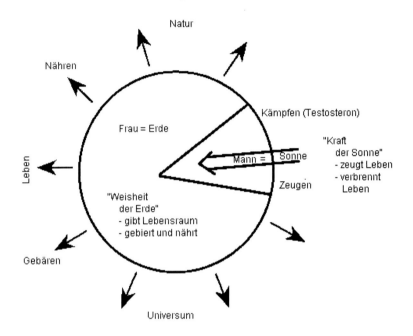

Gemäß der modernen Hirnforschung haben Frauen viel mehr neuronale Verschaltungen in Hirnbereichen, die soziale Beziehungen betreffen als Männer.

Männer hingegen sind „einfacher" gestrickt, zielgerichteter, aber dafür auch durchschlagskräftiger. Sie machen keine langen Worte, sondern handeln – und begrenzen somit auch die unendlichen Sozialanalysen und Worttiraden der Frauen: ein Mann, ein Wort – eine Frau, ein Wörterbuch.

Betrachtet man die Geschlechtsenergien von Frau und Mann nach den seelischen Archetypen (Vgl. Yarbro, 1979 und 1988, Stevens

& Warwick-Smith, 1990 und Hasselmann & Schmolke, 1993, 2001, 2002.) so lässt sich Folgendes erkennen:
Die Geschlechtsenergie der FRAU ist eine **Priester-Energie**: Die Verbindung zwischen der Erde und dem Göttlichen, entgrenzend, tröstend durch Kontakt zum Göttlichen, intuitiv, aber auch zur Weltfremdheit und zur Abgehobenheit neigend, manipulativ und missionarisch mit großer Macht die eigenen Ansichten durchsetzend. Wenn die Frau ihre Würde und Weisheit im Kontakt mit der Lebensrealität entwickelt, wird sie zur Hohepriesterin. Bleibt sie im Intuitiven hängen, ohne sich auch in der Realität zu verankern, wird sie zum naiven, abhängigen „Dummchen", das sich hingibt, ohne mithilfe ihrer weiblichen Klugheit das Wesen des Mannes mit einzukalkulieren. Oder sie führt in manipulative, missionarische Alleinherrschaft, die dem Mann keine Chance lässt.

Die Geschlechtsenergie des MANNES ist eine **Krieger-Energie**: zielgerichtet, kämpferisch und fokussierend. Sie braucht „Auslauf", sonst zerstört sie sich selbst. Sie braucht eine Aufgabe, ein Ziel, sonst weiß sie nicht, wohin. Und sie braucht einen „Herren", der ein gutes Ziel vorgibt, sonst wird sie größenwahnsinnig.
Entwickelt er seine Geschlechtsenergie, so wird er zum Helden. Bleibt er beim Testosteron hängen, ohne sich einzulassen, so hängt er in Größenfantasien fest, die aber nichts wirklich Gutes für sich und die Menschen hervorbringen. (Z.B. die künstlichen Inseln „The World" in Dubai: männlicher Größenwahnsinn, der jedoch nicht funktioniert, aber enorme Kosten verursacht.)
Was bedeutet dies für die Paarbeziehung?

Von der konkret-materiellen Kraft her ist die Kriegerenergie der Priesterenergie überlegen – von der energetisch-spirituellen Kraft her jedoch ist die Priesterenergie überlegen.
Der Krieger führt durch seine Kraft – aber bei der Auswahl des Ziels bedarf er eines Herrn. Wer ist der Herr in der Paarbeziehung? Die Priesterin spürt die Führung „von oben" durch ihre Verbindung mit dem Göttlichen und benötigt hierbei den körperlichen Schutz des Kriegers. Der Krieger folgt dem Göttlichen – benötigt aber die Anerkennung für seine kriegerischen Leistungen durch die Hohepriesterin und will „ihr Held" sein.

Bei den Indianern Nordamerikas wird die Energie der Frau mit der Erde verglichen und die des Mannes mit der Sonne:
Die Lust der Frau kann über lange Zeit schlummern und wird erweckt durch das Licht der Sonne, so wie die Erde nur Leben hervorbringt, wenn sie von der Sonne angestrahlt wird.
Die Lust des Mannes als Geschlechtstrieb „strahlt" ständig – wie die Sonne. Wenn sie über längere Zeit nicht „strahlt", wenn sie erloschen ist, wird es schwierig, sie wieder zum Glühen zu bringen. Wenn sie nicht von Innen her strahlt, wenn der Sexualtrieb erloschen ist, liegt ein Problem vor – während bei der Frau oft nur ein uneinfühlsamer Mann die Ursache ist.

Die Geschlechtsenergien zeigen sich also auch psychisch und seelisch im Miteinander von Mann und Frau – und zwar parallel zum Funktionieren ihrer Geschlechtsorgane. Deshalb sollte man bei der Erforschung der Frage, was Mann und Frau trotz all ihrer Unterschiede zusammenhält, mehr auf die Wirkung der *Elementaren Geschlechterkraft* achten.

Im Islam wird die Kraft, die Mann und Frau zusammenzieht, als göttliche Energie verstanden – im Christentum wurde sie als bloßer „Trieb" abgewertet, den es zu unterdrücken gilt.
Aber, wenn wir den Trieb unterdrücken, dann gebären wir nicht nur weniger Kinder, dann zieht es Mann und Frau auch nicht mehr so elementar zueinander und sie können sich leichter trennen.

Und wenn wir die Triebe verachten, was ist dann mit dem Muttertrieb der Fürsorge, dem Trieb, einem Menschen in Gefahr zu helfen …?
All dies sind Triebe – und sie tun uns und der Gesellschaft gut.
Viel zu oft lese ich in der Zeitung, dass Mütter ihre Kinder vernachlässigen, verhungern lassen. Viel zu viele Paare trennen sich mit dem Argument: „Wir haben uns auseinandergelebt." Es hat sie nicht mehr zusammengezogen. Die Sexualität in unserem modernen Deutschland ist trotz aller sexuellen Freiheit eher wenig lebendig und freudvoll, auch wenn der Anspruch ein ganz anderer ist. Man hat heute „heiß" zu sein, man hat Freude an Sexualität zu haben – doch die Realität sieht leider anders aus, wie ich in meiner Praxis täglich erleben kann.

Warum?
Weil wir diese Urkraft nicht mehr haben wollen, die Mann und Frau zueinander zieht, weil wir Angst davor haben und sie nicht durch unseren Verstand kontrollieren können. Und was wir nicht haben wollen, das lernen wir nicht kennen, das können wir nicht „händeln" und das überfällt uns dann unvorbereitet.

10.6. Fürsorgliches Führen und aufnehmendes Sich-führen-Lassen

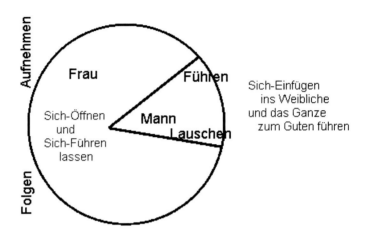

Fassen wir nochmals zusammen:
Es gibt in uns Menschen eine Urkraft, und diese ist sexueller Natur. Eigentlich ist dies „kalter Kaffee", das hatten doch schon die Psychotherapeuten Sigmund Freud und Alexander Lowen (Erfinder der Körperpsychotherapieform Bioenergetik) gesagt.

Warum ist dies dann immer noch so wenig in den Köpfen der Menschen und vor allem in der Paartherapie verankert? Es scheint uns modernen, zivilisierten und emanzipierten Menschen irgendwie „gegen den Strich zu gehen", dass unser Lebensglück in solch starkem Maße von einer Urkraft kontrolliert wird, die wir nicht mit unserem bewussten Verstand „in den Griff bekommen können", sondern der wir uns unterordnen und in deren

Wirkmechanismen wir uns einordnen müssen, um gelingende Partnerschaften zu erleben. So etwas möchten wir nicht hören.

Und warum ist das Wissen dieser bekannten Psychotherapeuten Sigmund Freud und Alexander Lowen so wenig in die Paartherapie übergegangen?
Vermutlich, weil man so etwas im eigenen Leben erleben muss – in seiner ganzen Kraft und vor allem auch in seiner Wirksamkeit für das Paarleben. Es ist ein großer Unterschied, ob ich in einem Gruppenraum – und damit in einem gesicherten Rahmen – Körperübungen, auch härtester Art, auf einer Decke mache, oder ob ich mich wirklich dem Leben aussetze. Hier hat es Konsequenzen, hier hängen Familien und Existenzen davon ab.

Ich vermute, der moderne, kultivierte und emanzipierte Mensch hält lieber an einem Konzept von Partnerschaft fest, das nicht „aufgeht", als der Realität der Wirkmechanismen von Partnerschaft ins Auge zu sehen, die er nicht mit seinem Verstand kontrollieren kann. Das wäre zu gefährlich für das aktuelle Selbst- und Weltbild als unabhängiger, sich selbst und die Welt „im Griff" habender moderner Mensch.
Es gefällt uns nicht, dass unser bewusster Verstand in Wahrheit nur eine derart geringe Macht hat und wir uns für unser Lebensglück in solch großem Maße Naturgesetzen unterwerfen sollen.

Wenn wir als Menschen wirklich mündig und „erwachsen" werden wollen, gilt es, diese Urkraft des Menschseins, die *Elementare Geschlechterkraft*, wieder zu würdigen und mit Geist, Herz und Unterleib leben zu lernen.

Das heißt auch, wir müssen die Sexualität aus dem Bereich des Konsums, des „Genussmittels" lösen und wieder in den Kontext des existentiellen Lebens einbetten.

Und wie soll das gehen?
Ganz einfach: Wenn die FRAU sich mit ihrem Becken verbindet und ihre Geschlechtsenergie „blühen" lässt, dann braucht sie fundamental einen Mann – nicht nur sexuell, sondern auch psychisch, seelisch und spirituell – und auch in der konkreten Lebensgestaltung. Dies möchten moderne Frauen nicht mehr so gerne zulassen, denn Unabhängigkeit ist uns sehr wichtig geworden – was ja nach all den Jahrhunderten von Frauenmisshandlungen durch Männer verstehbar ist.
Aber diese Unabhängigkeit ist eine Sackgasse: Es war gut, dass wir uns diese Unabhängigkeit erarbeitet haben, um uns zu befreien und uns selbst zu finden – und uns nicht aus finanzieller Abhängigkeit auf Kosten unserer Wesenstiefe den Wünschen von Männern anpassen zu müssen. Doch jetzt gilt es, weiter zu gehen und über diese Unabhängigkeit hinauszuwachsen, um wirklich lieben zu lernen. Das heißt auch, wieder sehen und achten zu lernen, was für wundervolle Gaben ein Mann in eine Beziehung einzubringen vermag und uns zu erlauben, einen Mann zu brauchen. Denn ohne dieses Brauchen werden wir nie das Glück der völligen Hingabe erleben, die sich über Jahre vertieft, anstatt sich „auszulatschen".

Wenn der MANN sich verbindet mit seinem Becken und seine Geschlechtsenergie bejaht, dann braucht er fundamental eine Frau – nicht nur sexuell, sondern ebenfalls psychisch, seelisch und spirituell – und auch in der konkreten Lebensgestaltung, was der moderne Mann noch ganz gerne zulässt. Mit dem Sich-Festlegen

auf eine Frau haben jedoch viele inzwischen Probleme und suchen immer weiter nach „der Richtigen". Andere wiederum scheuen die Verantwortung für eine Familie und möchten lieber das freie Leben ohne Kinder leben und ohne irgendeine Aufgabe für das Wohl der Menschheit.
Wenn ein Mensch jedoch nur lebt, um seine eigenen Bedürfnisse zu erfüllen, muss er nicht über sein Ego hinauswachsen – und damit ist es schwer, wirklich lieben zu lernen. Die Gefahr, in der eigenen Egozentrik „hängen zu bleiben" ist groß.

Bert Hellinger benennt dieses Zusammenspiel in einem Interview folgendermaßen (SZ Magazin vom 21.11.1997, S. 62ff.):
„Die Frau folge dem Manne nach und der Mann ehre das Weibliche." Hier ist es Hellinger wichtig, dass die Nachfolge der Frau sich auf die konkrete Person des Mannes bezieht, wohingegen der Mann dem abstrakten Weiblich-Göttlichen in der Frau dienen solle, das weit über die Frau hinausreicht. „[...] der Mann sieht die Frau in einem größeren Zusammenhang. Und er würdigt diese Größe." (Ebd., S. 66.)
Darüber dass dies jedoch ein längerer und existentiell herausfordernder Weg ist für Frau und Mann, davon redet leider niemand.

Wenn dies Paaren gelingt, so haben sie normalerweise einen Weg hinter sich, der in etwa wie folgt aussieht:
Zunächst hört der Mann seine Frau nicht. Sie versucht, ihm das Problem in der Partnerschaft zu erklären: redet, leidet und weint, aber sie findet kein Gehör – egal wie sie sich auch ausdrückt. Da helfen auch die ganzen Kommunikationsübungen nicht viel, denn der Mann will nicht hören. Ja, im Gegenteil, am schwierigsten wird es bei Männern, die psychologisch gebildet oder zumindest

aufgeschlossen sind oder sein wollen. Sie „tun so, als ob", aber in Wahrheit lassen sie die Frauen zumeist nur auf subtilere Art abblitzen. Und bei solch „scheinbar" aufgeschlossenen Männern haben die Frauen natürlich ein großes schlechtes Gewissen, weil sie ja „so einen einfühlsamen Mann haben" und dennoch unzufrieden und traurig sind oder einfach keine Lust mehr auf ihn haben. Dann zweifeln die Frauen an sich selbst – und es geschieht keine Weiterentwicklung in der Partnerschaft.

Das Spiel ist und bleibt dasselbe: **Zunächst hört der Mann nicht auf seine Frau.**

An diesem Punkt scheiden sich die Paare bzw. die Frauen in zwei Lager:
1) Die einen Frauen nehmen ihr Leben selbst in die Hand und *verzichten auf ein WIR*.
   a) Vor allem die „modernen", unabhängigen Frauen lösen sich aus dem Brauchen des Mannes und *leben ihr eigenes Leben ohne feste Partnerschaft* – gegebenenfalls auch alleinerziehend. Der Mann wird zum bloßen Lustobjekt, den man sich ab und zu mal einlädt.
   b) Die anderen, zumeist eher finanziell abhängigen bzw. beruflich nicht erfolgreichen Frauen bleiben zwar in der Beziehung, nehmen aber dennoch ihr Leben selbst in die Hand und verzichten darauf, den Mann zu brauchen. *Sie machen, was sie meinen, verwirklichen sich selbst und haben das WIR völlig aus den Augen verloren.* Das gibt ihnen ein Gefühl der Befreiung und vor allem ist das Dauerleiden, der Frust über den Mann, der sie nicht hört, endlich ver-schwunden. Aber – es ist zumeist der Anfang des Endes der Beziehung. Sie brauchen den Mann nicht

mehr – und der Mann fühlt sich nicht mehr ge-braucht, schlafft ab und wird immer weniger stark und männlich. Die Lust schwindet. Eventuell schaut er anderen Frauen nach, bei denen er mehr „Mann" sein kann.

c) Und es gibt noch eine dritte Gruppe von Frauen, die auf ein echtes WIR verzichten, denen man dies aber nicht auf den ersten Blick ansieht:

Die Frauen, die ihre Männer unterjochen, die – zumeist nach einer längeren Leidensgeschichte „den Spieß herumgedreht" haben und nun ihr Leben selbst in die Hand nehmen bzw. *den Mann über die Schuld dazu zwingen, ihnen zu folgen.*

2) Die anderen Frauen *sind bereit, zu leiden für die Liebe.*

a) Das sind Frauen, die *nicht so unabhängig sein können* – aus finanziellen oder psychischen Gründen,

b) oder Frauen, die *nicht mehr unabhängig sein wollen,* weil sie beispielsweise nach der ersten Scheidung begriffen haben, dass die Unabhängigkeit zwar frei, aber nicht glücklich macht.

Sie folgen dem Mann weiter, auch wenn es ihnen nicht gut tut und sie darunter leiden. Und sie lernen, ihm zu zeigen, wie sie sich fühlen durch sein Handeln, ohne ihn zu maßregeln oder sich über ihn zu erheben (denn sonst reagiert der Mann nur mit Trotz, wie bei seiner ihn maßregelnden Mutter). Jetzt wird das Ganze existentiell: Der Mann macht sein Ego-Spiel, verfolgt seine Ideen ohne die Folgen wirklich zu begreifen – und erfährt anhand des Leides seiner geliebten Frau die leidvollen Konse-quenzen seines Handelns.

(Die meisten Männer lieben ihre Frauen auf ehrliche, rührende Weise – so meine Erfahrung als Paartherapeutin

–, auch wenn sie mit dieser Liebe und den Frauen nicht wirklich umgehen können. Sie sind hier einfach unbeholfen.)

Je mehr Kraft ein Mann hat, desto tiefer scheint er fallen und desto härter aufschlagen zu müssen (Testosteron!). Dann kommt er irgendwann an den Punkt, an dem er erkennt, was er mit seinem Handeln der Frau antut – und bereut.
Ab diesem Zeitpunkt ist er verändert: Die Härte, die Achtlosigkeit, die Kritiksucht etc. sind deutlich vermindert (oder zumindest ringt er nachweislich darum, liebevoll mit seiner Frau und den Kindern umzugehen), denn er hat begriffen: „Ich habe ihr (und meinen Kindern) so viel angetan, das will ich nicht mehr. In Zukunft will ich sie gut behandeln und darauf achten, dass sie glücklich ist."
Jetzt hat er die richtige Haltung als Ehemann gefunden und wird sie zumeist sein Leben lang beibehalten.

Hugo-Bert Eichmüller erläuterte dieses Prinzip mit den Hinweisen an den MANN: „**Mach deine Frau glücklich!**" und an die FRAU „**Nimm, was dir dein Mann gibt!**"
Und ich möchte hinzufügen: „**Denn er gibt es aus einem liebenden Herzen und es ist das Beste, was er zu geben hat – wirf es nicht weg, auch wenn es nicht so ganz das ist, was du dir wirklich wünscht. Er ist auf dem Weg.**"

10.7. Reibung bringt Lust: Kontakt findet an der Grenze statt

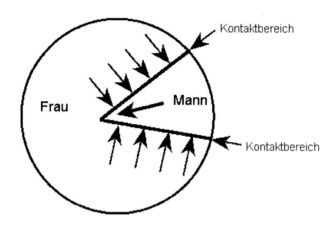

Wenn sich Frau und Mann so auf ihre Geschlechtsenergie einlassen, dann erleben sie die Unterschiede zwischen den Geschlechtern in ihrer vollen Kraft – und werden sich existentiell begegnen und existentiell streiten.

Dies muss nicht immer laut sein – aber es ist normalerweise existentiell, das heißt, es wühlt im Innersten auf und zeigt die tiefsten eigenen Ängste auf. Dies ist deshalb so heilsam, weil genau die Punkte, die in der Auseinandersetzung am meisten wehtun, auch diejenigen sind, an welchen man sein Selbstkonzept verhärtet hat. So zeigen die Auseinandersetzungen mit dem Partner, wo man sich etwas vormacht, anstatt der Wahrheit ins Auge zu sehen und sich dem Fluss des Lebens zu überlassen.

Das heißt: Es gilt zu lernen, diese Urkraft in der Begegnung zwischen Frau und Mann wieder zuzulassen – im Sex genauso wie im Streit, in der Lebensgestaltung genauso wie in der

Kindererziehung – und die hieraus entstehende Reibung mit allen Sinnen und mit Liebe anzunehmen.

Wussten Sie, dass das Wort „ficken" vom altdeutschen „Sich-aneinander-Reiben" kommt? Anscheinend war damals den Menschen noch bewusster, dass guter Sex mit Reibung/Auseinandersetzung in der intensiven Begegnung von Mann und Frau zu tun hat: Seelische Reibung erzeugt körperliche Reibung – und Reibung erzeugt Hitze, Energie – und Hitze verbrennt unsere „Ego-Schlacken", sodass aus dem Stein des Ego der Diamant der Seele emportreten kann.

Wenn diese Reibung verschwindet, wenn Frau und Mann sich – um des lieben Friedens willen, aus Bequemlichkeit oder einfach aus mangelndem Selbstbewusstsein zum eigenen Geschlecht – einander angleichen, dann schwindet auch die Kraft zwischen Frau und Mann – und die Beziehung bricht leichter auseinander.

Im Endeffekt geht es darum, zu lernen, dass wir – nach dem Erlernen unserer Unabhängigkeit als Individuen in der Vereinigung mit dem anderen Geschlecht – zurück zur Ganzheit finden, wie es so schön in der Bibel ausgedrückt ist: „[…] Habt ihr nicht gelesen, dass der, welcher sie schuf, sie von Anfang an als Mann und Frau schuf […]" (Mt 19,4) Nur zusammen sind wir wirklich ganz – das spüren die vielen Singles sehr intensiv und auch viele, die sich in ihrer Ehe nach Intensität sehnen und doch allein sind.Hier ist es wichtig, dass die Männer erkennen, worin sie wirklich Erfüllung finden und eine Ethik des Mannseins entwickeln, die ihnen eine Guideline gibt, sich „die Hörner abzustoßen", aber auch irgendwann in eine gute Ordnung als Mann, der sich ehrlich auf eine Frau bezieht, zu finden.

Denn: Wie die Entwicklungspsychologie in Studien belegt hat, leben Menschen mit fester Paarbeziehung deutlich länger als Menschen ohne diese. Doch – die Männer proftieren hier deutlich mehr von der Beziehung, denn sie leben um 3,5 Jahre länger, die Frauen jedoch nur um 0,7 Jahre. (Pauline K. Robinson, Judy Livingston und James E. Birren (eds.), 1985, Aging and Technological Advances. New York, London: Plenum.)
Dies könnte belegen, dass die Frauen in einer Partnerschaft mehr leiden als die Männer. Es sind auch deutlich mehr Frauen als Männer, die eine Trennung einleiten.
Und es weist darauf hin, dass auch moderne Frauen bislang noch keinen Weg gefunden haben, dieses Leiden in einer Partnerschaft zu transformieren, um ebensoviel von einer Partnerschaft zu profitieren wie die Männer.

10.8. Begrenzen und Begrenzt werden – in Liebe:
Das Haushalten mit der Elementaren Geschlechterkraft

Bindung entsteht aus dem Ganzwerden und Einswerden des Paares – in der Sexualität genauso wie im Alltag. Deshalb ist es so wichtig, dass das Paar achtsam mit der Richtung seiner Energien umgeht.

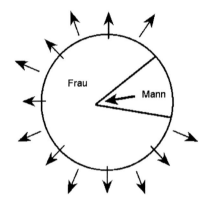

Die FRAU tendiert in ihrer Geschlechterenergie zum Sich-Ausdehnen, Sich-Verbreiten, Sich-Verströmen und Eskalieren: im konkreten Alltag wie in der Sexualität.
Wenn sie dies zu sehr tut, dann verliert sie Energie. D.h. sie braucht Begrenzung ihres Verströmens, ein Fest-Gehalten-Werden und Geführt-Werden, damit sie wirklich loslassen kann. Und wenn sie loslässt, dann kann sie durch dieses Entgrenzen Kontakt zu der weiblichen Weisheit in sich aufnehmen, durch die sie in engem Kontakt mit ihren Liebsten, aber auch mit der Natur und dem Kosmos ist.

Aus diesem Grunde ist es so heilsam für die Paarbeziehung, wenn die FRAU lernt, loszulassen, sich führen zu lassen und sich der (wohltuenden) Führung des Mannes unterzuordnen – wie beim Paartanz.
Von hier aus hat sie durch ihre Weite und Fühligkeit letztendlich die Führung in der Hand, denn ihre Verbindung zu den

Gesetzmäßigkeiten der Natur ist enger, wenn sie zu ihrem Frau-Sein Kontakt hat.

Der MANN tendiert dazu, zu fokussieren, aber worauf, das ist die große Frage. Wenn er auf irgendetwas fokussiert nach dem Motto: „Hauptsache groß, spannend und herausfordernd", hat er zwar ein Ziel und fühlt sich besser, aber er ist nicht eingeordnet in das große Ganze. Er wird „sich die Hörner abstoßen", da er nicht in Verbindung mit dem Kosmos handelt, sondern aus seiner Ego-Kraft heraus. Dann führt er das Paar ins Chaos und die Familie geht mit unter – oder er tyrannisiert die Familie und alle leiden. Um dies zu vermeiden, versuchen moderne Frauen, sich nicht mehr führen zu lassen, aber das löst leider das Problem nicht, denn so können sie nicht mehr richtig loslassen, versuchen alles selbst zu machen, zehren psychisch aus und verhärten. Die Teamarbeit ist verloren gegangen und die Frauen powern sich als Einzelkämpferinnen aus.

Der MANN muss also wieder lernen, seine Frau und seine Familie gut zu führen und hierfür an sich arbeiten – wie ein Firmenchef für und in Bezug auf seine Firma. Dazu muss er zunächst einmal seine Frau begreifen – und hierfür ist es wichtig, dass die Frau lernt, sich ihm zu zeigen in ihrem Frau-Sein, statt zu „funktionieren", zu fordern oder ewig lang zu reden.
Dies ist der existentielle Austausch, der nötig ist, damit die Energien beider Partner in die richtige Richtung fließen.
Viele Männer stecken ihre Kraft in die Firma und wollen zu Hause entspannen und dort keine großen Heraus-forderungen mehr haben. Dann jedoch eskalieren die Kinder, werden größenwahnsinnig, da ihnen – vor allem den Jungs – die

Begrenzung fehlt, und die Frauen vertrocknen, da ihre Weiblichkeit nicht eingefordert wird.

Nur wenn Mann und Frau einander existenziell wollen, dann können auch diese Kräfte wieder fließen – und der Mann zum Guten führen und die Frau sich von „ihrem Helden" führen lassen.

10.9. Erschüttern und Verführen

ERSCHÜTTERN: Wenn eine Frau und ein Mann sich finden, dann wird die Frau zutiefst erschüttert in ihrem Frau-Sein und der Mann in seinem Mann-Sein – ganz von selbst, einfach dadurch, dass die beiden sich miteinander körperlich und psychisch-seelisch-geistig verbinden.

Das bedeutet, die Frau ist in ihrem Frau-Sein der Prüfstein für das Mann-Sein des Mannes und umgekehrt. Sie fordert ihn heraus, ob er angesichts ihres weichen Eskalierens als aufrechter Mann stehen bleiben kann, abdreht ins Jammern oder die Flucht ergreift. Und er fordert sie heraus, ob sie angesichts seiner Männlichkeit weich wird und loslässt, oder weiterhin festhält und kontrolliert.

Wann immer einer von beiden hierbei scheitert, das heißt, wenn der Mann sich in vorwurfsvolles Jammern und Weichheit sinken lässt, anstatt aufrecht und fest zu bleiben und wenn die Frau festbleibt, kontrolliert und fordert, anstatt in Liebe loszulassen und sich hinzugeben, hilft die Rückbesinnung auf die eigene *Elementare Geschlechterkraft*, um wieder in ein gutes Miteinander zu finden. Und hierbei genügt es, wenn einer damit anfängt, um den anderen mitzuziehen, denn es geht ja nur um ein Sich-Wiedererinnern an die eigene innere WIRKlichkeit.

Auf diese Weise bekommt eine Paarbeziehung Tiefe und Wahrheit. Alles, was nicht wirklich wahr ist, verbrennt im Feuer der Reibung zwischen den beiden Partnern. Und nur das, was das Paar wirklich schon verinnerlicht hat, bleibt bestehen.

Wir können uns so viele schöne Erkenntnisse denken – doch in der WIRKlichkeit der Paarbeziehung werden diese auf den Prüfstand gestellt: Was können wir wirklich davon leben – und was zerfällt uns? Anfangs sucht man dafür zumeist die Schuld beim Partner, doch die heilende Wirkung der *Elementaren Geschlechterkraft* zeigt bald auf, was hier WIRKlich in der Tiefe WIRKT.

In einer Paarbeziehung sind wir wie im Sex: nackt. Hier halten keine Masken.

Frau		Mann
Verführung durch/Flucht ins Mannhaft-Sein Härte sich selbst gegenüber, Sich-Abarbeiten, Kampf	=> <=	**Verführung durch/Flucht ins Weich-Sein (Jammern):** „Du machst mich kaputt! Du tust mir nicht gut!"
Verführung durch/Flucht in „weibliche" Außenaktivitäten: Kinder, Job, Liebhaber	=> <=	**Verführung durch/Flucht in „männliche" Außenaktivitäten:** Job, Sport, andere Frauen

Verführung ist noch eine Ebene tiefer – sie verstärkt die Erschütterung immens:
VERFÜHREN ist die aktive Manipulation, den anderen sich selbst ähnlich zu machen, in der Hoffnung, dadurch Frieden und Glück zu erzeugen – was aber nicht funktioniert. Verführung ist der Versuch, einen bequemeren Weg zu finden, als über die Bejahung der Leid verursachenden Unterschiedlichkeiten von Mann und Frau in Liebe durch eigene Weiterentwicklung zum Anderen hinzuwachsen.

Die FRAU wird ein Leben lang prüfen, ob der Mann ein wirklicher Mann ist, d.h. ob er aufrichtig bleibt – auf-gerichtet, wie sein Penis, oder ob er sich verführen lässt durch Spielchen, Gefühle, Charme etc. Und wie tut sie das? Durch Kritisieren seines Verhaltens und zwar dahingehend, dass er eben anders sein soll, mehr so, wie sie ihn haben will: verständnisvoller, weicher, zuhörender ... Doch tut er dies, ist es auch nicht gut, sie macht weiter, will mehr ... – Das ist die Verführung. Dadurch bleibt eine Beziehung lebendig und der Mann – wie es seiner Kämpferenergie entspricht – sein Leben lang zum Kampf herausgefordert.

Zum Beispiel: Ein „Muttersohn" sucht die Mama, die dafür sorgt, dass er es immer gut hat und seine Bedürfnisse erfüllt bekommt. Aber als Mann hat er auch Freude am Aufrichtigsein und erstarkt im Herausgefordertsein – so wie er es täglich im Geschäftsleben tut. Nur zu Hause sucht er dann oft die „Mama". Wenn ihm dies seine Frau „durchgehen lässt", wenn sie ihn hier nicht als Mann herausfordert, sondern „zur Mama wird", erstarrt die Beziehung und die Sexualität verliert sich. Wer will schon als Frau mit einem „Bubi" schlafen und welcher Mann mit einer „Mama" – das ist abturnend. Nur – mit Gewalt lässt sich so eine Entwicklung natürlich nicht erzeugen, sondern nur mit Klugheit der Frau – und in Liebe. (Hierzu mehr in den Kapiteln 11, 12 und 13.)

Aber ebenso verführt auch der MANN die Frau ein Leben lang: Er möchte, dass sie mehr männlich reagiert, logischer denkt, kontrollierbar ist, ihn nicht so sehr herausfordert, bequemer ist etc.

Und wehe, wenn Frau sich darauf einlässt, die Mama zu machen oder sich anderweitig benutzen und die Ehre ihrer weiblichen Priesterschaft beschmutzen zu lassen. Dann wird sie betrogen mit einer anderen, die der Mann noch erobern kann, sie selbst aber wird vom Mann nicht mehr begehrt.

10.10. Zusammenfassung: „Der Tanz des Paares"

In untenstehender Tabelle finden Sie eine Übersicht über die Grundprinzipien der Geschlechtsorgane von Mann und Frau und deren psychosexuelle Entwicklungsmöglichkeiten:

Mann: Penis, Hoden		Frau: Vagina, Gebärmutter
Spielkind:	**1. Phase: _Kindheit_**	**_Weibchen_**
Außen		Tief innen
Hartwerden		Weichwerden
„Aktives" Drängen		„Passives" Weitwerden
Eindringen		Aufnehmen
Sportler	**2. Phase: _Jugend_**	**_Konkubine_**
Schnell vorwärts		Langsam einwärts
Fokussieren		Eskalieren
Geben (Samen)		Empfangen (Samen)
Krieger	**3. Phase: _Erwachsenen-alter_**	**_Leidende_**
Kämpfen (Testosteron)		Nähren (Östrogen)
Führen		Folgen
Schützen		Selbstaufgabe
Held	**4. Phase: _Meisterschaft_**	**_Hohepriesterin_**
Sich kümmern um		Hingabe
Erkennen		Sich zu erkennen geben
Das Weibliche ehren		Erkenntnis bringen

Zusammenfassend kann man die Wechselwirkungen zwischen Mann und Frau sowie die Entwicklungs-möglichkeit einer Paarbeziehung in den sieben Grund-Energien des Archetypen-Konzeptes beschreiben:

	MANN: Kopf/ Sonne/Gott	Entwicklungsthema	FRAU: Leib/ Erde/Kosmos
1. Heilerenergie: *Basis*	Eindringen	*Basis-Sex*	Aufnehmen
2. Künstlerenergie: *Freude*	festes Ziel, Handeln	*Beziehungsleben*	weicher Raum, Nest
3. Kriegerenergie: *Kraft*	Führen	*Lebenslauf*	Folgen
4. Gelehrtenenergie: *Ausgleich*	Fürsorge	*Alltagsleben*	Bitten
5. Weisen-Energie: *Fülle*	Zeugen, Kämpfen	*Geld/Kinder*	Nähren/ Gebären
6. Priesterenergie: *Spirituelles Wachstum*	Erkennen: fühlendes Lauschen	*Heilung*	Sich-zuerkennen-Geben
7. Königsenergie: *Großes Ganzes*	Selbstbegrenzendes Sich-Einfügen	*Spiritualität*	Selbstentgrenzendes Sich-Hingeben

In dieser Reihenfolge scheint der Wachstumsprozess des Paares zur Entwicklung ihrer PaarKraft zu geschehen:

1. Das Fundamentale scheint der Trieb zu sein: Sie müssen einander wollen als Frau und Mann, sie müssen einander begehren – auch wenn dies zunächst nur in der Verliebtheitsphase geschieht.

2. Dann erfolgt der **Eintritt ins konkrete Beziehungsleben**, es geht um den Erhalt der Begierde im konkreten Alltagsleben. Hier erregt es die Frau, wenn er weiß, was er will und dies auch umsetzt. Und für den Mann ist es anziehend, wenn sie ein Nest bietet, einen Raum, in dem er sein darf, sich entfalten kann und endlich Geborgenheit findet.

3. Dann gilt es, **die gemeinsame Kraft** auch bei Unbilden aufrechtzuerhalten und zu mehren: Hier hilft es, wenn der Mann den Mut hat, die Führung zu übernehmen und die Frau sich gestattet, zu folgen – auch wenn es schief geht, denn hieran wächst das Paar. Fast immer wird der unreife Mann unsinnige Ziele anstreben. Verbietet man ihm diese als Frau, so hat man zwar die größere finanzielle Sicherheit, aber nicht unbedingt sein Herz und seine Begierde gewonnen. Der Mann muss den Weg des Misserfolgs normalerweise gehen, bis er in der Tiefe begreift, wie er seine starke Energie wohltuend zügeln kann, ohne sich zu verleugnen – zum Wohle aller. Dies ist ein jahrelanger Entwicklungsweg.

4. Eine große Hilfe ist es auf diesem Wege, wenn die Frau lernt zu erbitten, was sie sich wünscht und der Mann lernt, Fürsorge für die Seinen zu entwickeln. Dies führt zum **wohltuenden Ausgleich** der beiden Energien von Mann und Frau.

5. Bei dem ganzen Thema **Entwicklung von Fülle (Kinder, Materie, Geld)** ist es wichtig, dass sich beide auf die Fortpflanzungsprinzipien zurückbesinnen. Wenn die Frau mehr arbeitet und Geld verdient als der Mann, ist dies normalerweise über kurz oder lang der Lust abträglich, denn sie kann in ihm nicht „ihren Helden" sehen. Ebenso muss er nicht Fürsorge und Manneskraft entwickeln, wenn sie ihm die „Arbeit abnimmt".

Dann wird er lascher und jammert, weil er sich ständig unter Druck gesetzt fühlt.

6. Heilung in dem ganzen Dilemma geschieht durch das Sich-Zeigen der Frau – einfach so, ohne zu fordern, einfach im Sein – und das Lauschen des Mannes. Er muss Interesse daran entwickeln, sie glücklich zu machen und begreifen, dass er hierin tieferes Glück findet als in der Verwirklichung seiner Ego-Pläne oder seiner Bequemlichkeit – und dies ist für den Mann ein langer Weg. Viele Illusionen muss er auf diesem Weg fallen lassen. Genauso wie sein Penis weiter vom Herzen entfernt ist als die Vagina der Frau von deren Herzen, genauso braucht er länger, um seinen Trieb sein Herz öffnen zu lassen. Der Mann braucht mehr „Ringen um die Liebe", denn sein ganzer Organismus, seine Hirnstruktur und seine hormonelle Situation sind auf Kämpfen ausgerichtet.

7. Und schlussendlich zur **spirituellen Ganzheit** – sexuell wie seelisch – gelangt das Paar nach Überwindung all dieser Schritte und Verzeihung der auf diesem Wege durchlittenen Verletzungen durch die selbst-entgrenzende Hingabe der Frau und das selbst-begrenzende Sich-Einfügen des Mannes in die Ganzheit des Paares und in die Ganzheit des Kosmos.

Die Grundprinzipien/Werkzeuge auf diesem Weg des Paares sind jeweils Ich-orientiert und Du-orientiert (vgl. obige Tabelle), sodass ein nie-endender und immer-die-Dynamik-belebender „Tanz des Paares" entstehen kann. In der Wechselwirkung zwischen diesen Werkzeugen wächst der Mann vom Ich zum Sich-Einordnen in eine Ganzheit und die Frau entdeckt die weibliche Weisheit in ihrer inneren Tiefe, die der Mann in der Vereinigung mit ihr als nimmer-versiegenden Quell der Bereicherung erfahren kann.

Und der Weg dahin ist der Streit, Reibung – denn wirklicher „Kontakt findet an der Grenze statt", wie der alte Zentralsatz der Gestalttherapie lautet.

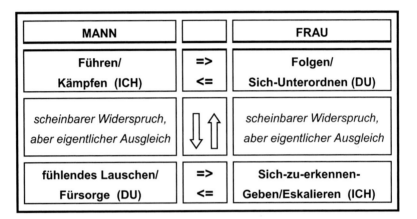

Das Ziel ist für Mann und Frau, das eigene Herz so weit zu machen und in Psyche und Geist so zu wachsen, dass sie beides in sich integrieren können. Dann wird es möglich, situationsadäquat auszuwählen, wo es sinnvoll ist, sich zurückzunehmen und wo die eigene Energie in den Vordergrund gesetzt werden sollte für das gemeinsame Wohl des Paares – in einer Art gemeinsamem Tanz, bei welchem jeder führt: der Mann durch das konkrete Führen mit seiner männlichen Kraft, die Frau durch das Sich-Ausdrücken in ihrer weiblichen Weisheit.

11. Was wir von Medien-Hypes für die Paartherapie lernen können ...

Wenn wir uns jetzt hier den Themen der Medien-Hypes und Regenbogen-Presse nähern, kann es wichtig sein, sich noch einmal zu vergegenwärtigen, dass der Mensch viele Ebenen hat. (Vgl. Kap. 7 ARCHEMAH-Struktur.)
Das bedeutet: ein Mensch kann uns auf einer Ebene wichtige Aspekte von Heilung zeigen und auf einer anderen Ebene krank oder sonst wie „schräg" wirken.

In diesem Buch geht es ja vor allem um die Wirkmechanismen von Heilung auf der PAAR-Ebene, weshalb Sie im Folgenden Beispiele, Themen und Menschen finden können, die Ihnen vielleicht psychisch, geistig oder körperlich „neben der Spur" erscheinen.
In puncto ihres Umgehens mit der PAAR-Ebene jedoch zeigen sie uns wichtige Zusammenhänge auf, wie eine Paarbeziehung gut funktionieren kann.

11.1. Was wir von Büchern wie „Shades of Grey" lernen können:

Warum sadomasochistische Praktiken zwar einen Geschmack der Elementaren Geschlechterkraft geben, aber dann doch vor dem Spannendsten stehenbleiben ...

Zunächst zur Information für alle, an denen der Medien-Rummel um die Buch-Triologie „Shades of Grey" vorbeigegangen ist: BDSM oder kurz SM ist der Oberbegriff für
- *Körperliche* Praktiken: **Bondage & Discipline**, d.h. Fesselung und Disziplinierung
- *Psychische* Praktiken: **Dominance & Submission**, d.h. Beherrschung und Unterwerfung
- *Psychische und körperliche* Praktiken: **Sadism & Masochism**, d.h. Sadismus und Masochismus

Haben Sie es schon einmal ausprobiert?
Ganz im Ernst, haben Sie BDSM schon einmal ausprobiert?
Ich für meinen Teil kann nur genau erforschen im Gebiet von Psyche, Heilung und Sexualität, was ich auch selbst ein Stück weit erlebt habe. Das vergleiche ich dann mit dem, was ich in Therapie-Ausbildungen und Lehrtherapien erlerne, was ich in der Literatur finde und was ich mit meinen KlientInnen durchlebe.

Was wir feststellen konnten, ist in der Rollenverteilung Mann als dominanter Part (Dom, Top) und Frau als sich unterwerfender Part (Sub, Bottom):
- Bei BDSM wird etwas sehr Starkes wach, etwas Urtümliches und etwas, das vor allem anscheinend zumeist die Frau sehr stark an den BDSM-Partner bindet.

- Das Gefühl der Hingabe, Weichheit und des Loslassens bei der Frau ist viel stärker, wodurch auch der Orgasmus stärker wird.

Nur: es heilt keine Partnerschaft.
Und das macht es so gefährlich, weil es Mann und Frau quasi „am falschen Ende zusammenschweißt".

Was meine ich damit?
Man betreibt etwas als Spiel, das eine tiefe innere Thematik anspricht, ohne dass man die tieferen Inhalte dieses Spiels entsprechend durchdrungen und Bewältigungsfähigkeiten dafür entwickelt hätte.

Hier ist es ein bisschen ähnlich wie bei Computerspielen:
Wir können unsere verborgenen und im Alltag nicht stillbaren Sehnsüchte bequem dorthin auslagern und arbeiten dann zumeist nicht mehr daran, diese Sehnsüchte auch im Alltag zu stillen.
Dann setzt der Prozess des Vermeidens und Auslagerns ein: Wir lagern unsere Sehnsüchte in einen ungefährlichen Außenbereich des Lebens aus: in ein Spiel.
Zu Anfang inspiriert dieses Spiel die Partnerschaft, aber zusehends erstarrt die Partnerschaft, weil eben keine Bewältigungsfähigkeiten für den Umgang mit der darin erweckten *Elementaren Geschlechterkraft* entwickelt werden.

Noch stärker ist diese Gefahr, wenn man BDSM nur in Clubs oder mit einem Partner praktiziert, der nicht Lebenspartner ist: Die enorme Kraft und Sehnsucht darin fließt nicht heilend in eine Partnerschaft, sondern zieht dieser etwas ab, etwas Geiles, Tiefes, Geheimes ...
Die Gefahr der Sucht ist groß.

Aber vor allem: Die Partnerschaft kann so nicht geheilt werden, weil die *Elementare Geschlechterkraft* ausgelagert wird.

Hierfür bietet das vorliegende Konzept die Möglichkeit der Integration von tiefer, leidenschaftlicher Sexualität mit tiefer Bindung und vor allem dem Erlernen von mutiger LIEBE am *Existentiellen Wachstumspunkt*, die bereit ist, den ganzen Weg miteinander zu gehen, um jeden Winkel von Körper, Psyche, Seele und Geist zu durchdringen.

Interessant ist, die Entwicklung in der BDSM-Literatur über die letzten 60 Jahre anzuschauen:
In „Geschichte der O", dem Klassiker, den Dominique Aury unter dem Pseudonym Régine Deforges 1954 schrieb, wird SM noch in eine geheime, quasi andere Welt ausgelagert. Noch 1996 sagt die Verfasserin – weiterhin unter dem Pseudonym – von sich selbst eindeutig, dass sie niemals etwas Derartiges tun würde, sondern ein „ganz normales" Durchschnittsleben führt. Sie schreibt also etwas, wovon sie „nur" fantasiert (Interview mit Dominique Aury in „Die O hat mir erzählt"). Erst 1994(!) lüftete Aury selbst ihre Autorenschaft in einem Interview und erklärte, dass sie es innerhalb von drei Monaten geschrieben habe, um ihren verheirateten Liebhaber, von dessen Vorliebe für die Bücher von Marquis de Sade sie wusste, an sich zu binden. (BBC 13.11.01. The True Story of „The Story of O" by Pauline Reage.)

Hier ist die Entwicklung inzwischen fortgeschritten: Heute machen Frauen BDSM nicht nur und fordern ihre Männer aktiv dazu auf, sondern sie schreiben auch offen darüber.
(Eine wirklich lustige Karikatur bietet übrigens das Buch „Shades of „Hä"" von Ralf L. Höke.)

Die „Shades of Grey"-Bücher hingegen wirken alles in allem unauthentisch.
Deutlich authentischer wirkt ein Buch, das in seiner englischen Originalfassung 2010 erschien und 2012 auch in Deutsch: „Die geheime Sehnsucht der Sophie M." von Sophie Morgan. Sie geht einen Schritt weiter zu einer sogenannten 24/7-Beziehung: Die Verfasserin propagiert für ihr Leben die Integration der SM-Rituale in den Alltag (24 Stunden täglich an 7 Tagen pro Woche). Auch sie scheint festgestellt zu haben, dass sie mehr will als ein Sex-Spielchen. Und doch bleibt es dann – zumindest in diesem Buch – dabei stehen und dringt nicht zur psychischen Tiefenbedeutung vor.

Zusammenfassend möchte ich somit folgende These aufstellen:
Im BDSM in der Variante Mann als Dom und Frau als Sub versuchen moderne, freie und zumeist emanzipierte Menschen, sich wieder elementar und in ihrem vollen Potenzial als Mann und Frau zu erleben.
BDSM ist ein Versuch, die *Elementare Geschlechterkraft* zu neuem Leben zu erwecken.

11.2. Was wir von den Geissens lernen können:
Warum hinter dieser „glamourösen" Fassade eine tiefere Souveränität steckt.

Die Geissens polarisieren: Die einen fühlen sich abgestoßen und bezeichnen ihre Sendung als niveaulos, die anderen achten ihren Aufstieg und ihre Fähigkeit, das Leben einfach zu machen und zu genießen.

Hier geht es jedoch weder um das eine noch um das andere, hier geht es um ein Hinschauen, wie das Ehepaar Geiss auf der PAAR-Ebene miteinander umgeht. Und hier fällt die Stärke ihres Miteinanders, ihr Aufeinanderbezogen-Sein auf. Sie scheinen die „alten Rollenklischees" vollständig zu erfüllen und wirken wie eine Einheit von zwei Gegenpolen:

Da ist eine Frau, die oftmals ein wenig – ich erlaube es mir zu sagen – dümmlich wirkt. Und dann beantwortet sie bei Günter Jauch die Mehrzahl der Fragen richtig.

Und da ist ein Mann, der oftmals ein wenig zu überzeugt von sich selbst wirkt. Und dann geht er zum Beispiel in „Wer wird Millionär?" derart einfühlsam mit seiner Frau um, lässt ihr Raum und nimmt sich für sie zurück.

Zusammen – als Team – sind sie extrem erfolgreich: zuerst er geschäftlich – mit ihr im Hintergrund – und dann auch noch gemeinsam im Fernsehen. Und: Sie sind sehr stark aneinander gebunden.

Sie lässt ihm die Macht im Außen, lässt Abhängigkeit zu – und hat ihre ganz eigene, weibliche Macht genommen, wenn sie beispielsweise in einem Interview (Bunte 24/2014: 28–30) auf die Frage danach, was sie mit ihrer Gage von „Let's Dance!" macht, antwortete, die habe sie ihrem Mann überwiesen und der Interviewer verdutzt reagiert: „Wenn ich mir ein paar Schuhe kaufen will, kaufe ich sie einfach."

Fazit:
Was immer auf der geistigen oder psychischen Ebene bei diesem Paar auch geschieht, auf der PAAR-Ebene funktionieren beide sehr gut miteinander und Frau Geiss leidet keineswegs darunter, dass sie ihrem Mann die Führung im Außen überläßt und von ihm finanziell abhängig ist.
Und - dieses funktionierende Wir pflanzt sich in die Welt hinein fort mit Kindern, finanziellem Erfolg aber auch gesellschaftlichem Ansehen – unabhängig von psychotherapeutischer Paartherapie und Kindheitsaufarbeitung.

11.3. Oder die „guten alten James-Bond-Filme" ...
Und warum es so hilfreich ist, wenn besonders die Frau eine paarorientierte Einzeltherapie macht ...

In vielen James-Bond-Filmen findet sich das Bild, dass James Bond die ohnmächtige Frau in seinen Armen aus der Schlacht trägt.

Diese Symbolik von Held und einer Frau, die losgelassen hat, finde ich auch bei Paaren, die spürbar glücklich in ihrer Partnerschaft sind: Wenn beide „blühen", das heißt lebendig wirken und strahlen vor Energie, sehe ich immer auch einen Mann, der *für seine Frau ein Held* ist und von ihr auch als solcher respektiert wird.

Es stach mir buchstäblich ins Auge, *wie entspannt diese Frauen sind*. Sie dürfen sein und erlauben sich zu sein. Sie sind – mit ihrer Fehlerhaftigkeit – und erlauben liebevoll lächelnd auch den Männern ihre Fehlerhaftigkeit – und dies, obwohl sie alle einen zumeist heftigen Leidensweg mit ihren Männern hinter sich haben und gemeinsam zum Lebenserfolg gekommen sind oder auf dem Weg hierher.

Und: Es war nicht etwa so, dass diese Männer immer stark waren, dass diese Männer von Anfang an einfach Helden waren – nach dem Motto: „Neue Männer braucht das Land!"
Im Gegenteil: Diese Paare haben zumeist viele Tiefphasen erlebt, in welchen der Mann „unten" war. Nur: Das Paar hat es irgendwie geschafft, dass er wieder stark wurde, wohingegen Paare, die nicht mehr „blühen", eine Zunahme der Macht der Frau im Laufe der Beziehung zeigen, bei welcher der Mann in die

Schwäche gerät. Es ist ein „Oder": sie wird immer stärker und er wird immer schwächer. Am Ende gibt es entweder die Trennung oder ein Sich-Arrangieren ohne Sex: Der Mann ist zum Schoßhund geworden, er hat aufgegeben und ist „brav".

Bei Paaren hingegen, die „schamanisch gesprochen" in ihrer Kraft waren, fielen mir folgende Sätze auf:
Die FRAUEN über ihre Männer: *„Er (er-)trägt mich."*
Eine Frau, die so spricht, kennt ihre eigenen Macken. Im Wissen, wie schwer es oft für ihren Mann ist, mit ihr umzugehen und wie viel Leid sie ihm oft zumutet, nimmt sie seine Liebe einfach dankbar an. Sie ist nicht gefangen in diesem „Ich kann es besser als mein Mann, er kriegt das nicht hin!" vieler moderner Frauen, sondern nimmt und genießt, was er ihr gibt. Das regt den Mann an, noch mehr zu geben, über sich hinauszuwachsen – und so wird er zum Helden, strahlt Kraft aus und wird auch beruflich erfolgreich.
Deshalb ist es so hilfreich, wenn eine Frau zur paar-orientierten Einzeltherapie geht (also nicht etwa zu einer nur am Individuum orientierten Einzeltherapie, da diese Therapieform oftmals bei der Entwicklung der Persönlichkeit im Egoismus hängen bleibt.)

Die MÄNNER über ihre Frauen*: „Ich habe meiner Frau und meiner Familie viel zugemutet."*
Und er schaut seine Frau an voller Liebe und voller Schuldempfinden, was er ihr angetan hat. Und sie lächelt – ohne Vorwurf, sondern wissend.
Frauen, die so reagieren wissen, dass es nicht anders geht: Mit einem Mann wird eine Frau immer leiden, aber nicht weil er „böse" ist oder gar „unfähig", sondern weil die Natur es so geschaffen hat und das nicht ohne Grund: Die Frau soll die ihr

gegebenen psychischen Fähigkeiten nützen, um dieses Leid zu transformieren, die Beziehung „psychisch" zum Guten zu führen, so wie der Mann die Beziehung „im Außen" zum Guten führen soll. Auf diese Weise lernen sie beide, eins zu werden – und lernen wirklich zu lieben.

Und wiederum: Deshalb ist es so gut, wenn eine Frau zu einer paarorientierten Einzeltherapie geht, weil sie hier lernen kann, das Leiden zu transformieren und herauszutreten aus dem Kreislauf von Vorwürfen gegen den Mann, Abwertung, Schwächung des Mannes, beid- oder einseitigem sexuellen Rückzug und damit irgendwann Trennung.

12. Allgemeinpsychologische Heilungsschritte:
Heilungsschritte, die für alle Beziehungen gelten – nicht nur für die Partnerschaft

12.1. Loslassen ist Ankommen

 UE: Die Grundhaltung des Loslassens
Vorbereitung:
Sorgen Sie für ausreichend warme Raumtemperatur und entsprechend warme Kleidung, denn man kühlt bei der Entspannung ab.
Legen Sie sich dann in Rückenlage auf eine feste Unterlage. Legen Sie nun die Arme neben den Körper, den Kopf auf die Unterlage oder auf ein flaches Kissen.

Wahrnehmen, Heben und Senken
Nehmen Sie sodann einfach wahr, wie Ihr Körper auf der Unterlage aufliegt. Beginnen Sie beim rechten Fuß, dann folgen rechtes Bein, linker Fuß, linkes Bein, Gesäß, Rücken, Schultern, Arme und Hände und zuletzt der Kopf.
Heben Sie jetzt das rechte Bein gestreckt ein wenig vom Boden ab, sodass es in ca. 1 cm Abstand vom Boden in der Luft schwebt. Erlauben Sie sich, das Gewicht des Beines zu spüren, den Zug der Schwerkraft und die Anstrengung, die es Sie kostet, das Bein oben zu halten. Lassen Sie den Atem fließen. Die Hände können dabei ganz locker bleiben, der linke Fuß auch, die Lippen und Kiefermuskulatur ebenso.
Halten Sie das Bein hier, bis Sie müde werden und es kaum mehr oben halten können.
Dann senken Sie das Bein ganz langsam, Millimeter um Millimeter, zu Boden. Nehmen Sie bewusst wahr, wie es mehr

und mehr vom Boden getragen wird, wie die Anstrengung aus ihrem Körper weicht und wie das Bein mit mehr und mehr Auflagefläche auf dem Boden ruht. **Wenn das Bein auf der Unterlage liegt, können Sie noch mehr loslassen**, indem Sie sich vorstellen, Sie lassen das Bein in die Unterlage einsinken – wie auf einem warmen Sandstrand, in welchem der Körper eine Kuhle in den angenehm warmen Sand drückt.

Vergleichen Sie jetzt die Empfindungen im rechten und im linken Bein miteinander. Was fühlt sich anders an – und wie kann man dieses anders beschreiben?
Führen Sie **dann denselben Ablauf nacheinander** mit dem **linken Bein** durch, dann mit dem **rechten Arm**, mit dem **linken Arm** und zuletzt mit dem **Kopf** zu folgendem Text:

Nehmen Sie jetzt wahr, wie Ihr Kopf auf dem Boden ruht. So ein Kopf wiegt 5 bis 6 kg. Nehmen Sie das Gewicht wahr.
Heben Sie jetzt den Kopf ca. 1 cm von der Unterlage ab, indem Sie das Kinn ein wenig zum Hals ziehen und den Hals hinten lang lassen. Halten Sie den Kopf hier und erlauben Sie sich, den Zug der Schwerkraft zu spüren und die Anstrengung, die es Sie kostet, den Kopf oben zu halten. Lassen Sie den Atem fließen. Hände und Beine bleiben locker, Lippen und Zunge ebenfalls. Auch die Stirn kann entspannt bleiben.
Halten Sie den Kopf so, bis Sie richtig müde werden und senken Sie ihn dann ganz langsam, Millimeter um Millimeter nach unten, bis er auf der Unterlage aufliegt.
Wiederum können Sie noch mehr loslassen, indem Sie sich vorstellen, Sie **lassen den Kopf einsinken in die Unterlage** –

tiefer und tiefer, bis der Boden eine Kuhle unter Ihrem Kopf bildet, in der der Kopf angenehm und geborgen ruht.

Atem-fliessen-Lassen
Erlauben Sie sich jetzt einfach, hier zu sein, ganz hier, in jeder Zelle Ihres Körpers.
Die Atmung fließt ganz von selbst. Erlauben Sie der Ausatmung auszuströmen und lassen Sie sich **warten, bis die nächste Einatmung von selbst kommt**. Nehmen Sie wahr, wie der Impuls zur Einatmung von innen kommt und erlauben Sie Ihrem Körper zu folgen, sich tragen zu lassen von diesem Einatmungsimpuls.
Und lassen Sie dann die Ausatmung ausströmen, ganz von selbst. Lassen Sie zu, ganz leer zu werden und warten Sie wieder, **lassen Sie die Pause nach der Ausatmung zu**, bis die nächste Einatmung von selbst kommt.

Getragen Werden
Nehmen Sie wahr, wie Sie getragen werden – vom Boden, von der Atmung.
Je mehr Sie loslassen, desto mehr können Sie spüren, wie der Boden Sie trägt, wie die Atmung Sie trägt.
Loslassen ist Ankommen: auf dem Boden, im Leben, im Jetzt, in der eigenen Mitte.

Verankerung des Entspannungszustandes
Sie sind jetzt in einem tiefen Zustand der Entspannung angekommen – egal, ob Sie diese Entspannung auch so wahrnehmen oder nicht.
Und Sie können **diesen tiefen Zustand der Entspannung in Ihrem Unbewussten verankern** mit folgender Technik:

Legen Sie drei Finger der Hand zusammen, mit der Sie schreiben: Daumen, Zeigefinger und Mittelfinger, so als würden Sie eine Prise Salz streuen. Und **nehmen Sie gleichzeitig den Kontakt der drei Fingerkuppen zueinander wahr und diesen angenehmen Zustand der Entspannung**, dieses Getragen-Werden.
Während Sie beides spüren, sagen Sie sich selbst: „**Jedes Mal, wenn ich diese drei Finger meiner Hand zusammenlege, bin ich sofort genauso angenehm entspannt.**" Wiederholen Sie diesen Satz mehrfach mit immer leiser werdender Stimme, bis Sie ihn nur noch innerlich stumm wiederholen – wie eine Meditation, ca. 10 Mal.
Bleiben Sie dann noch eine Weile in diesem Zustand der Entspannung. Erlauben Sie sich, einfach zu sein.

Rückkehr ins Tagbewusstsein
Kehren Sie zurück, indem Sie **die drei Finger wieder voneinander lösen** und die **Finger und Zehen bewegen**, dann die Hände und Füße. Räkeln Sie sich genussvoll wach und erlauben Sie sich zu gähnen. Geben Sie sich Raum, geben Sie Ihrem Atem Raum, **atmen Sie tief durch – und öffnen Sie dann langsam die Augen**. Kommen Sie langsam über die Seitenlage (rückenschonend) wieder hoch zum Sitzen.

 __UE: Die Macht der Gedanken loslassen__

Stufe 1:
Legen Sie sich auf einer warmen Decke flach mit den Rücken auf den Boden und legen Sie die Arme mit etwas Abstand neben den Körper. Es sollte bequem, aber nicht zu weich sein.

Nehmen Sie Ihren Körper wahr, wie er auf dem Boden aufliegt und nehmen Sie einfach wahr, was in Ihrem Inneren passiert, das Sie davon abhält, einfach hier und jetzt Ihren Körper wahrzunehmen.

Studieren Sie Ihre persönlichen „Weg-vom-Jetzt-Mechanismen": Vielleicht ist es ein „Das müsste ich noch tun und das und das …" oder es ist ein „Daran muss ich unbedingt denken …", „Das darf ich nicht vergessen …" oder gar ein „Wenn ich doch … hätte …"

Identifizieren Sie Ihren persönlichen „Weg-vom-Jetzt-Mechanismus" und beschreiben Sie diesen hier möglichst konkret:

....
....
....
....
....
....
....
....

Und geben Sie ihm einen treffenden Namen, der Ihnen einleuchtet und mit einem Wort das Verhaltens- und Denk-Muster beschreibt, das in Ihnen immer vor sich geht:
....

Stufe 2:
Die Entscheidung: Machen Sie sich klar, dass Sie in jedem Jetzt

neu die Entscheidung haben, Ihren Körper jetzt wahrzunehmen oder diesem „Weg-vom-Jetzt-Mecha-nismen" nachzukommen.

Stufe 3:
Gehen Sie mit Ihrer Aufmerksamkeit **jetzt zu der Körperstelle, an der Sie jetzt gerade am meisten unangenehme Empfindungen** (Spannung, Druck etc.) spüren und bleiben Sie dort mit einem inneren „JA".
(Wenn Sie schnell abweichen, legen Sie die Spitze des Zeigefingers auf diese Stelle – als Rechtshänder, den rechten Zeigefinger, als Linkshänder den linken.)
Lassen Sie die Atmung fließen: Vertiefen Sie die Ausatmung, lassen Sie eine kleine Pause nach der Ausatmung entstehen und machen Sie sich weit mit der Einatmung.

Stufe 4:
Wie Stufe 2, nur **stellen Sie sich vor, wie Sie sich genau an dieser Stelle der stärksten negativen Körperempfindung mit einem „JA" weit machen**, und weiter und weiter mit der Atmung.

(Machen Sie keine wie auch immer gearteten „Heilungsimaginationen", sondern üben Sie einfach, sich mitten hinein in das Unangenehme zu entspannen, indem Sie es bejahen. Auf diese Weise befinden Sie sich präzise an Ihrem individuellen Lernprozess und versuchen nicht, wichtige Lernimpulse „wegzumachen".)

12.2. Sind wir nicht alle ein bisschen ... Aliens?

Ein großes Problem in Beziehungen ist, dass wir zu oft unsere eigenen Denk-, Handlungs- und Reaktionssystem auf die anderen Menschen übertragen, d.h. wir wollen, dass der andere sich so verhält, wie wir es für gut halten, wie wir es von uns und anderen Menschen erwarten, wie unser Regelcodex ist und, und, und ...

Aber das funktioniert nicht.
Warum eigentlich nicht? Wir sind doch alle Menschen, haben alle einen ähnlich gebauten Körper, warum sind wir nicht genauso ähnlich im Psychischen?
Je länger ich mich mit der menschlichen Psyche und Seele befasste, desto mehr stellte ich fest, dass die Menschen nicht nur sehr unterschiedliche Ansichten haben, sondern in ihrem Inneren wirklich extrem unterschiedlich sind.

Dieses Erleben der extremen Unterschiedlichkeit der Menschen kann ich Ihnen am besten in einem Bild verständlich machen:
Kennen Sie noch „Raumschiff Enterprise"?
Hier glaube ich mich an eine Szene zu erinnern, in welcher die Enterprise an einer intergalaktischen Raumstation andockt und die Mannschaft sich auf der Raumstation vergnügt. Captain Kirk und sein Schiffsarzt Dr. MacCoy, genannt „Pille", sitzen in einer Weltraum-Bar und trinken Cocktails. Als sie bei dem Barkeeper, einem Alien vom Planeten X mit großen Elefantenohren und lustigen Glubschaugen bezahlen, werden sie von ihm „übers Ohr gehauen". Beide nehmen das mit Humor, da die Leute vom Planeten X immer betrügen. Das Miteinander bleibt friedlich, obwohl sie durch den Alien-Barkeeper etwas erleiden.
Warum?

Weil man jedem ansieht, von welchem Stern er kommt, was er für einer ist und darüber Bescheid weiß. Man ist vorbereitet und schützt sich. Und man hegt keine Erwartungen an den anderen, die dieser nicht erfüllen kann oder will.
Da gibt es die Vulkanier mit den spitzen Ohren, sehr intelligent, ohne gefühlsmäßige Regungen. Da gibt es die mit den Froschgesichtern vom Planeten XY, die immer schummeln. Da gibt es die vom Planeten YZ, die schnell aggressiv werden und, und, und ...

Irgendwie kommen mir die Menschen auf der Erde immer mehr auch so vor, je länger ich mich mit ihnen befasse: Jeder scheint ein Alien von einem anderen Planeten zu sein, und jeder tickt anders und hat ein ganz anderes Wertesystem. Manche kommen aus verwandten Sternenhaufen, die „ticken" ähnlicher – und doch haben auch sie ihre ganz spezifischen Unterschiede.

UE: Die intergalaktische Raumstation

Stellen Sie sich einfach immer kurz bevor Sie Ihren Partner treffen vor, **sie betreten jetzt wieder eine intergalaktische Raumstation. Nehmen Sie Ihren Partner in seinem Anderssein interessiert wahr.** Setzen Sie nichts voraus, wenn Sie miteinander reden, sondern nehmen Sie wahr, was er wie versteht und was er anders versteht. So lernen Sie ihn besser kennen, anstatt zu glauben, dass er so „tickt", wie Sie das meinen.

UE: „Ich weiß, dass ich nichts weiß." (Sokrates)

Stellen Sie sich kurz bevor Sie Ihren Partner treffen vor, **dass Sie dieses seltsame Wesen vom anderen Stern heute zum** allerersten Mal treffen und noch gar nichts über es bzw. ihn wissen. Lassen Sie bewusst alles los, was Sie glauben, über ihn zu wissen – denn all dies sind Schubladen, die die Entwicklung Ihres gemeinsamen Potentials hemmen.

Nehmen Sie deshalb wahr, was Sie gerade über Ihren Partner denken. **Schreiben Sie dann jeden dieser Gedanken über Ihren Partner einzeln auf ein weißes Blatt und lassen Sie es im Wind los.** Der Wind trägt es weg, weiter und weiter, bis Sie es nicht mehr sehen – und es vermodert irgendwo unter einem Baum und gibt Humus für neue Bäume.

Aber Sie sind jetzt ganz frei, dieses wunderbar-seltsame Alien, das Ihr Partner ist, kennenzulernen und sich von ihm durch sein Anderssein befruchten zu lassen.

♥ **UE: „Mach mir den Papagei."**

Gehen Sie im nächsten ruhigen Gespräch mit Ihrem Partner bewusst und mit Liebe in eine Haltung, Ihren Partner besser verstehen zu wollen und nehmen Sie sich explizit dafür Zeit.

Hören Sie ihm genau zu. **Fassen Sie jeweils, wenn er gesprochen hat, mit Ihren Worten zusammen, was er gerade gesagt hat.** Und fragen Sie ruhig nach, ob Sie ihn richtig verstanden haben.

Sie werden erleben, wie berührend dieses ehrliche Interesse für Ihren Partner ist, wenn Sie es ehrlich und nicht als zwanghafte Farce betreiben. Das Entscheidende ist hier die innere Haltung der Liebe und des ehrlichen Interesses.

12.3. Vom Wohl der Hilflosigkeit

Hilflosigkeit ist in fast allen nahen Partnerschaften ein immens bedeutsamer HEILUNGSPUNKT. (Vgl. Kap. 5.)

Im Alltag tun wir alles, nur um in Beziehungen nicht an den Punkt zu kommen, an dem wir uns hilflos fühlen: Wir manipulieren, werten auf und ab ... und versuchen, in unserer „Komfort-Zone" zu bleiben. Das funktioniert in distanzierteren Alltagsbeziehungen oft ganz gut: Wir können uns mehr auf unseren Verhaltens- und Denk-Mustern „ausruhen" – bis es zum Problem kommt.

In einer Partnerschaft jedoch kommen wir zumeist ganz schnell an den Punkt, an welchem wir nicht mehr weiter wissen.

Da wir nun mal alle Aliens von verschiedenen Planeten sind, können wir uns eigentlich gar nicht verstehen. Diese Hilflosigkeit ist also ganz normal.

Und was wäre, wenn wir uns einfach in Liebe hilflos sein ließen?

Stellen Sie sich ein Baby vor: Wie schön ist es, es anzusehen (wenn man nicht gerade unter Stress ist und es nicht zu schreien aufhört ...).
Es ist so rein, weil es einfach hilflos ist und nichts dagegen tut bzw. nichts dagegen tun kann.

♥ UE: Hilflosigkeit aushalten lernen und genießen

Stellen Sie sich vor, Sie sind ein Baby und betrachten Ihren Partner offen und ohne Arg, zart, verletzlich und hilflos in dieser Auseinandersetzung (nicht ständig, das wäre zu bedürftig) – und entspannen Sie sich mitten hinein in dieses Bild. Gestatten Sie sich das vorher Geübte „Ich weiß, dass ich nichts weiß", lassen Sie los, entspannen Sie sich, genießen Sie Ihren Körper und lassen Sie sich vom Untergrund tragen.

12.4. Alles an uns sind Geschenke
für das gemeinsame Lernen ...

Es sind Geschenke, die wir für unser gemeinsames Wachstum wertschätzen und nach und nach in die Beziehung einbringen sollten.

Für Heilung braucht es die Anerkennung und Liebe dessen, was uns jetzt gerade geschieht. Egal, wie schlimm es gerade ist, das, was jetzt geschieht ist **der** Schlüssel zur Veränderung zum Positiven.

Es ist wie eine Stufe, die einem den Halt gibt, um über das Hindernis zu klettern.

Das, was geschieht ...
Je länger ich erforschte, wie Heilung funktioniert, desto mehr konnte ich beobachten, dass wir Menschen uns selbst krank machen, indem wir von dem weggehen, was gerade jetzt geschieht.

Doch die Impulse der Seele scheinen sich am direktesten in dem auszudrücken, was einem Menschen in jedem Jetzt von selbst geschieht. Es ist wie ein Spiegel, in den wir nur zu blicken brauchen, um unseren ureigenen Weg zur Heilung zu finden.

Es ist ein bisschen wie in der Homöopathie: Wir brauchen Information über unser Innerstes, um zu heilen. Und unser Innerstes spiegelt sich in dem, was uns von außen geschieht. Wenn wir das achten, bejahen, erspüren, kommen wir unseren tiefsten Seelenimpulsen „auf die Spur".

Deshalb sind das bewusste Wahrnehmen und das Ja zum Jetzt so wesentlich für die Gesundheit eines Menschen.

Gib Liebe hinein …!
Egal, was das Leben bringt: es gibt eine eigentlich recht einfache Regel, um es zum Guten zu wenden:
Geben Sie Liebe in das hinein, was Ihnen geschieht.

 **UE: Lieben, was ist … –
egal, wie „sch…" es gerade ist.**

Lesen Sie das in diesem Kapitel Beschriebene nochmals in Ruhe und nehmen Sie sich die nächsten Stunden oder Tage vor, **zu üben, alles, was Ihnen geschieht, zu bejahen und mit Liebe zu erfüllen.** Jede Kleinigkeit, jedes Schöne und jedes Schlimme.
Erinnern Sie sich daran, dass Leben immer Licht und Schatten ist und üben Sie, den Schatten wie das Licht in Ihrem Leben zu bejahen. Durchdringen Sie beides mit Ihrer Liebe – **ganz besonders, wenn Sie mit den Schattenseiten Ihres Partners konfrontiert werden oder mit Ihren eigenen.**

12.5. Der Schmerz als Sprungbrett zur Transformation

Jeglicher Schmerz – ob seelisch oder körperlich – kann als Sprungbrett genutzt werden, um sich selbst und die eigene Beziehung auf eine höhere Schwingungsebene zu katapultieren.

Normalerweise vermeiden wir Schmerz, versuchen ihm auszuweichen, indem wir fliehen oder kämpfen, d.h. unserem Partner ausweichen, uns verbarrikadieren oder ihn angreifen, manipulieren, unter Druck setzen etc.
All dies führt nur zu Beziehungsdramen und/oder Erstarrung der Lebendigkeit in einer Beziehung.

In dem Moment aber, in dem wir uns bewusst werden, dass all dies nicht funktioniert und uns entscheiden, den „Schmerz zu nehmen", werden die „Würfel neu gemischt", d.h. wir setzen völlig neue Impulse in unserer Partnerschaft.
Wir können die Gründe für diesen Mechanismus natürlich tiefer erforschen, so wie ich es getan habe, zum Beispiel durch Reinkarnationstherapie, aber dies muss nicht sein. Es genügt, wenn wir begreifen, dass der alte Mechanismus „Flucht oder Kampf" nur Dramen produziert.

Das Vorgehen ist eigentlich ganz einfach und doch oftmals so schwer, weil wir einfach nicht mehr gewohnt sind, Schmerzen auszuhalten. Wir sind verweichlicht. Hier hilft folgende Übung, wieder zu mutigen „Kriegern für die Liebe" zu werden:

**UE: Schmerz transformieren:
Zum Krieger werden für die Liebe**

1) **Bejahen des Schmerzes** ohne Gegenwehr oder Ausweichen: z.b. auf „Ja" ausatmen, den Boden unter den Füßen und/oder dem Gesäß spüren und „hierbleiben".
2) **Verankerung in der Erde**: Stellen Sie sich vor, wie Sie durch Ihr Steißbein in die Erde hinein Wurzeln schlagen bis zum Erdmittelpunkt und aus diesem glühenden Magma-Kern Kraft aufnehmen.
3) **Öffnung zum Himmel/zu Gott**: Entspannen Sie Ihren Körper und vertrauen Sie sich dem Göttlichen an, öffnen Sie sich durch ihr Schädeldach nach oben und spüren Sie die Verbindung zur Unendlichkeit.
4) **Durchatmen der Inkorporierung**:
   Einatmung Himmel-Körper-Erde: Atmen Sie durch den Scheitelpunkt in den Körper ein und durch den Schmerz hindurch, durch die Fußsohlen wieder hinaus in die Erde hinein bis zum Erdmittelpunkt. Bejahen Sie dabei aus vollem Herzen die Verkörperung Ihrer Seele in diesem Körper, die Aufgaben, die Ihre Seele in dieser Materie umsetzen will und lassen Sie sich von ihren Seelenimpulsen tragen.
   Ausatmung Erde-Körper-Himmel: Lassen Sie die Ausatmung zurückfließen, ganz von selbst, vom Erdmittelpunkt durch die Fußsohlen in den Körper, hindurch durch den Schmerz, hinaus durch den Scheitelpunkt und hinauf in die Unendlichkeit.

Und geben Sie sich dabei diesem In-einen-Körper-Kommen Ihrer Seele hin, lassen Sie los und lassen Sie sich tragen.

Indem wir uns anbinden an die Körperlichkeit, an die Menschen, an die Erde, heilen wir, da wir genau deshalb hier sind: Unsere unverletzbare Seele, kommend aus der Unendlichkeit, wollte Erfahrungen machen in dieser Welt der Polaritäten aus Freud und Leid.

12.6. Lieben Lernen
= Groll loslassen Lernen durch Vergeben

Oft haben sich in einer langjährigen Beziehung Groll, Wut und Enttäuschung breitgemacht und versperren dem Paar den Weg zueinander.

Doch Ent-Täuschung ist ein heilsamer Prozess, weil wir einander besser erkennen und die Wahrheit sich durchsetzt, die die Basis für echte Liebe ist.
Und Ent-Täuschung hat immer auch mit Hoffnungen und Konzepten zu tun, die der andere nicht erfüllt hat, weshalb hier auch die unter 12.2. erwähnten Übungen zum Thema „Sind wir nicht alle ein bisschen ... Aliens?" helfen.

Die unten stehende Übung hilft, die Luft wieder „zu reinigen" und ist gut geeignet für den regelmäßigen „Hausputz" in der Beziehung.

♥ **UE: „Aus Liebe über den Groll hinauswachsen"**
Suchen Sie sich einen ruhigen, sicheren Platz, in dem Sie für ein bis zwei Stunden ungestört sind und auch lauter sein können. (Wenn die Wohnung zu klein ist, können Sie einfach Musik aufdrehen, die zu Ihrer momentanen Stimmung passt, sodass man sie draußen nicht hört und Ihre Privatsphäre gewährleistet ist.)
Stellen Sie sich Ihren Partner vor und **nehmen Sie wahr, welche „alten Kamellen" Sie ihm immer wieder vorhalten** oder was Sie momentan an ihm häufiger „aufregt", traurig oder wütend macht.

Visualisieren Sie diese Dinge in einer dunklen Wolke und **öffnen Sie Ihr Herz dieser dunklen Wolke.** Spüren Sie den ganzen Schmerz, die alten Verletzungen, den Groll und atmen Sie tief hindurch – von Ihrem Herzen in den Groll und wieder zurück. Sprechen Sie, weinen Sie, schlagen Sie – was immer Ihnen guttut, um die Emotionen fließen zu lassen. Vielleicht möchten Sie auch einfach mit Wachsmalkreiden ihre Emotionen aufs Papier bringen.

Wichtig: **Tun Sie es in Liebe zu sich selbst** und in Achtung vor Ihren Gefühlen.

Bleiben Sie dabei, bis die Gefühle abebben – oder wenn es endlos erscheint, beenden Sie und versprechen Sie sich selbst, sich morgen wieder Raum für Ihre Gefühle zu geben.

Dann **öffnen Sie sich** mit Ihrer Vorstellungskraft **in Ihren Fußsohlen zur Mutter Erde hin** und atmen Sie ruhevolle Kraft durch die Fußsohlen ein, und mit der Ausatmung lassen Sie die dunkle Wolke durch Ihr Herz und Ihren Körper hinab, durch die Füße in die Mutter Erde fließen. Geben Sie bewusst die Last ab und lassen Sie Dankbarkeit dafür entstehen, dass Mutter Erde all dies aufnimmt.

Öffnen Sie sich jetzt in Ihrem Schädeldach und atmen Sie mit jeder Einatmung Licht in Ihren Körper ein bis hinunter in die Zehenspitzen. Lassen Sie Ihren ganzen Körper sich mit Licht erfüllen.

Stellen Sie sich nun Ihren Partner vor: Lassen Sie jetzt das weiterhin mit der Einatmung einströmende Licht mit der Ausatmung durch Ihre Herzmitte zu Ihrem Partner hinströmen. **Erlauben Sie, sich zu verströmen – in Liebe.**

12.7. Der beziehungsgefährdende „Freischuss-Schein"

 Jedes Mal, wenn wir in unserem Zorn „weit über das Ziel hinausschießen" und unseren Partner ernsthaft psychisch oder körperlich verletzen, geschieht in unserem Inneren in etwa folgender Ablauf:
Zunächst erleben wir überwältigend starke negative Gefühle, für deren Ursache wir den anderen halten. Wir sagen uns so etwas wie: „So darf er mich nicht behandeln! Wenn er so schlecht mit mir umgeht, dann muss ich ihm zeigen, dass es so nicht geht und habe das Recht ihm ‚ordentlich eins zu verpassen'!"
Diese Selbst-Erlaubnis zur Aggression nenne ich den „Freischuss-Schein", da es diese Selbst-Rechtfertigung ist, mit der wir uns erlauben, gemein zu werden.
Sicherlich, wir tun dies, weil wir momentan überschwemmt werden von negativen Gefühlen.
Nur – das Drama, das hierauf folgt, ist ein Staffettenlauf von weiteren Aggressionen und Verletzungen, die sich gegenseitig hochschaukeln bis zur völligen Eskalation und/oder völligen Verhärtung. Dies hilft uns gar nicht.

Aber, was ist wirklich los? Wir selbst sind in Not und brauchen Hilfe – und Aggression gegen den anderen hilft uns hier gar nicht, sondern führt zu einer kurzen Scheinerleichterung, auf welche dann das große Drama folgt.

Was uns wirklich helfen würde, wäre, die Ursache der überschwemmenden Gefühle in unserem eigenen Inneren zu klären. Hier ist häufig Innere-Kind-Arbeit sehr hilfreich, aber auch die folgende 4-Schritte-Übung:

 **UE: Die 4-Schritte-Übung**
1) Ja-Sagen zu dem, was ist, d.h. was gerade passiert und was wir gerade fühlen – auch, wenn es uns komisch, kindisch, seltsam oder vielleicht sogar verrückt vorkommt.
2) Mit allen Körpersinnen erspüren, was ist. Das bedeutet, unser Bewusstsein im Körper auszu-dehnen und uns zu erlauben, alles wahrzunehmen, was in unserem Inneren und im Raum mit dem anderen spürbar ist.
3) Durchatmen, was ist. Gefühle werden bedrohlich, wenn wir uns gegen sie verspannen. Dann fühlen wir uns unter enormem Druck – wie im Dampfkochtopf. Wenn wir die Atmung wieder fließen lassen, kommen auch die Gefühle wieder in Fluss und fließen einfach durch uns hindurch. D.h. die Atmung hilft, auch sehr starke und unangenehme Gefühle in einen sanfteren Fluss zu bringen.
4) Hineinentspannen in das, was ist. Das größte Problem bei brenzligen Situationen scheint zu sein, dass wir fliehen wollen: entweder „einfach nur weg" oder indem wir den anderen angreifen, um die unangenehme Situation mit ihm „wegzumachen". Deshalb ist es das kraftvollste Heilmittel für alle zwischenmenschlichen Konflikte, zu üben, sich genau in diese unangenehme Situation mit dem anderen hinein zu entspannen und sich darin körperlich weit zu machen.

12.8. Sich vor neuen Verletzungen und unseligen Verquickungen schützen

Vor allem Frauen, aber auch immer mehr Männer, glauben unbewusst, sich in einer Partnerbeziehung aufopfern zu müssen, alles hinnehmen zu müssen – aus Liebe. Aber hier wird Liebe mit Selbst-Aufopferung verwechselt.
Wahre Liebe verletzt nicht – auch nicht sich selbst.

Aber wie unterscheide ich, wo ich eine Grenze setzen muss und wo nicht? Wo bin ich nur verletzt, weil mein Partner meine alten Wunden trifft und wo übertritt er meine Grenze?
Dies ist eine schwierige Frage und die Grenze wahrlich schwer zu ziehen.

Am sichersten kann diese Unterscheidung über das Erlernen präziser Körper-Innen-Wahrnehmung gelingen. Es geht um das Loslassen-Lernen von Denkkonzepten, da wir uns hier schnell selbst etwas vormachen können. Folgende Übung kann einen Beitrag dazu leisten.

UE: Abgrenzung lernen – in Liebe
Stellen Sie sich aufrecht hin, die Füße etwas mehr als hüftbreit und heben Sie die Arme seitlich in die Waagerechte.
Nun **beschreiben Sie mit Ihren Händen einen Kreis um sich**, ertasten Sie den Raum um sich, bewegen Sie Ihre Finger und spüren Sie den Raum mit Ihren Fingern:
Das ist Ihr Raum, Ihr Territorium!

Üben Sie das Öffnen und Schließen Ihres Territoriums mit den Händen, als würden Sie die Flügeltüren eines Altars öffnen und schließen.
Und nun tasten Sie über Ihre Haut bzw. die Kleidung und nehmen Sie diese Grenze Ihres Ichs zur Umwelt wahr. Alles was sich innerhalb Ihrer Haut befindet, sind Sie, ist Ihr Ich. Hier darf nur das hinein, was Sie entscheiden, hereinzulassen. Sagen Sie laut „Ich" und lassen Sie es in Ihrem Körperinneren hallen.
Stellen Sie sich andere Menschen draußen vor mit ihren angenehmen und unangenehmen Seiten und experimentieren Sie damit, sich mehr zu öffnen und wieder mehr zu schließen.

Wann immer es **in Ihrem Körper eng wird**, handelt es sich um **Angst**. Dann ist es am besten, zunächst die eigene, innere Haltung zu verändern und aus der Angst wieder herauszutreten, da jegliches Handeln durch die Angst verzerrt wird.

Wann immer Sie sich in Ihrem Körper **angenehm weit und klar fühlen**, dürften Empfindungen von „Das will ich nicht!" relativ sicher **Ihre eigenen Seelenimpulse** ausdrücken. (Durch die Anbindung an den eigenen konkreten Körper, ist auch die Beeinflussung durch die Energien anderer Menschen sehr stark reduziert.)

13. Konkrete Heilungsstrategien

13.1. Das eigentliche Problem
Oder: Warum es für uns so schwierig ist, eine erfüllende und glückliche Partnerschaft zu leben

Unser Ego kann sich einfach nicht vorstellen, mit einem anderen Menschen – und auch noch einem vom anderen Geschlecht – zu einer Einheit zu werden, ohne dass einer unterdrückt wird oder sich selbst unterdrücken muss.

Deshalb werden wir immer, sobald Schwierigkeiten auftauchen, Angst bekommen, die Partnerschaft zerbricht.
Und deshalb haben wir auch keine Bewältigungsfähigkeiten für dieses Eins-Werden entwickelt.

Doch: Wir können das trainieren.
Der erste Schritt ist, wieder zu lernen, uns eine Verbindung der Gegensätze zu einer Einheit überhaupt einmal vorzustellen, z.B. durch folgende Übung:

UE: Gegensätze verbinden – in Liebe

 Setzen oder legen Sie sich an einen gemütlichen Platz, an dem Sie die nächste halbe Stunde sicher ungestört sind. Sorgen Sie dafür, dass kein Telefon klingelt, keiner zur Tür herein kommt etc.
Schließen Sie die Augen, lassen Sie Ihren Körper hinuntersinken auf die Unterlage und genießen Sie das Getragen-Werden vom Untergrund.

Stufe 1: Tag und Nacht
Stellen Sie sich einen hellen Frühlingstag vor. Sie können innerlich sehen, wie sich die Sonne im Laufe des Tages über den Horizont bewegt und es zu dämmern beginnt. **Dann wird es Nacht, immer dunkler und dunkler.** Die Zeit vergeht und am Horizont beginnt die Sonne, erneut aufzugehen. **Und der neue helle Frühlingstag beginnt.**

Spüren Sie Ihr Getragen-Werden vom Untergrund, während Sie dieses Kommen und Gehen von Tag und Nacht vorbeiziehen lassen und selbst in der Ruhe verbleiben.

Stufe 2: Werden und Vergehen
Stellen Sie sich eine Frühlingswiese vor und **beobachten Sie, wie das Gras wächst**, die Blütenknospen wachsen, sich öffnen, sich immer weiter öffnen und schließlich abfallen. **Der Herbst kommt, alles wird brauner, farbloser, bis der Winter eine kalte Schneedecke über die Wiese legt.** Dann kommt wieder die Sonne, der Schnee taut und die Wiese beginnt von Neuem zu sprießen.

Nehmen Sie diesen Kreislauf aus Werden und Vergehen von Ihrem sicheren Platz aus wahr und lassen Sie sich immer tiefer ein auf dieses Kommen und Gehen.

Stufe 3: Freud und Leid
Stellen Sie sich vor, **Sie fliegen mit einem Heißluftballon und blicken herab auf Ihr eigenes Leben.** Sie sehen die guten Zeiten und die schlechten. Sie nehmen die guten Gefühle in Ihrem Körper ebenso wahr wie die schlechten. **Erlauben Sie diesen Fluss des Lebens. Sie können sich tragen lassen.**

Lassen Sie sich atmen, machen Sie sich weit und überlassen Sie sich diesem Fluss des Lebens.

Stufe 4: Männlich und Weiblich –
Hand in Hand
Stellen Sie sich vor, **Sie stehen neben Ihrem Partner und halten einander bei der Hand**:
die Frau (bei homosexuellen Paaren: der weiblichere Part) auf der rechten Seite und der Mann (bei homosexuellen Paaren: der männlichere Part) auf der linken.
Der männliche Part trägt mit seiner rechten Hand die linke Hand des weiblichen Parts.
Lassen Sie Ihre Hand als Frau tragen, geben Sie sich ihm hin.
Und als Mann: Richten Sie sich auf und spüren Sie die Kraft, die Aufrichtigkeit und Stärke in Ihrem Inneren.

Erleben Sie sich als zwei Pole einer Ganzheit. Erlauben Sie sich, dieses Zusammenspiel zu genießen. Es ist perfekt geschaffen für eine lustvolle und erfolgreiche Teamarbeit.

Stufe 5: Männlich und Weiblich –
aufrechte Stärke und flexible Hingabe
Stellen Sie sich vor, **Sie stehen als Frau/weiblicher Part vor Ihrem Mann/männlichen Part.**
Er legt die Hände an Ihre Schultern und stellt sich aufrecht und gut verwurzelt hin, sodass er Sie halten kann, wenn Sie sich zurücklehnen.

Lassen Sie sich nun auf sein Kommando hin sanft mit Ihrem ganzen Körper aufrecht zurücksinken in seine Arme. Üben Sie, sich wirklich tragen zu lassen von ihm. Mäkeln Sie nicht an ihm herum. Nehmen Sie, was er Ihnen gibt.
(Bitte dabei nicht in sich zusammensacken, sonst muss er sie hochziehen, sondern sich einfach mit gestrecktem Körper nach hinten fallen lassen.)

Stufe 6: Männlich und Weiblich –
Führen und Sich-führen-Lassen
Standard-Tanzen mit Einzeltrainer oder im Tanzsportclub mit Schwerpunkt auf der Schritt- und Haltungstechnik oder **Argentinischer Tango**.
(In den Tanzschulen werden zumeist zu viele Figuren gelehrt, sodass die wirkliche Fuß- und Haltungstechnik normalerweise zu kurz kommen.)

13.2. Die Vision macht's!

Eine – ich möchte fast sagen – die wesentlichste Strategie zur Lösung von Paarproblemen ist es, die richtige Vision zu verfolgen. Es ist eine Ausrichtung nötig, die nicht in die Egozentrik mündet, die nicht die in unserer Gesellschaft vorherr-schende Konsumhaltung fördert, die weder die eigene Persönlichkeit unterdrückt noch die des Partners. Eine gute Vision kann für eine Frau sein: **„Ich will lernen, dir eine gute Frau zu sein!"** Und für einen Mann: **„Ich will lernen, dir ein guter Mann zu sein!"** (Vertiefung zu Kap. 12.4.)

Das Pendant zu dieser Vision des eigenen Verhaltens ist es, das Verhalten des Partners zu sehen in seinem Bemühen, ein guter Partner zu sein. Hier gilt es, Achtung und Dankbarkeit zu entwickeln vor seinem Bemühen – egal wie gering es einem (nach den eigenen Maßstäben vom eigenen „Planeten" her) auch momentan erscheinen mag. Und es gilt, genau das annehmen zu lernen als Frau, was er gerade gibt.
Deshalb ist eine gute Vision als Frau zum Verhalten des Mannes:
„Du willst mir ein guter Mann sein, das nehme ich gerne an, und dafür danke ich dir!"
Und eine gute Vision als Mann zum Verhalten der Frau wäre:
„Du willst mir eine gute Frau sein, das nehme ich gerne an, und dafür danke ich dir!"

Es geht also darum, nicht so sehr das Verhalten des anderen zu sehen und zu bewerten, sondern sein Bemühen zu achten – denn dieses hebt die Energie der Beziehung heraus aus den Verhaltensfehlern, psychischen „Hängern" in das gemeinsame

Streben nach dem Eheglück. Wir müssen Partnerschaften herausheben aus dem Analysieren psychischer Defizite, dem Trainieren von Verhaltensfähigkeiten in die Rückverbindung zu den Naturgesetzen – dann wird Ehe wieder einfacher und vor allem dauerhafter und beglückender.

13.3. Heilende Paarkommunikation: Heilung durch BE-Ziehung

Das große Problem in der Paarkommunikation ist – wie oben schon erwähnt –, dass das Ego des Menschen sich eigentlich kein WIR vorstellen kann. Ganz schnell wird im Gespräch daraus ein Gegeneinander oder ein Unterdrücken einer Person, evtl. auch der eigenen und man beginnt sich etwas vorzumachen.
Hierzu ist es hilfreich, einfach nur das Eigene aussprechen zu lernen und das des Anderen hören und verstehen zu lernen. Die Liebe ist es, die dann die Brücke schlagen kann, wenn wir uns von den Worten des anderen berühren lassen, aber auch unseren eigenen Standpunkt in Liebe vertreten.

Konzept:
Jeder Mensch ist gleichwertig. Beziehung gelingt, wenn Menschen einander in ihrer Unterschiedlichkeit in Liebe und Toleranz „begegnen", statt zu versuchen, sich mit Strategien, wie z.B. „Ich tue ganz viel für dich" Liebe zu erkaufen oder Streit durch Selbstunterdrückung zu vermeiden: Es geht um das WIR, die Verbindung von Ich und Ich in Liebe, denn Liebe ist das Einzige, das Unterschiede überbrücken kann.
Schwierigkeiten entstehen in langjährigen Partnerschaften durch
- ➢ **Schubladen-Denken**: Man steckt den anderen, die Beziehung in selbstgebildete Konzepte und wiederholt so das gedachte Muster im Sinne einer selbsterfüllenden Prophezeiung, anstatt durch Begegnung miteinander in jedem Jetzt ein neues Wir zu entdecken.
- ➢ **Kuhhandel-Strategien** nach dem Prinzip: „Ich tue dies, damit du das tust."

> **Kontrolle des Verhaltens des Anderen und Forderungen**, weil dies die Entwicklungsfreiheit des Einzelnen beschneidet. Hintergrund ist meist aus einem Minderwertigkeitsgefühl, da man nicht glaubt, als Mensch mit seinem Bedürfnis Gehör und Erfüllung zu finden.

In Wahrheit erfüllen Menschen gerne einander ihre Bedürfnisse und Bitten, einfach weil dies wohltut.

 UE: Hilfreiche Gesprächsregeln:

- **Ich-Wahrnehmungen statt Du-Forderungen und Du-Vorwürfe**: Ich spreche von mir als Mensch mit meinen Gefühlen und Bedürfnissen.
- **Konkret statt Konzept**: Ich bleibe am konkreten Beschreiben von Vorgängen und versuche, meine Vermutungen, Konzepte und Interpretationen beiseite zu lassen.
- **Jetzt**: Mit der Argumentation im Jetzt bleiben und nicht verallgemeinern nach dem Motto: „Weil du immer …" oder „Nie machst du …"
- **Pausen-Atmung**: Ich mache eine Pause, entspanne mich und atme, wenn ich die Kontrolle verliere und einfach nur noch schimpfe, fordere und den anderen mit Konzepten überschütte.

Die Gefahr bei diesen Kommunikationsmethoden ist, dass man sich gemeinsam mit dem Partner auf eine intellektuelle, ungefährliche Höhe schwingt, in welcher zwar die Streite bewältigbar werden, aber gleichzeitig die *Elementare Geschlechterkraft* schwindet bzw. nicht mehr herausgefordert wird, weil man sich über intellektuelle Strategien am *Existentiellen Punkt* vorbeimogelt.

Deshalb möchte ich nochmals daran erinnern:
Die Kräfte, die zwischen Liebespartnern entstehen, sind nach dem Überlebenstrieb die stärksten menschlichen Kräfte, denn sie wurden von der Natur entwickelt, um die menschliche Art zu erhalten, die Bindung zwischen den Partnern zu fördern und so ein gutes Aufwachsen des Nachwuchses zu gewährleisten.
Da wir in unserer modernen Kultur für diese Kräfte keine Bewältigungsfähigkeiten, Regeln oder andere Umgangsformen mehr entwickeln, versuchen wir sie zu vermeiden.
Deshalb vermeiden viele Paare die existentielle Begegnung in der Partnerschaft oder bleiben in verzweifelten Streit-Eskalationen hängen – beides führt zum Erstarren der Partnerschaft, da sich immer mehr leidvoller Druck aufbaut, der irgendwann zum Bruch oder zu einem Leben in Distanz führt.

Aus diesem Grund braucht es eine Form des Paar-Dialogs, die dieser enormen Paarkraft einen „guten Rahmen" gibt und den Partnern hilft, ihre inneren Wahrheiten zu einer gemeinsamen Wahrheit zusammenzubringen. Das Feuer muss also eher angefacht als „heruntergekühlt" werden.
Deshalb entwickelte ich die unten beschriebene Form des Paar-Dialogs mit besonders kurzen Sequenzen, in welchen der eine Partner spricht und der andere das Gesprochene wiederholt, um die Begegnung zwischen den beiden Liebespartnern wieder heilend und entwicklungsförderlich werden zu lassen.

Dieser Paar-Dialog sollte zunächst über ca. 5 Sitzungen mit TherapeutIn eingeübt werden, um einen Fehlschlag aufgrund des Nichteinhaltens der Regeln zu vermeiden. Regelmäßig angewandt kommt es bei vielen Paaren allein durch diese Methode sehr schnell zu einer Linderung ihrer Probleme. Doch das ist nur die oberste Schicht der Paarproblematik: Vor allem bei über Jahre angestauten Paarproblemen rate ich dringend zu 10 bis 15 Sitzungen Paartherapie – einfach aus der Erfahrung heraus, dass bei einem Paar unter dem offensichtlichen Problem immer noch ein „ganzer Rattenschwanz" zu klären ist, damit es wirklich gut wird. Aber es lohnt sich. Eine infizierte Wunde wird ein guter Arzt auch nicht zu früh schließen.

UE: Der „Wahre-Liebe-Dialog" zum Liebe-Leben-Lernen

Denn es braucht Liebe, Wahrheit und Disziplin, um die Liebe und Sexualität über die Jahre lebendig zu erhalten.
Das Paar verabredet sich zur Einhaltung folgender Disziplin zum Wohle seiner Partnerschaft:
- 2 x 10 Minuten, später 2 x 20 Minuten pro Woche der „Wahre-Liebe-Dialog", bei viel Übung helfen auch 2 x 30 Minuten – länger aber keinesfalls, da es sonst zu einer Überforderung in der Konfrontation mit intimen Wahrheiten kommt.
- Ungefähre Zeitvereinbarung (z.B. Mittwoch abends und Sonntag spätvormittags), dann rituelle Frage: „Ich möchte heute gerne/Können wir um ... Uhr den Wahre-Liebe-Dialog machen?"
- Den gesamten Dialog aufnehmen mit Handy, Diktiergerät etc., um die Disziplin zu fördern.

- Der Partner, der normalerweise nicht zu Wort kommt, beginnt in der Rolle des „Redners" und erzählt, was ihm gerade in der Partnerschaft wichtig ist oder womit er Probleme hat.
  Der andere Partner ist in der Rolle des „Hörers" und versucht zu verstehen, ohne zu antworten oder dagegen zu argumentieren. Er fasst nach jedem Gedanken zusammen bzw. fragt nach, bittet um Erläuterung, wo er nicht versteht.
- Wichtig ist, jeweils nach 3 bis 6 Sätzen zusammenzufassen, und den Partner, wenn er länger redet, zu unterbrechen, damit der „Redner" nicht in einen häufig unkonstruktiven Monolog gerät, der sich verselbstständigt und die aufgestauten Gefühle unkontrolliert fließen lässt.
- Von den eigenen Wünschen und Problemen sprechen, auch von der eigenen Wut (es müssen nicht immer nur die sog. „Ich-Botschaften" sein, es sollte aber nicht in einem Dauerschimpfen enden).
- Das Zuhören-Lernen und den anderen wirklich Verstehen-Wollen ist am Anfang sehr anstrengend und bedrohlich, weshalb es zunächst mit Therapeut und „in homöopathischer Dosis" eingeübt werden muss, um hilfreich zu sein und nicht in einer Eskalation zu enden.
- Die Möglichkeit und Disziplin, 10 bis 30 Minuten mit Zusammenfassungen nach jedem Gedanken zu sprechen, vertiefen das eigene Verständnis von sich selbst. Zudem ermöglichen sie ein präziseres Aus-drücken der eigenen Wünsche und Probleme in der Partnerschaft ohne die übliche unkontrollierte Verselbstständigung, wenn man sich „in Rage redet". Auch Paaren, die das Reden

vermeiden, hilft diese Disziplin, weil sie Raum gibt, in der Gegenwart des Partners nach innen zu lauschen und mit seiner Hilfe das Erspürte als Potenzial in die Partnerschaft einzubringen.
- Die Möglichkeit und Disziplin, 10 bis 30 Minuten wirklich zuhören zu lernen, fördern nicht nur die Liebesfähigkeit enorm. Sie verhelfen auch zu einem Tiefenverständnis für den Partner, das es immens erleichtert, mit dessen Schattenseiten umgehen zu lernen.

Viele Paare verlieren sich in verzweifelten Streiten, können aber ihre innersten Wünsche dann doch nicht so transportieren, dass der Partner es auch annehmen und umsetzen kann – und damit auch ein Erfolgserlebnis hat zum Wohle der Partnerschaft.
An diesem Punkt ist folgende Übung hilfreich:

 UE: „Die 3 Wünsche":
Ein neues Miteinander finden

Beide nehmen sich allein für sich – oder auch gemeinsam mit ihrem Therapeuten – Zeit, herauszufinden, was sie sich wirklich elementar in der Partnerschaft von ihrem Partner wünschen, was wirklich zu ihrem Glück in der Partnerschaft beitragen würde. Von diesen Wünschen wählen sie die drei wichtigsten aus und schreiben sie auf ein schönes Kärtchen, verzieren es mit Liebe und überreichen es gemeinsam bei einem schönen Essen und Kerzenschein im Namen der Liebe.
Wichtig hierbei ist: Es ist einfach ein Ausdruck der Wünsche. Kein Partner muss es erfüllen – im Gegenteil; er ist völlig frei im Umgang damit. Es geht nur darum, dass jeder die Wünsche des

anderen auf eine „ungefährliche" Art und Weise vom Partner vermittelt bekommt und diese in Freiheit und Liebe in sich wirken lassen kann.

Fast immer entwickelt sich hieraus langfristig eine deutliche Verhaltensänderung.

13.4. Heilung am *Existentiellen Punkt*

Die Menschen gehen in eine Paartherapie, weil sie etwas ganz furchtbar in ihrer Partnerschaft oder an ihrem Partner finden. Das sollen wir Therapeuten verändern. Und zumeist läuft es doch irgendwo darauf hinaus, dass der Partner sich ändern soll oder das Problem weggehen soll.

Wir Paartherapeuten haben hier viel versucht, das Miteinander eines Paares zu optimieren, den Menschen Bewältigungsfähigkeiten für ihr Leben beizubringen, um weniger ungute Stimmungen in eine Partnerschaft hineinzutragen etc. – DOCH es veränderte das Grundthema nicht oder nur wenig. Das ist der *Existentielle Punkt*, an den einfach jede Partnerbeziehung heranführt. Wir kommen nicht darum herum. Und eine Partnerschaft wird nur besser, wenn wir uns täglich von Neuem diesem Punkt in Liebe stellen.

Vgl. Kap. 5: „Und der Punkt, an dem wir trotz unserer inneren Widerstände und Ängste über die Begrenzungen unseres Egos hinauswachsen – das ist der *Existentielle Punkt*."

Der *Existentielle Punkt* ist derjenige, der einen am Partner am meisten aufregt, am meisten verletzt und am meisten zum „Davonrennen" bringt.
Dieser Punkt ist der Ort der größten menschlichen und spirituellen Weiterentwicklung: **Diesen Punkt gilt es lieben zu lernen.**

Das heißt: Unser Partner fungiert hier als Trainingspartner, der uns eine schier unlösbar erscheinende Aufgabe im Lieben-Lernen stellt. Es ist hier wie im Märchen oder wie bei einem

Einweihungsritual der nordamerikanischen Indianer: Das Untier will uns töten, doch das ist nur der Schein. Es tötet nur einen Teil unseres Egos, unseres Bildes von uns selbst. In Wirklichkeit geht es um die Prüfung unserer Tapferkeit und unserer Reinheit im Lieben-Lernen-Wollen:
Wenn wir „falsch" sind, kleinmütig und egoistisch (Vgl. das Märchen von Goldmarie und Pechmarie. – Nur zur Erläuterung: Hier ist die Pechmarie die Kleinmütige!), dann scheitern wir an dem Schatten des Partners.

Wenn wir diesen Punkt jedoch „sportlich" als Herausforderung sehen und genau an diesem Punkt mit unserer inner-seelischen Stärke „dranbleiben", dann wird aus dem Untier ein Königssohn oder eine Prinzessin wie in den Märchen „Froschkönig", „Die Schöne und das Biest" u.v.m.

13.5. Sex als Therapie?! – Am Sex scheiden sich die Geister ...

In der Entwicklung der Sexualität des Menschen scheint es mehrere Stadien zu geben:
- Zunächst wurde es über Jahrtausende hinweg „einfach gemacht". Es wurde nicht lange danach gefragt, ob man Lust hatte oder nicht. Es gehörte dazu, war Trieb.
- Dann gehörte es zur Ehe, war eheliche Pflicht, welche von der Bibel und dem Papst vorgegeben war.
- Mit der Emanzipation der Frau wurde erstmals bewusst, wie sehr die Frauen in der Sexualität benutzt, gequält und ihr Leiden in Beziehungen verharmlost worden war. Die Lösung war da: Sex nur bei Lust, und die Frauen nahmen ihre Unlust ernst – zumindest viele, aber nicht alle.
- Auch die Männer begannen jetzt, ihre Unlust ernster zu nehmen. Sie stellten fest, dass auch sie nicht immer Lust hatten und dass der Trieb beileibe nicht so treibend war.
- Langsam und sachte stellte sich das große Problem unserer Neuzeit ein: die Lustlosigkeit. Immer mehr Paare schlafen kaum oder gar nicht mehr miteinander.

Die Paartherapie hat hierzu noch keine Lösungen, aber viele Ursachen gefunden. Eine der wesentlichsten Ursachen scheinen Ressentiments zu sein, d.h. diese kleinen, irgendwie gar nicht so richtig bewussten vielen Gründe, warum wir den anderen gerade nicht mögen, ihn oder sie nicht an uns heran kommen lassen wollen, ihm zeigen wollen, dass wir nicht einverstanden sind mit seinem oder ihrem Verhalten etc.

Aber wozu führt dieses „Nicht-Wollen"? Im Endeffekt drückt es aus: Ich will Dich so nicht! Und das ist genau betrachtet das Aus der Beziehung. Dies ist wichtig, sich bewusst zu machen: Diese „kleinen Neins" sind nicht etwa Kleinigkeiten, sondern jedes Mal von Neuem ein Nein zum Partner statt ein Verfolgen des Eheversprechens „Ja, ich will (dich zu meinem Mann/dich zu meiner Frau)". Und warum? Nur weil uns irgendetwas stinkt! Ist es das wirklich wert? Sind wir uns bewusst, dass wir hiermit Stein um Stein eine Mauer zwischen uns bauen, die das Ende bedeutet?

Bezüglich der Häufigkeit konnte ich bei den Paaren beobachten, dass eine Art Hemmschwelle entsteht, sobald das Paar länger als eine Woche nicht mehr miteinander schläft. Das heißt, es wird für beide schwerer, sich wieder auf Sex miteinander einzulassen. Solange beide hier mutig bleiben und diese Hemmschwelle überwinden, ist das noch kein so großes Problem. Sobald sie jedoch zu denken anfangen, sie würden den Partner nicht mehr so richtig begehren oder gar lieben, wird diese Hemmschwelle zur inneren Begründung, sich dem Sex zu entziehen.

Nur: Sex hat tatsächlich eine heilende Wirkung, denn:
- Das Paar ist sich *nah und dabei nackt* – körperlich und seelisch, sodass die Masken losgelassen werden müssen. Der Mensch kommt bei seinem Menschsein an.
- Es ist *„ineinander", körperlich eins* – und aufgrund der Parallelität von Körper, Seele und Geist damit auch seelisch und geistig eins.
- Die Atmung wird tiefer, schneller und intensiver, wodurch *Spannungen, Hemmungen und verdrängte Gefühle durchatmet und gelöst werden*. Häufig kommt es dadurch auch zu Gefühls-ausbrüchen.

Körpertherapeutisch betrachtet ist also Sex eine gemeinsame Körper-Psycho-Therapie-Sitzung für das Paar.

UE: Sex als Therapie

Üben Sie, einmal pro Woche sexuell auf Ihren Partner zuzugehen und willigen Sie ein, wenn er auf Sie zugeht – auch wenn Sie „keine Lust" haben.

Es geht nicht um Lust, es geht ums Lieben-Lernen, d.h. um ein Überwinden der „Ego-Mauern".

Lieben Sie sich selbst und lieben Sie Ihren Partner einfach körperlich. Erlauben Sie Ihre negativen Gedanken dabei, kämpfen Sie nicht dagegen an, sondern lassen Sie diese Gedanken einfach wieder los und berühren Sie Ihren Partner mit Liebe.

Wie sagte mein Lehrer Hugo-Bert Eichmüller einmal so schön: „Gefühle sind dumm." Gefühle sind wie der Wind, sie kommen und gehen. Die Fähigkeit, lieben zu lernen, können wir jedoch trainieren und damit wächst die Liebe. Darum geht es beim Sex!

13.6. Beziehungsheilung durch die Frau

Warum „durch die Frau"?
Männer sind mit Beziehungsdingen (Beziehungsgespräche, Beziehungsprobleme, Kindererziehung etc.) schnell überfordert, Frauen sind hier viel ausdauernder. Die Hirn-forschung hat inzwischen gezeigt, warum: Männer haben deutlich weniger neuronale Verschaltungen im sozialen Bereich und die beiden Hirnhälften sind deutlich weniger miteinander vernetzt als dies bei Frauen der Fall ist. Deshalb sind wir Frauen Meisterinnen darin, Psychisches zu analysieren und auszusprechen. Und für die meisten Männer ist das einfach nur anstrengend oder sie hören brav zu, weil sie glauben, ein guter Mann müsse das tun. Doch berührt es sie allzu häufig nicht in der Tiefe, wie es eine Frau berühren würde.
(Schauen Sie bei den Männern, die gerne Beziehungsthemen analysieren und besprechen, genauer hin: Oft sind diese Analysen viel theoretischer und weniger wirksam für die Heilung der Beziehung als die Analysen der Frauen.)

Das Leiden des Paares aneinander hat auch deshalb fast immer etwa folgenden Ablauf – außer bei den Männern, die sehr weiblich sozialisiert wurden:
Dadurch dass in der Partnerschaft die männlichen Aspekte der Aggression, Härte und Egozentrik auf die weiblichen Aspekte der Weichheit, des Aufnehmens und des Mitfühlens treffen, leidet meistens zunächst viel mehr die Frau unter dem Mann als umgekehrt – wohlgemerkt, im Großen und Ganzen betrachtet.

Über die Jahre konsolidiert sich die Frau und ihre Wut wächst. Sie merkt sich all die nicht-liebevollen Verhaltensweisen ihres

Mannes und dreht dann den Spieß um: Jetzt beginnt sie, ganz viel an ihm zu kritisieren, ist nie zufrieden und macht ihm deutlich, was er alles nicht kann.
Zudem neigen Frauen dazu, sehr nachtragend zu sein. Oft gehen Sie das, was ihnen der Mann ihrer Meinung nach angetan hat, immer und immer wieder innerlich durch, bis sie ganz sicher sind, „was für ein Schweinehund" er ist. So „zimmern" sie sich selbst die Berechtigung, ihm „Saures" zu geben: den „Freischuss-Schein" (vgl. Kap. 12.7.). An diesem Punkt können Frauen durchaus und sehr bewusst überaus gemein werden. Männer hingegen behandeln ihre Frauen eher aus anderen Gründen schlecht: meiner Erfahrung nach zumeist aufgrund von Unbewusstheit, Egozentrik und einem Überfordert-Sein durch das Anderssein der Frau. Nur bei Trennungen scheinen einige Männer damit zu reagieren, dass sie den Frauen wirklich Böses wollen – so die Erfahrung in meiner Praxis.

Das einzige funktionierende Mittel, das ich über die Jahre des Forschens finden konnte, ist tatsächlich, dieses Leiden aneinander zu bejahen:
Die Frau wird immer unter der Uneinfühlsamkeit, Aggression oder Egozentrik des Mannes leiden – auch bei einem scheinbar sehr einfühlsamen Mann, denn auch ein weiblich sozialisierter, sehr gesprächsbereiter Mann bleibt doch immer noch ein Mann und behält seine männliche Hirnstruktur.
Und der Mann wird immer darunter leiden, dass er sich der Frau gegenüber ungenügend fühlt aufgrund ihres „Mehr-Wollens", Beziehung-verbessern-Wollens und Emotionales-klären-Wollens.
„Wie bitte?", werden Sie als Frau vielleicht entrüstet sagen. „Wir wollen doch, dass es besser wird. Wir sind doch unzufrieden in

der Ehe. Wieso soll ich es denn ertragen lernen? Es ist doch schon genug schlimm und unbefrie-digend."

Ja, so ist es leider immer: Die Frau leidet eher und existentieller am Mann als der Mann an der Frau. Deshalb leben Männer in festen Paarbeziehungen auch statistisch gesehen um 3,5 Jahre länger als Männer ohne feste Paarbeziehungen. Bei Frauen ist dieser Zusammenhang mit 0,7 Jahren deutlich geringer ausgeprägt. (Pauline K. Robinson, Judy Livingston und James E. Birren (eds.), 1985, Aging and Technological Advances. New York, London: Plenum.)

Was ich auch über die Jahre gesucht und geforscht habe, ich konnte hier keinen anderen Weg finden. Im Gegenteil, ich entdeckte, dass Leiden in allen Kulturen eine wesentliche spirituelle Bedeutung hat: Betrachten Sie die Schmerzen, die sich Eingeborene aller Länder bei spirituellen Ritualen zufügen, betrachten Sie das Leiden Christi, das Leiden der Frauen bei der Entbindung – und betrachten Sie auch die Lust und den Kraftzuwachs der masochistischen Position in sado-masochistischen Sexspielen. Hier muss ein tieferer Nutzen vorhanden sein, und diesen gilt es zu ergründen. Statt im Leid zu versinken und daran zu erkranken, ist es wichtig, dass wir Frauen uns dieses Leiden wieder als Kraftquelle erschließen, denn es ist entscheidend, wie man Schmerz erlebt. Das können Hebammen und Frauen, die sowohl frei als auch zur Rückenlage gezwungen entbunden haben, belegen. Und das konnte ich selbst bei meiner zweiten Entbindung erfahren. (Vgl. Kapitel 3.)

Man kann das Leid als Wachstumsmotor nutzen und man kann im Schmerz entgrenzen, sodass eine Bewusstseinserweiterung stattfindet.

Was Jesus uns bei seinem Kreuzestod vorlebte, zeigte wohl auch, wie er als Mensch den Schmerz nutzte, um einen höheren Bewusstseinszustand zu erreichen, denn er hat nicht etwa die Römer vor Schmerz aggressiv verflucht. Im Gegenteil, er segnete sie, bejahte das Leiden und öffnete sich Gott.

Vielleicht erklärt dies seine Auferstehung: Er erfuhr eine Bewusstseinserweiterung, die ihn als Mensch zum Strahlen brachte. Mag er wirklich gestorben sein und als Geist auferstanden sein – oder mag er nur klinisch tot gewesen sein, zügig vom Kreuz abgenommen worden und tatsächlich gesund gepflegt worden sein, um dann den Jüngern in einem erleuchteten Zustand zu begegnen.

Nach diesen Schmerzen strahlte er vor Licht: Er hatte das Leiden transformiert und dadurch eine höhere Bewusstseinsebene erreicht.

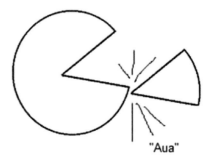

Hier wird ein spiritueller Weg für die Frau aufgezeigt, der auch sexuell anregend wirkt (Vgl. Kap. 10.1.):
FRAU: *„Ich nehme, was du mir gibst – auch den Schmerz."*
Dieser Weg beinhaltet aber viel mehr als ein bloßes Erdulden, das masochistisch wirken würde.

Das Wesentliche ist, dass die Frau ihre psychischen Fähigkeiten einbringt nach dem Motto:

„Aber ich zeige dir auch in Liebe, wie du mich mit den Jahren mehr und mehr glücklich machen und weniger verletzen kannst, denn ich weiß, du willst mir nicht wehtun."

13.7. Versagen – das Damoklesschwert des Mannes in der Beziehung
Potenzstörungen – das zweite sexuelle Hauptproblem der Neuzeit neben der Lustlosigkeit.

Je bedeutsamer der sexuelle Genuss der Frauen beim Sex wurde, umso mehr stieg der Leistungsdruck für die Männer. Jetzt geht es nicht mehr nur um „Können", sondern auch noch um das „Wie?" und „Wie gut?" und am besten noch die Steigerung zu den multiplen Orgasmen oder spirituellen Höhenflügen sowie sadomasochistischen „Einlagen".

Gestatten Sie mir folgende nicht ganz ernst gemeinte Beschreibung der geschichtlichen Abläufe der Beziehungs- und Sexualsoziologie in den letzten 100 Jahren:
Durch die *Industrialisierung* verlor die körperliche Kraft der Männer als lebensnotwendiger Schutz für die Familie und um den Lebensunterhalt zu verdienen immer mehr an Bedeutung.
Mit der *Emanzipation* der Frauen begannen diese mehr und mehr psychisches Miteinander in Partnerschaften einzufordern. So verringerte sich die Machtposition des Mannes immer weiter. Und immer häufiger erlebten Männer sich minderwertig den Frauen gegenüber: All dieses Reden und all diese Beziehungsthemen war einfach nicht das, wofür sie einmal „geschaffen" worden waren.
In der *Neuzeit* kam auch noch die oben beschriebene sexuelle Komponente dazu. Wenn jetzt noch psychischer oder beruflicher Stress oder Ängste auftreten, sind Potenzprobleme bei Männern quasi vorprogrammiert. Das ist einfach zu viel für einen Mann.

Oder, wie es so schön in einem Theaterstück hieß, welches ich vor vielen Jahren einmal gesehen (und leider den Titel vergessen) habe: *„So ein männlicher Organismus ist schnell verschwendet!"*

Frauen können sich hier viel schneller selbst regenerieren. Es ist ein bisschen wie mit der Erregung: Wenn der Mann einen Samenerguss hatte, dann geht nichts mehr oder es Dauert eine Weile, bis er wieder „kann". Die Frau hingegen kann mehrfache Orgasmen hintereinander haben.

Fast immer berichten Männer mit Potenzstörungen über mindestens zwei der folgenden psychischen Problembereiche:
1. ausgeprägte **Leistungsorientierung**
2. ausgeprägtes **Verantwortungsgefühl**
für das Wohl der Frau
3. Schwächung im eigenen Mann-Sein
durch mangelnde Vaterbindung
4. Schwächung im eigenen Mann-Sein
durch mangelnde Achtung und/oder
Belächelt-Werden **seitens der eigenen Frau**
5. Auslöser für die Potenzstörung:
Verlacht-Werden durch eine Frau.

Ich vermute inzwischen, dass deshalb Frauen so viele Jahrtausende lang unterdrückt worden sind: Sie können den Mann psychisch kastrieren und damit entmachten. Dies versuchen die Männer zu vermeiden, indem sie die Frauen „kleinhalten", demütigen, kontrollieren und entmachten, z.B. durch Verbot des Zugangs zu Wissen, Wahlrecht und beruflichen Möglichkeiten. Doch geheilt ist dieses Problem damit natürlich nicht. Man hat die weibliche Kraft nur entmachtet, aber man hat keinen guten Weg für ein gutes WIR in der Partnerschaft entwickelt.

Lösen hingegen lässt sich dieses Problem, wenn wir uns alle deutlich machen und darauf einstellen, dass Mann und Frau nicht nur ganz verschieden geschaffen sind und verschieden reagieren, sondern dass sie in einer Beziehung auch füreinander *gefährlich* werden:
die Frau für den Mann, weil er bei ihr versagen kann und wird – und der Mann für die Frau, weil sie durch ihn leiden kann und wird.

Es gilt, nicht mehr beim Geschlechtspartner die Schuld zu suchen, sondern dieses existentielle Zusammenspiel als Wachstumsmöglichkeit zu verstehen, zu achten und damit umgehen zu lernen, statt zu versuchen, es zu vermeiden.
Es ist wie Reiten lernen: Man lernt, mit dem Rhythmus des Pferdes mitzugehen, statt sich am Sattel festzuklammern oder das Pferd nur im Schritt-Tempo laufen zu lassen.

Fassen wir nochmals zusammen:
In einer Partnerschaft mit Nähe wollen Frauen immer mehr und Männer fühlen sich ungenügend.
Dieser Mechanismus lässt sich nur durch das Nicht-Zulassen von Nähe vermeiden.
Deshalb leidet der Mann, der sich nicht auf eine Bindung mit Nähe einlässt, seltener unter Potenzstörungen – es sei denn, er sehnt sich nach Bindung. Ihm wird das Mehr-Wollen der Frau nicht gefährlich, weil er geht, bevor sie es richtig in den Raum stellen kann.

Und deshalb leiden Männer, die sich einlassen, denen das Wohl ihrer Frau am Herzen liegt, häufiger unter Potenzstörungen: Ihnen geht das psychische Mehr-Wollen der Frau und ihr eigenes Sich-deshalb-ungenügend-Fühlen sprichwörtlich „an die Substanz".

Die Sexualität ist wesentlich für das Überleben der Art. Deshalb hat die Natur sie entsprechend organisiert.
Wenn beispielsweise in freier Wildbahn ein Stier eine Kuh begattet und es entsteht existentieller Stress, weil vielleicht ein Rudel Wölfe kommt, dann verliert der Stier seine Erektion, damit er schnell seinen Penis aus der Kuh ziehen und fliehen kann.
Auf den Menschen übertragen heißt das: Es ist für einen Mann wichtig, dass die Sexualität mit möglichst wenig Stress, Leistungsdruck, Gefahr und Angst verbunden ist, wenn er potent sein will. Das heißt aber auch, wenn ein Mann Potenzprobleme hat, dann hat er Stress im Umgang mit Sex und/oder zu viel Stress allgemein im Leben, sodass er beim Sex nicht mehr entspannen kann. Und hier ist für den Mann vor allem emotional-psychischer Stress schwächend. Das bedeutet aber auch, dass ein Mann, der seine Frau liebt und sich sehr bemüht, auf sie einzugehen, schneller Potenzprobleme bekommt.

Hier hilft:
- eine Einzeltherapie des Mannes zur Bearbeitung der auslösenden Stressfaktoren und/oder
- eine Einzeltherapie der Frau zur Minderung ihrer psychischen Anforderungen an den Mann im Sinne von nehmen lernen, was der Mann gibt und/oder
- eine Paartherapie, die die psychischen Stressfaktoren in der Paarbeziehung mindert.

Für die Frau ist die folgende Übung hierbei hilfreich:

♥ UE: Der Weg der Frau zum Herzen des Mannes
Wie sagte mein Lehrer Hugo-Bert Eichmüller so schön: *„Achte bei deinem Mann mehr auf das Ziel als auf das Ergebnis seines Handelns!"*, d.h. Achten Sie mehr auf das, was Ihr Mann will, als auf das, was er umsetzen kann.

Das Leben ist hart für einen Mann – und das ist die Herausforderung. Wenn er sich für eine Frau entschieden hat, wenn er sie will und wenn er begriffen hat, was seine Frau braucht, tut er, was er kann, um sie Frau glücklich zu machen.

Sie können sich jetzt entscheiden, am heutigen Tag diese Haltung Ihrem Mann gegenüber einzunehmen. Prüfen Sie dann einfach am Abend, wie Sie sich mit Ihrem Mann und mit sich selbst fühlen.
(Wenn Sie sich nicht gut fühlen dabei, sollten Sie in einer paarorientierten Einzeltherapie bei einem in PaaR-EVOLUTION ausgebildeten, erfahrenen Psychotherapeuten anschauen, wo Sie eventuell in die Selbst-Aufopferung rutschen. (Vgl. Kapitel 17.))

13.8. Die Kultivierung des Opferdaseins als beziehungstödliche Rache der Frau

Vor allem wenn sich Frauen über viele Jahre für die Partnerschaft aufgeopfert haben (vgl. Kapitel 17, Selbstaufopferung), neigen sie dazu, sich auf die Rolle des Opfers festzulegen und hierdurch die Partnerschaft zu regieren.

Wenn eine Frau erst einmal „beschlossen" hat, dass sie genug gelitten hat und nicht mehr leiden will, sieht sie meistens gleichzeitig in der Art ihres Mannes die Ursache. Sie war einfach „zu gut", hat sich „zuviel gefallen lassen" etc. Sie entscheidet dann – ob bewusst oder unbewusst, dass der Mann nun aufgrund seiner vorausgegangenen Taten das Recht auf Erfüllung seiner Bedürfnisse verwirkt hat – und am besten auch auf Äußerung seiner Empfindungen. Und dann begibt sie sich auf einen relativ rücksichtslosen Ego-Trip und lässt sich von dieser Position nur noch schwer abbringen. Zu bequem ist diese Position – und zu machtvoll.

Doch leider ist von dieser Position aus lieben kaum mehr möglich. Es ist wie eine Sackgasse, aus der die Frau nur noch schwer einen Ausweg findet. Und ihr Verstand sucht immer weitere Gründe, warum der Mann es verdient hat. Er hat ihr wahrlich zu viel angetan ...

Heilungsschlüssel ist hier wiederum das Anerkennen, dass das Leiden am Anderen in einer Beziehung dazu gehört und völlig natürlich ist. Und, das Einsehen, dass dieses Leid ein wichtiger Weg zur eigenen Entwicklung sein kann. (Vgl. Kapitel 12.5. Schmerz als Sprungbrett zur Transformation.) Wer spirituell orientiert ist, kann genau dieses Leid als spirituellen Weg nutzen, sich selbst und die Beziehung zu heilen – doch hier ist eine fundierte therapeutische Begleitung wichtig, um nicht in die Selbst-Aufopferung zu rutschen. (Vgl. Kap. 14 und 15.)

Die Frau kann lernen, Schmerz zu erleben, ohne daran zu leiden, sie kann lernen, den Schmerz zu transformieren. Und allein schon die innere Haltung, diese Bereitschaft, sich dem Schmerz zu stellen, ohne den Mann dafür zum Schuldigen zu erklären, verbessert merklich die Beziehung.
Denn der Mann kann auf diese Weise heraustreten aus der Täterrolle, in die er gerutscht ist und aus der Schuld, dem Versagen und der Defensive, die ihn nur immer weiter schwächen und im Gegenzug offen oder versteckt aggressiv machen.

Ohne diese Haltung entsteht schnell ein Teufelskreis aus Wut auf den Mann, Rückzug, Vorwurfshaltung, die wiederum den Mann aggressiver macht, was die Frau in ihrer Haltung bestätigt … und so weiter, bis zum bitteren Ende.

13.9. Die Beziehungs-Wahrheit in der Aggression des Mannes ...
Eine Karikatur, die nicht im Geringsten der Wahrheit entspricht.

Die Aggression des Mannes ist von der Natur geschaffen, vor allem durch das Hormon Testosteron, damit er die Familie gegen die wilden Tiere verteidigen und mit seiner Körperkraft jagen und/oder schwere Feldarbeit erledigen kann. Die Aggression des Mannes gehört also nach Draußen, dient dem Schutz der Familie und dem Beschaffen der Nahrung.

Durch die Industrialisierung sind diese sinnvollen „Betätigungsfelder" für die Aggression des Mannes in den Hintergrund getreten und es gibt außer Sport und Fernsehen/Internet kaum mehr Bereiche, in welchen sie erwünscht ist.
In der Beziehung hat sich der moderne Mann zumeist seine Aggression völlig abtrainiert – zumindest jedoch schämt er sich dafür. Zu lange wurde ihm von Frauen beigebracht, dass er diese primitive Art der Auseinandersetzung unterlassen soll. Das ist verständlich, denn viel zu viel haben Frauen unter der Aggression der Männer gelitten: Über Tausende von Jahren wurden sie vergewaltigt, misshandelt und durch Aggression unterdrückt. Jetzt leben wir in einer zivilisierten Kultur und wir wollen Aggression eigentlich nur noch im Sport und im Fernsehen erleben.

Doch – ohne Aggression verliert der Mann seine männliche Ausstrahlung. Deshalb gilt es nun, dass er wieder lernt, sie zu bejahen und dann zu kultivieren. Er kann sie für den täglichen Arbeitskampf nutzen, aber auch um seine männliche Ausstrahlung zu verdichten. Und er kann diese Kraft auf seinem ureigenen spirituellen Weg nutzen, um stark, gesund und aufrecht durchs Leben zu gehen. (Vgl. z.B. David Deida, Der Weg des wahren Mannes. Oder Matthew Fox, Die verborgene Spiritualität des Mannes.)

Wenn sich seine Aggression jedoch in der Familie zeigt, muss man fragen, was ihn aggressiv macht. Zumeist fühlt er sich von der Frau nicht gehört oder von seiner Führungsposition verdrängt, was ihn zutiefst frustriert und in seinem männlichen Strahlen schwächt.
Wenn die Frau ihn nicht führen lässt, tut sie dies zumeist, weil sie sich von ihm nicht erkannt fühlt in dem Heilenden, das sie in die Beziehung einbringen möchte und könnte.
Hier besteht es eine Wechselwirkung, die paartherapeutisch bearbeitet und gelöst werden möchte.

Da das Gehirn des Mannes weniger Vernetzungen aufweist, ist es für Männer normalerweise schwierig, tiefe innere Wahrheiten verbal zu kommunizieren. Ihr Bauchgefühl in Worte zu fassen, ist für sie kaum machbar.
So verschafft sich dieses Bauchgefühl, das zumeist in engem Kontakt mit wesentlichen Beziehungsfaktoren ist, als Aggression Gehör. Doch leider wird es hier von der Frau häufig abgewertet. Der Mann möge es doch zivilisiert ausdrücken. Da er dies jedoch in Bereichen des Bauchgefühls nicht kann, gehen damit der Partnerschaft wesentliche heilende Aspekte verloren.
Was sind diese heilenden Aspekte?
Zumeist geht es darum, dass der Mann sich nicht geachtet und nicht gehört fühlt in der Partnerschaft, weil das Weibliche zu raumgreifend geworden ist. Die Frau bestimmt die

Kommunikation, die Kinder behandeln den Vater nicht mit Achtung, der Lebensbereich des Mannes wird von der Frau beengt und der Mann zieht sich räumlich und seelisch aus dem Familienleben zurück. Er gilt als sozial wenig kompetent, wesentliche Erziehungsaufgaben werden ihm abgesprochen und die Frau fühlt sich, als hätte sie ein weiteres Kind.

Wenn der Mann sich nicht entsprechend gehört und geachtet fühlt, kommt häufig noch Alkohol ins Spiel, der die Aggression noch weiter vorantreibt („Feuerwasser"), was den Mann vollends in die Täter-Rolle schiebt. Nun wird er von seiner Frau in die Psychotherapie geschickt und dort soll das Beziehungsproblem behoben werden.

Doch oft steckt ein Beziehungsproblem hinter der Aggression des Mannes – und auch hinter dem Alkohol – oder es ist zumindest daran beteiligt, weshalb eine solche Psychotherapie häufig nur geringfügige Verbesserung bringt. Dann wird der mangelnde Therapieerfolg gerne der Therapieunfähigkeit oder -unwilligkeit des Mannes zugeschrieben.

Folgende Übung kann hier Hilfe bringen und die Liebe wieder fließen lassen:

UE: Den Wolf zähmen …

Ganz ähnlich, wie es in der Sexualität hilfreich ist, den Mann aufzunehmen, wie er ist, so ist es auch in der Kommunikation hilfreich und beziehungsheilend, seine Äußerungen mit einem „Ja" aufzunehmen und einfach – ohne Diskussion – wirken zu lassen.

Das bedeutet weder, dass frau „gute Miene zum bösen Spiel machen" oder den Mann anlügen soll, sondern es bedeutet, seine aggressiven Äußerungen zunächst einmal aufzunehmen und anzunehmen, um zu erspüren, welche tiefere Wahrheit darin verborgen ist. Diskutieren und Abklären, was er genau wie meint, bringt zumeist wenig, wenn der Mann „in Rage" ist. Viel sinnvoller ist es, ihn einfach anzuhören und im Gespräch zu bejahen, was er sagt, dabei in sein Herz hineinzulauschen und seine Not dahinter zu spüren.

Ganz nebenbei ist dies eine wunderschöne Übung, um das eigene Ego loszulassen und wirklich lieben zu lernen.

13.10. Vom Wert der oft undankbaren Präsenz der Frau und dem oft ebenso undankbaren Kampf des Mannes für die Familie

Ein Mann scheint eine Frau viel mehr zu brauchen als die Frau den Mann. Dies belegt sowohl anschaulich die Funktionsweise der Geschlechtsorgane als auch die moderne Entwicklungspsychologie: Um ein Kind zu bekommen, braucht die Frau nur einen Tropfen männlichen Samen, den sie zur Not noch schnell selbst einführen könnte. Der Mann hingegen braucht eine Frau, bei der er sicher ist, dass das Kind auch wirklich von ihm ist.
Und die Entwicklungspsychologie bestätigt: Männer ohne Frauen leben kürzer als Männer mit Frauen (s.o.).

Und doch: Dass Frauen Männer umsorgen, ist im Lebensentwurf der meisten modernen Frauen nicht mehr enthalten. Wozu auch? Es geht um das selbstständige Leben, jeder arbeitet, jeder ist erfolgreich. Kinder erzieht man zusammen …

Was allerdings in zunehmendem Maße in Partnerschaften fehlt, ist das Füreinander. Ich sehe zwar immer mehr Paare, die seelisch die Probleme des anderen mittragen, weil sie glauben, dies tun zu müssen. Ich sehe immer mehr Männer, die als fürsorgliche Väter viel zu Hause mitanpacken. Ich sehe aber kaum mehr Frauen, die ihre Männer liebevoll umsorgen.

Es wurde uns modernen Frauen nicht mehr vermittelt, wozu das gut sein soll. Keiner hat uns gesagt, wie sehr dem Mann „das Herz aufgeht", wenn eine Frau ihn liebevoll umsorgt. Wie sehr er daraus Kraft schöpft, wie sehr ihn das stark macht, und welche erotische Spannung zwischen Mann und Frau hieraus erwächst, ist uns anscheinend nicht mehr bewusst.

Natürlich, dafür müssen wir Frauen auf manchen Karrieresprung verzichten. Doch mir fällt immer wieder auf, dass es hier kein „oder" gibt: Frau wird nicht erfolgreich „oder" umsorgt ihren Mann, sondern diese Art des Füreinanders scheint ein Paar derart zu stärken und die weibliche Kraft in der Frau so zu fördern, dass auch die Frau eine für sie beglückende Art von Erfolg erlebt – privat und geschäftlich. Chuck Spezzano schreibt so schon in einem seiner Bücher, dass die Frau erfolgreich wird, wenn sie sich entspannt. Das kann ich nur bestätigen – aus meiner Praxis wie aus meinem eigenen Leben.

Für den Erfolg der Partnerschaft ist dieses Umsorgen des Mannes auf jeden Fall ein ganz wesentlicher Aspekt.
Dieses Für-den-Mann-da-Sein ist nicht immer eine dankbare Angelegenheit, genauso wenig wie der tägliche Kampf des Mannes für die Familie.

Beleuchten wir beide Seiten, zunächst die der FRAU:
Die meisten Männer wünschen sich, dass die Frauen einfach „da sind" für sie.
Am deutlichsten konnte ich dieses Bedürfnis beobachten, als mein Sohn in die Pubertät kam: Plötzlich veränderte sich sein Bedürfnis an mich. Wo er zuvor noch kuscheln und länger reden wollte, kam er jetzt kurzzeitig, wollte mal in den Arm genommen werden, wollte etwas erzählen und von mir eigentlich nur das Zuhören. Sobald ich mehr dazu sagte, verstummte er. Wenn ich einfach nur etwas wie „Ja" oder „Hm" sagte, begann er sein Herz

auszuschütten und ging dann entspannt und dankbar. Was er auf keinen Fall wollte, war irgendein Ratschlag.
Als ich darüber mit meinem Mann sprach, lachte dieser nur und meinte: „Genau, so geht es mir auch, ich versuche nur immer, mehr auf dich einzugehen. Aber eigentlich möchte ich mich auch so verhalten können – ohne dass du sauer wirst!"

Ich kam mir degradiert vor: „Mehr wollen die nicht von mir? Da werde ich ja zum Dummchen degradiert!", schimpfte ich vor mich hin.
Aber das Wohlgefühl, das von beiden ausging, wenn ich mich so verhielt, beschäftigte mich.

Und ich begann zu entdecken, welche Entspannung für mich in diesem einfach Dasein und Zuhören liegen kann. Ich hatte immer sehr viel gearbeitet, wollte meine Sache gut machen. Und plötzlich begriff ich, dass meine Partnerschaft viel besser lief, wenn ich weniger tat und mehr „einfach da war" – und mein Körper dankte es mir mit weniger Erschöpfung.

Und was ist dann die undankbare Aufgabe des MANNES? Wenn er die Fähigkeit, die er mit dem Testosteron bekommen hat, annimmt und nicht „kneift", dann wird er *zielgerichtet* in *einer* Sache *kämpfen*: Der Kampf im Job „reicht" eigentlich schon, aber hier kann er viel Kraft investieren und wenn er sich wirklich konzentrieren kann, damit auch viel erreichen. Weitere Herausforderungen braucht ein Mann meistens nicht mehr. Zu Hause möchte er ausruhen. – „Echt ätzend" für uns Frauen, nicht wahr? Aber so wäre es, wenn der Mann sein dürfte, wie er ist.
Nun wird aber heute zu Hause von einem Mann viel erwartet: Er soll auf seine Frau eingehen, er soll sich mit den Kindern

auseinandersetzen und zumeist soll er auch im Haushalt mitarbeiten. Das männliche Gehirn kann sich jedoch nur auf <u>eine</u> Sache gut konzentrieren – zu viele Sachen überfordern den Mann schnell und er fühlt sich bald ausgelaugt. Deshalb ist eine emotional fordernde Frau der „Horror" für fast jeden Mann.
Sein täglicher Kampf in der Arbeit allerdings wird von den meisten modernen Frauen nicht gerade gewürdigt – gerade, wenn sie auch selbst Geld verdienen. Frauen fällt hier das Multi-Tasking viel leichter – ihre Gehirne sind aber auch dafür geschaffen, Mehreres gleichzeitig zu tun.

Wir scheinen heute zu glauben, alles zu können: Jeder kann arbeiten und es zu Hause schön machen und für die Kinder da sein und eine gelingende Beziehung leben – und dann wundert man sich, wenn Burn-out zur Modekrankheit wird und wir immer mehr Frühberentungen haben.

Ich wage es, zu sagen: Früher war das Leben deutlich härter als heute, aber die Menschen waren mit weniger zufrieden. Glück und Lebenskunst, aber vor allem auch das Glück in einer Partnerschaft, hat sehr viel mit einer Rückbesinnung auf das Wesentliche zu tun: Was macht uns wirklich glücklich?
Und es hat damit zu tun, ob wir wieder lernen in einem „WIR" zu denken, uns wieder einlassen auf eine Teamarbeit von Mann & Frau, um als Team gemeinsam zu gewinnen, statt allein zu verwelken.

13.11. Wie Mann und Frau das Gelingen der Beziehung erschweren können

Wenn ich jetzt hier sehr deutliche Worte spreche, bitte ich Sie, werte Leserinnen und Leser, zu bedenken, dass wir alle Angst haben vor der enormen Kraft, die in einer Beziehung wirksam wird.
Solange wir alleine unser Leben lenken können, haben wir ein Gefühl der Selbstwirksamkeit oder glauben zumindest, es jederzeit wieder bekommen zu können.
Sich jedoch wirklich auf eine Beziehung mit einem Liebes- und Lebenspartner einzulassen, ist etwas völlig anderes: Hier wirken plötzlich andere Mechanismen als die, mit denen wir bislang unser Leben bewältigt haben, nämlich jene *Elementaren Geschlechterkräfte*, von denen dieses Buch handelt. In der Partnerschaft geht es ja darum, über sich hinaus zum Anderen hin zu wachsen, sich seinen Ängsten zu stellen und Lieben zu lernen. Deshalb zeigen sich hier unsere Schattenseiten auch viel heftiger als im sonstigen Alltag.

Wie schon bei den Geschlechtsorganen, so ist auch im psychischen Bereich der Schattenseiten, auf den wir jetzt den Blick lenken, der Bereich der Frau komplexer und schwerer einsehbar als der des Mannes, weshalb es hier auch mehr Worte bedarf.

Bei der Frau sind es vor allem **Kontrolle** und **Vorschriften-Machen**, mit denen sie das Gelingen einer Beziehung erschwert. Während das Vorschriften-Machen für alle sichtbar erfolgen kann, geschieht das Ausüben von Kontrolle entweder im Verborgenen über **Liebesentzug und Manipulation** oder über

mit Drohungen verbundenen Gefühlseskalationen. Für diese Ausbrüche von Schreien, Weinen in Verbindung mit Drohungen (Beziehungsabbruch, Konsequenzen, Suizid) hat die Frau immer gute Gründe, mit denen sie rechtfertigt, dass sie – sprechen wir Klartext – mit Worten oder auch Taten gewalttätig wird und damit dieses Verhalten beibehält. Der Mann ist ja schuld daran. Ja, Gewalt in einer Beziehung hat heutzutage auch eine ganz klar weibliche Seite: Frauen greifen an, wenn sie nicht bekommen, was sie wollen und tun dies auf eine manipulative Weise, mit der sie zumeist auch wirklich bekommen, was sie wollen. Sie schieben den Mann förmlich indirekt in die Lebensrichtung, in die sie gehen wollen. Nur: Hingabe und ein WIR sind dies leider nicht. So kann sich eine Beziehung nicht entwickeln.

Schwieriger zu erkennen ist das Ausüben von Kontrolle durch die Frau über Liebesentzug und Manipulation. Da der Mann seine Frau so elementar braucht, ist er sehr empfindsam dafür, wenn sich seine Frau plötzlich von ihm zurückzieht. Dies wird vor allem eine Frau nützen, die weniger offene Macht zur Verfügung hat, aber einen sozial angesehenen Mann hat und selbst unbedingt Macht will: sie wird dem Mann geben und wieder entziehen, was er braucht, bis sie merkt, dass er auf diese Weise tut, was sie will. Mit anderen Worten: sie dressiert ihn wie einen Zirkuslöwen. Das kann für Außenstehende oft ulkige Formen annehmen: Frauen verbieten z.B. ihren Männern bestimmte Kontakte oder zeigen durch ihre Körperhaltung in der Öffentlichkeit ganz deutlich, dass dieser Mann ihr „Besitz" ist. Der direkteste Weg zur Macht für die Frau ist natürlich, dass sie den Lebensalltag einfach so organisiert, dass „alle Fäden in ihrer Hand zusammenlaufen". So macht sie den Mann vollends abhängig von sich und er nimmt es dankbar an, weil sie ihn ja so gut umsorgt. Hier sind Männer leider aufgrund ihrer zielgerichteten Hirnstruktur der Komplexität des weiblichen Gehirns im sozialen Bereich nicht gewachsen.

Natürlich, wir Frauen tun das alles aus der Angst heraus, unser Leben könne eine ungute Richtung nehmen, und häufig auch wirklich aus der Sorge um die Familie, aber dennoch wirkt es leider sehr negativ auf die Paarbeziehung: der Mann fühlt sich gegängelt, wird weniger aktiv, schwächelt, hat weniger Lust, in die Beziehung zu investieren und verliert seinen Glanz als Held. Er steht „unter dem Pantoffel". Und die Frau fährt diese Strategie der Macht immer weiter bis es zu ernsthaften Schwierigkeiten kommt: entweder kippt das Gleichgewicht der Beziehung und der Mann rutscht vollends in die Schwäche, was heutzutage häufig Burn-out oder Alkoholismus bedeutet und/oder die Kinder übernehmen das von den Eltern ungelöste Problem. Das bedeutet, sie eskalieren, indem sie aufbegehren, sich an keine Ordnungen mehr halten (z.B. Schulabbrüche, Chaos, Alkoholexzesse) oder aus Solidarität mit dem Vater erkranken (z.B. Magersucht, Bulimie, psychosomatische Erkrankungen). Immer öfter beobachte ich auch einen Zusammenhang zwischen ADHS und fehlender Familienordnung.

Liebe Geschlechtsgenossinnen, ja, das ist unsere Schattenseite und darin ist gleichzeitig unser Potenzial verborgen. Lasst uns lernen, das Potenzial der weiblichen Beziehungsmacht anzuerkennen und es zur Heilung unserer Paarbeziehung einzusetzen statt es ins Dunkel des Nicht-Sehen-Wollens zu verbannen. Es ist eine der größten heilenden Energien des menschlichen Seins. Wir können stolz darauf sein, dass Gott oder was auch immer dieses Universum geschaffen hat – uns mit einer derartigen Kraft ausgestattet hat. Und es ist eine große Verantwortung: Wir führen im Innen und der Mann im Außen. Lassen wir diese Teamarbeit wieder zu, so beruhigen sich ganz viele Paarprobleme und die Kraft wächst. Und bitte: Damit meine ich nicht „zurück an den Herd"! Ich meine etwas viel Tieferes: unsere innere Haltung in der Partnerschaft, unsere Bereitschaft zur Hingabe, zum Wir-Denken und zum Loslassen der Kontrolle im Wir mit unserem Partner.

Doch nun – und viele werden sagen: „endlich" zum Mann und seiner das Gelingen einer Paarbeziehung erschwerenden Schattenseite:
Beim Manne sind es vor allem **Bequemlichkeit** und **das Gefühl, der Macht Frau nicht gewachsen zu sein,** die das Gelingen einer Beziehung erschweren. Wenn er vergessen hat, was es heißt, zum Helden zu werden, über sich hinauszuwachsen und er einfach „ein gutes Leben haben" will, dann wird er in einer Beziehung lieber den leichten Weg gehen als den wahren. Aber dann wird existentielle Begegnung zwischen den Partner nur selten möglich, weil er seine Frau nicht begrenzt, sich ihr nicht aufrecht stellt und sie so keine Chance hat, seine männliche Kraft zu spüren, zu genießen und zu achten.
„Aber", so wird mancher Mann fragen, *„was kann ich machen, wenn sie mir einfach überlegen ist, wenn ich ihrer Kraft nichts entgegensetzen kann?"*
Dies ist freilich zum einen ein Thema der Partnerwahl: Ein Mann sollte eine Partnerin wählen, die er auch führen *kann* und keine Frau, die ihm von der **Macht** her überlegen ist. Ja – ich spreche von Macht, denn dies ist ein sehr großes Thema im menschlichen Leben. Aus diesem Grunde wählen ja Männer häufig intellektuell unterlegene Frauen. Doch auch intellektuell unterlegene Frauen können enorme Macht entwickeln, indem sie andere Lebens-

bereiche zur Machtgewinnung nutzen, wie Kinder, Emotionen, Liebensentzug – und natürlich Sex. Deshalb sollte ein Mann sich damit befassen, wie eine Frau Macht ausübt und, wenn er ihr ein guter Mann sein will, lernen sie zu begrenzen. Denn auch, wenn eine Frau durch ihre Macht bekommt, was sie will, ist sie auf diesem Wege doch nicht glücklich. Man erkennt es daran, dass sie auf diesem Wege häufig permanent überarbeitet ist, fahler im Gesicht wird, Gewichtsprobleme bekommt, da sie ihre eigentliche Sehnsucht über Essen oder Kontrolle des Essens im Sinne von Nicht-Essen ausgleicht. Häufig spielt auch Alkohol eine größere Rolle.

Deshalb folgt jetzt ein Kapitel über das Thema Macht:

13.12. Das „Beste" kommt zum Schluss: Der Ausgleich der Machtstrukturen zwischen Mann und Frau

Damit es in einer Beziehung nicht dauernd zu zermürbenden Machtkämpfen kommt, sind nicht nur Ordnungen in der Aufgabenverteilung wichtig, sondern auch ein ausgeglichenes Machtverhältnis zwischen den Partnern.

Wer weniger Macht hat, wird schwächer werden in der Beziehung – gesundheitlich, aber auch beruflich und von seiner Ausstrahlung her. Dann wird aus dem Ringen um die Liebe ein Machtkampf. Es kommt Verachtung für den Schwächeren ins Spiel, was die Liebe und vor allem auch die Lust tötet.

Und: Die Macht der Frau in der Partnerschaft ist schon an sich der des Mannes überlegen aufgrund mehrerer naturgegebener Fähigkeiten, wegen derer der Mann sie unbedingt braucht, nämlich:

1) **Die Macht der Frau durch ihre Gebärfähigkeit:**
   Der Mann ist in seiner Möglichkeit, künftige Generationen aus seinem Blut zu schaffen, ganz und gar auf die Frau angewiesen. Denn die Frau kann in sich Nachkommen mit seinem Genpool wachsen lassen und gebären. So kann sie dem Mann dazu verhelfen, etwas von sich zu erschaffen, was sein eigenes Leben überdauert und weit über all seine beruflichen „Werke" hinausgeht – quasi ein Traum von Unsterblichkeit.
   Im Gegensatz dazu kann sich die Frau relativ einfach „Samen beschaffen", um zu einem eigenen Kind zu kommen, wenn sie das möchte: sei es in Form eines One-

Night-Stands oder mit Hilfe einer Samenbank. Und in ihrer Macht steht es, ob der männliche Spender überhaupt weiß, dass er ein Kind gezeugt hat.

2) **Die Macht der Frau durch ihre körperliche Nähe zu den Kindern:**
Wenn die Frau Kinder zur Welt gebracht hat, ist ihre Macht als eine, die Leben ermöglicht hat, viel größer als die des Mannes. Zusätzlich kann sie jedoch durch ihre naturgemäße Nähe zu ihren Kindern auch noch die Beziehungen zwischen Vater und Kindern so steuern, dass die Kinder den Vater achten oder auch nicht.

3) **Die Macht der Frau in der Partnerschaft durch ihre höher soziale Beziehungs- und Kommunikationskompetenz:**
Weil der Mann in seiner Hirnstruktur deutlich weniger Neuronen im Bereich sozialer Beziehung und Kommunikation hat, ist ihm die Frau hierin überlegen und hat mehr Macht, die Beziehung zum Positiven oder zum Negativen zu lenken. Das spürt der Mann und fühlt sich deshalb der Frau in Beziehungsdingen zumeist unterlegen – auch wenn viele Männer versuchen, dies durch Intellektualität zu übertuschen. Sie haben einfach nicht diese „Bauch-Beziehungs-Intelligenz" wie Frauen.

4) **Die Macht der Frau als Sexualpartnerin:**
Der Sexualtrieb des Mannes ist so stark, dass er – vor allem als junger Mann – nahezu fremdgesteuert ist von weiblichen Reizen. Frauen wissen, wie leicht sie „Männer um den Finger wickeln können", wenn sie mit ihren Reizen spielen. Dadurch haben sie große Macht über die Männer.

5) **Die Macht der Frau, spirituelles Erleben zu geben durch ihre Fähigkeit des Aufnehmens in der Sexualität:**
Männer können nicht so leicht wie Frauen eskalieren und eins werden mit dem Universum. Die Sexualität mit einer Frau ermöglicht ihnen dieses „Aufgehen" im großen Ganzen.
Das heißt, Sexualität ist für einen Mann ein konkreter Weg zu einem spirituellen Erlebnis, das er sonst nicht so einfach haben kann. (Sorry, aber ich kenne bislang keinen Mann mit tiefen, lebenstauglichen spirituellen, philosophischen oder psychologischen Erkenntnissen, der diese nicht im Zusammenleben mit einer langjährigen Partnerin gelernt hätte.)

Wie schon angemerkt, vermute ich inzwischen, dass diese Überlegenheit der Frauen in der Beziehung der Grund für ihre jahrhundertelange Unterdrückung war: Die Männer wollten auch einen guten Stand in der Beziehung haben. Dies konnten sie damals – vor dem Industriezeitalter – durch ihre körperliche Macht erreichen und strukturierten die Gesellschaft entsprechend, sodass den Frauen vielfacher Zugang zu Macht-Komponenten verweigert war, wie der Zugang zu Wissen, Berufstätigkeit und Wahlrecht.

Als wichtigste Machtkomponenten für eine gelingende Paarbeziehung betrachte ich inzwischen:
1) **Geld**:
      a. Wer mehr Geld hat in der Beziehung – z.B. durch Erbe oder Ansparen –, hat auch mehr Macht.

b. Wer mehr Geld verdient – z.B. durch Berufstätigkeit oder Zinsen –, hat auch mehr Macht.
2) **Beziehungsmacht**: Wer die Kinder betreut, hat mehr Macht über die Kinder und damit mehr Macht in der Beziehung.
3) **Haus**: Wem das Haus gehört, in dem das Paar wohnt, hat mehr Macht als der zugezogene Partner.
Wenn der besitzende Partner das Haus auf beide überschreibt, reduziert er seine Macht und stärkt die des anderen.
4) **Familie**: Wessen Familie am Ort oder gar im Haus des Paares wohnt, hat mehr Macht.
5) **Leistung**: Wer viel für die Familie macht, hat viel Macht in der Familie.

14. Die Kraftkurve der PaaR-EVOLUTION als Hilfe für eine gelingende Sexualität

Folgendes Modell für das Auf- und Abflauen der *Elementaren Paarkraft* beim körperlichen und seelischen Kontakt eines Paares ist eine Kombination der Orgasmuskurve von Jack Lee Rosenberg (Total Orgasm, Random House, Bookworks, USA, 1973; Orgasmus, Herzschlag Verlag, Berlin 1979, S. 18f.) und dem Kontaktprozessmodell von Prof. H.-P. Dreitzel (Hans Peter Dreitzel, Reflexive Sinnlichkeit, 1992, Edition Humanistische Psychologie Köln):

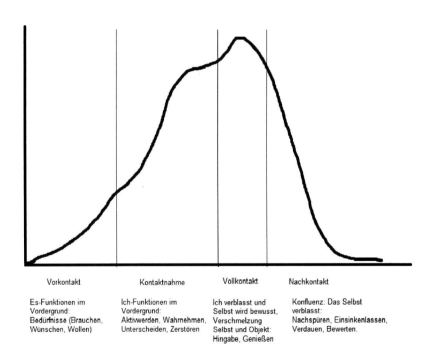

Anhand dieses Modells kann man viele sexuelle Probleme in ihren Ursachen, Auslösern und aufrechterhaltenden Faktoren erforschen, genauer zuordnen und damit auch präziser therapieren.

Und man kann es nutzen, um den Erregungsverlauf des Partners genauer zu begreifen. Vor allem für die zumeist schwerer fühlbare Erregungskurve der Frau ist das Modell eine große Hilfe, weshalb ich im Folgenden die Erregungskurve der Frau einmal anhand dieses Modells erläutere:

(An alle Männer: Keine Sorge, Sie müssen das alles jetzt nicht etwa gleich umsetzen. Es soll nur eine Hilfe zum Begreifen Ihrer Frau sein. In Kapitel 15.2. wird dieses Erregungsmodell der Frau nochmals konkretisiert und mit praktischen Tipps unterstützt. Ganz von selbst werden Sie sich manches davon merken und bei einem der nächsten Male mit ihrer Frau umsetzen. – Wir Frauen sind schon kompliziert genug. Ich möchte Ihnen hier keinen weiteren Stress verursachen!):

1) VORKONTAKT: Das Wecken der Erregung
Vorkontakt heißt: Die Frau ist noch ohne Bedürfnis nach Sex, entspannt oder gar im Alltagsstress gefangen.
Hier helfen zarte Berührungen, die sie neugierig machen, erinnern, dass es da noch etwas Schönes gibt.
Wenn Sie nicht so recht wissen, woran Sie erkennen können, ob die Lust Ihrer Frau geweckt ist, lernen Sie, Ihre Frau wahrzunehmen. Spüren Sie, wie sich sich ihr Körper bewegt: Ist er völlig entspannt und passiv, dann hat sie kein Bedürfnis. Beginnt der Körper Ihrer Frau sich an Sie zu schmiegen, das Becken oder die Brüste Ihrer Berührung entgegenzukommen, die

Atmung sich zu vertiefen, dann hat ihre Partnerin schon Lust und wird neugierig.

Und: Neu-gierig heißt ja gierig auf Neues: Hier ist der Schlüssel: Wenn Ihre Frau weiß, was als Nächstes kommt, wird sie nicht sehr lüstern werden, es wird dann eher ein Routine-Sex. Wenn Sie aber fühlend ihrer Frau lauschen und einfach experimentieren, auf was Ihre Geliebte heute anspricht, dann wird es immer neu und spannend bleiben.

2) KONTAKTNAHME: Die Steigerung der Erregung
Hier geht es um den Anstieg der Erregung, d.h. hier ist alles gefragt, was Ihre Frau zum schnelleren Atmen bringt. Und sobald die Atmung ein Plateau erreicht, gilt es, etwas zu ändern, da sonst die Erregung wieder abfällt.

3) VOLLKONTAKT: der Gipfel der Erregung:
 "Point of No-Return" und Orgasmus
Bei der Annäherung an den Gipfel der Erregung gibt es einen Punkt, an dem dieser Erregungsanstieg umschlägt in eine Phase von Kontrollverlust: den „Point of No-Return". Nach diesem Punkt kann der Orgasmus nicht mehr vermieden werden: Das heißt, es kommt zur Entladung der aufgestauten Erregungsenergie im Orgasmus in unwillkürlichen Körperbewegungen, vor allem des Beckens, und unwillkürlichen Lauten wie Stöhnen oder Schreien.

Wenn Sie gelernt haben, Ihre Frau zu fühlen, denn werden Sie jetzt sehr aufmerksam sein. Hier ist die Spannung am höchsten, die Erregung kann nicht mehr weiter wachsen. Die enorme Spannung verführt zur Triebabfuhr, zum „Es-schießen-Lassen", doch gerade hier ist es wichtig, die Spannung zu halten, bis sie von selbst über den Peak geht. Manche Frauen wollen eine gleichmäßige Weiterbewegung des Partners, andere eine intensive Verlangsamung, damit es genussvoller wird – erforschen Sie, was Ihre Frau hier braucht.

Dieser Punkt ist oft die Ursache, wenn es trotz hoher Erregung nicht zum Orgasmus kommt: Zwanghaftes „Weiterrubbeln" ist hier nicht gefragt, sondern die seelisch-geistige Aufmerksamkeit, das gemeinsame Halten der Spannung und vom Tun zum Sich-tragen-Lassen zu kommen.
Manche Frauen lassen zuvor nochmals los – vor allem auch in der Scheidenmuskulatur –, was zur Irritation bei den Männern führen kann.
Und dann kommt der Kontrollverlust: Ein willkürliches Zucken des Beckens, Aufstöhnen oder gar Schreien, das nicht mehr den normalen Alltagslauten entspricht, sondern wirklich unwillkürlich ist.
Wenn Frauen von Anfang an immer stöhnen, und dieses Stöhnen sich in seiner Qualität auch im Orgasmus nicht wirklich ändert, sondern nur lauter wird, können sie davon ausgehen, dass dieses Stöhnen gemacht ist, um Sie als Mann zufriedenzustellen.

Ein völlig anderer Weg des Umgangs mit diesem Erregungsgipfel liegt darin, nicht über diesen „Point of No-Return" zu gehen, sondern davor anzuhalten und auf dem Erregungsplateau zu verweilen. Nach einer Weile bleibt die Energie beider einfach auf diesem Level, ohne wieder abzusacken. Jetzt ist ein Zustand der Fülle da: Sie können jederzeit zum Orgasmus weitergehen – zumeist mit relativ wenig Stimulation – wenn Ihre Beziehung in der Tiefe stimmt. Wenn nicht, sackt die Erregung weg.

Sie können aber auch hier eine Pause machen, zum Tagwerk übergehen, Essen gehen etc. und später darauf zurückkommen. Sie werden sehen, dass Sie dann auf einem höheren Energieniveau beginnen und der Orgasmus entsprechend intensiver ausfällt.

Dieses Spiel können sie in unendliche Höhen treiben, aber Vorsicht – nur mit der entsprechenden Geisteshaltung bleibt dieses Spiel für beide gesund, denn Sie spielen mit der elementaren Geschlechterenergie.

Das heißt: Je höher Sie die Energie treiben, umso tiefer wird die Hingabe Ihrer Frau, umso stärker wird Ihre Führungsübernahme als Mann und umso inniger wird Ihrer beider Verbindung. Und hierin liegt das Problem: Wenn Sie dies mit einem Partner tun sollten, den Sie nicht wirklich wollen, mit dem Sie nicht bereit sind, durch dick und dünn zu gehen, dann machen Sie diesen abhängig und psychisch kaputt, denn er öffnet sich in einem Ausmaß, dass die Grenzen des Egos überschritten werden. Und dieses Sich-Öffnen ist aufgrund der körperlichen und psychischen Unterschiede bei Mann und Frau bei der Frau viel, viel größer als bei dem Mann, weshalb tiefgehender Sex mit einem nicht an einer aufrichtigen Beziehung interessierten Mann für eine Frau viel gefährlicher ist als umgekehrt.

Deshalb mein Rat zum vorsichtigen Umgang mit Sex und vor allem bei One-Night-Stands oder anderen Varianten ohne aufrichtige Partnerschaft: Treiben Sie die sexuelle Energie nicht nach oben, wenn Sie nicht beide bereit sind zu einer aufrichtigen Partnerschaft und dazu, miteinander über Ihre Ängste und Ego-Grenzen hinaus zu wachsen.

4) NACHKONTAKT

Nach dem Orgasmus entspannt sich alles und frau spürt nach. Dies ist eine sehr genussvolle Phase, die es gilt, nicht gleich mit weiteren Aktivitäten zu belegen. Ein Sich-Halten, Sich-Spüren, Wirken-Lassen ist angesagt. Manche Frauen weinen oder es kommen belastende Alltagsthemen emotional zum Ausbruch, einfach weil frau so tief losgelassen hat.

Nach dem Plateau ohne Orgasmus besteht auch eine Entspannung, aber anderer Art, nicht so völlig entspannt, sondern eher vergleichbar mit dem Ausblick vom Gipfel eines Berges, den man gerade erklommen hat, während das Erleben nach dem Orgasmus eher den Empfindungen nach dem Abstieg vom Gipfel am Abend im Bett gleicht, wenn alle Glieder völlig gelöst sind.

15. Gelingende Sexualität: Das kleine 4 x 4 der Grundfähigkeiten

Gelingende Sexualität muss die beiden Charaktere von Mann und Frau akzeptieren und „wesentlich sein" lassen, d.h. Impulse aus dem Inneren bejahen.

Hier fangen heutzutage die Probleme an: Mann und Frau sollen auf so viele Arten sein, dass die meisten es in einer längeren Beziehung aufgeben, all diesen Anforderungen gerecht zu werden. Was bleibt, ist häufig ein Sich-Einfahren in die Alltagsroutine.

Was fehlt, sind einfache Prinzipien, die uns im Alltag eine Leitlinie geben, ohne durch zu hohe Ansprüche noch zu überfordern.
Und solchen einfachen Prinzipien galt meine therapeutische Forschungsarbeit:

15.1. Wie der Mann die Frau glücklich machen kann

Es gibt jedoch vier relativ einfache Prinzipien, die einem Mann helfen, in sich das Potenzial zu entfachen, seine Frau sexuell glücklich zu machen – unabhängig von deren Vorstellungen und Anforderungen. Und dennoch – ohne Selbstdisziplinierung geht es nicht.
(Zwischenruf meines Mannes, als ich ihm dieses Kapitel zum Korrigieren vorlese: „Ohne Anstrengung geht es nicht, aber es lohnt sich.")

Eine zentrale Hilfe gibt uns hier seltsamerweise die Bibel: In der Bibel ist das Wort Sexualität oder Beischlaf an sich fast ausschließlich umschrieben mit dem Wort „erkennen" (altgriech.: γιγνώσκω (gignosko) in der Form ἔγνω, hebr. יָדַע (jada), d.h. erkennen, sich um jemanden kümmern im Sinne von „Der Mann erkennt die Frau" (z.b. in: Gen 4,1 und 17 sowie Mt 1,25).

Der zentrale Punkt liegt darin, das Wesen Frau in seiner Tiefe fühlend zu erkennen – nicht über den Kopf, wenn auch das Begreifen eine Hilfe sein kann, sondern über das Fühlen.
Der Mann soll nicht nur in die Frau „eindringen", sondern sich auch in sie „einfügen", denn nur so kommen beide zu gelingendem Sex, da die Frau aufgrund ihres körperlichen Funktionierens langsamer ist als der Mann und ganzheitlicherer Stimulation bedarf. D.h. der Mann muss sich auf die Frau einstellen, um mit ihr guten Sex zu haben.
Auch diesen Hinweis für guten Sex findet man interessanterweise schon in der Bibel, z.B. in 1. Moses 2, 24 und Matth.19, 4–6 :
31 Deswegen wird ein Mensch (gemeint ist der Mann) *Vater und Mutter verlassen und seiner Frau anhängen (*altgriech.: προσκολληθήσεται)*, und die zwei werden* ein *Fleisch sein.*
Deshalb wird ein Mann (den Kosmos) seines Vaters und seiner Mutter verlassen und sich einfügen in das (den Kosmos) seiner Frau (und das ist ein längerer Entwicklungsweg, deshalb in der Zukunft formuliert), und die zwei werden ein Fleisch sein.

Die enorme Heilungskraft, die bei der Sexualität in der Frau liegt, wirkt, wenn sie „sich zu erkennen gibt", d.h. wenn sie sich einfach und ehrlich in ihren körperlichen Reaktionen zeigt – auch wenn der Mann öfters enttäuscht ist, wenn sie durch sein Tun nicht erregt wird oder nicht zum Orgasmus kommt und ihm nicht etwa etwas vorspielt.

Auch dies schien man schon in alter Zeit gewusst zu haben, denn interessanterweise wird gerade das schon in der Bibel angesprochen, denn aktive Sexualität wird auch damit umschrieben, dass die Frau sich zeigt: z.B. Ruth 3,3: „Gib dich dem Manne nicht zu erkennen, bis er gegessen und getrunken hat." (Eigenartigerweise wird nur bei Frauen, die noch mit keinem Mann geschlafen haben, die Wendung „eine Frau/Tochter, die noch keinen Mann erkannt hatte" verwendet.)

Für eine Frau liegt meiner Erfahrung nach der wohl wesentlichste, aber auch gefährlichste Aspekt einer tiefen und beziehungsheilenden Sexualität darin, wenn sie übt, einfach zu nehmen, was der Mann ihr gibt – im Alltag wie in der Sexualität. Damit dies gelingt und ihr Sex nicht etwa wehtut oder unbefriedigend bleibt, dafür braucht es dieses Erkennen der Frau durch den Mann, wie ich es weiter oben beschrieben habe.
Es ist ein Zusammenspiel wie beim Standard- oder Latein-Tanzen.

Zur Untermalung folgende Geschichte:
Die Geschichte vom Pferd
Oder: **Wie mache ich eine Frau scharf**
Bei einem Seminar zum Thema Menschenführung wurden Pferde als therapeutisches Hilfsmittel eingesetzt, was sehr hilfreich und interessant ist. Sie verdeutlichen uns Menschen direkt durch ihre Feinfühligkeit, wo das Problem liegt.
So bekamen wir als Aufgabe, das frei am Trog fressende Pferd abzuholen und mit ihm eine Runde im Hof zu laufen. Das Pferd

trug keinerlei Zaumzeug und hatte keinerlei Interesse, sich führen zu lassen, sondern fraß gemütlich an seinem Trog.
Die Versuche der Teilnehmer und die Reaktionen der verschiedenen Pferde waren eine hilfreiche Lektion.
Man musste ja irgendwie die Bereitschaft des Pferdes gewinnen, mitzumachen – aber wie? Reden half hier nicht, einfach hingehen und wegführen auch nicht, da das Pferd ja fressen wollte. Manche Pferde waren sogar so aggressiv, dass sie einen gar nicht in ihre Nähe ließen. Was tun?
Der erste Schritt war, das Pferd neugierig zu machen, ohne es zu bedrohen, damit es einen überhaupt an sich heranließ.
Der zweite Schritt: das Pferd so zu behandeln, dass es sich wohlfühlt in der Gegenwart des Menschen und sich von ihm führen lässt.
Der dritte Schritt war, es zu nehmen und mit ihm durch den Hof zu gehen.
Das Pferd hat die viel größere Körperkraft, es könnte einen mitschleifen, es könnte einen treten. Gleichzeitig ist es so unendlich verletzlich.

So ähnlich, meine Herren, ist es auch mit uns Frauen.
Wenn Ihre Frau noch keinerlei Interesse an Sex zeigt und gar nicht erregt ist, braucht es zunächst einen Weg, ihr Interesse zu wecken.
Erst dann geht es darum, sie so zu berühren, dass sie sich einlässt und bereit wird, Sie hereinzulassen.
Und die Krönung liegt darin, sie so zu nehmen, dass sie mitgeht.

Wie Sie dies erreichen können, erläutert das Folgende:
1) Die Entdeckungsreise:

Sich von den Körpersignalen der Frau den Weg zum Orgasmus zeigen lassen.
Erforschen Sie das „Neuland Frau" bei jedem Mal wieder, als ob es das erste Mal wäre, dass Sie Ihrer Frau begegnen. Es geht darum, dass Sie üben, die Körperreaktionen Ihrer Frau genau wahrzunehmen. Bei welcher Berührung beginnt sie schneller und evtl. tiefer zu atmen, bei welcher Berührung will sie mehr?
Die Atmung der Frau ist ein untrüglicher Faktor – sicherer als Stöhnen, das sie simulieren kann. Denn die Atmung zeigt genau an, wie ein Mensch gerade fühlt: Ist er einfach nur entspannt, atmet er tief und gleichmäßig. Ist er angespannt, atmet er flach. Ist er erregt, wird die Atmung zunächst tiefer und dann schneller und tiefer. Wenn eine Frau versucht, dieses tiefere und schnellere Atmen zu simulieren, ohne sich einzulassen, wird ihr schwindlig (Hyperventilation) und sie wird damit aufhören. Will eine Frau sich jedoch einlassen, obwohl sie sich nicht so recht traut und lässt die tiefere Atmung zu, dann löst diese tiefere Atmung Blockaden und sie wird körperlich weiter und (aufnahme)bereiter für das Eindringen.

Dieses Wahrnehmen-Lernen bedarf einer gewissen Zeit: Probieren Sie also eine Art der Berührung über einige Minuten und nehmen Sie wahr, ob die Atemfrequenz Ihrer Frau ansteigt. Bei höherer Erregung kann die Atmung auch langsamer und tiefer werden, statt schneller – aber immer verbunden mit einem körperlich spürbaren Zuwachs an Erregung im Körper. Das Sich-Sehnen Ihrer Frau wird für Sie als Mann deutlich spürbar – und führt bei Ihnen zur Vertiefung Ihrer eigenen Erregung.
Und dieses Sich-Sehnen der Frau ist der Motor, der die Sexualität trägt und die Kraft, in die hinein Sie sich als Mann entspannen können.

Dieses Sehnen gilt es zu vermehren, denn Ihre Frau kann mit ihrem Körper sie beide in die höchsten Höhen der sexuellen Lust führen – wenn sie dies zulässt und sich Ihnen, werter Mann, hinzugeben beginnt.

**2) Sich nicht irritieren lassen
von den vielfältigen Wünschen und Aussagen der Frau:
Der Körper sagt die Wahrheit, die der Kopf oft nicht so gerne hört.**
Moderne Frauen haben häufig gelernt, sie müssten ihre Wünsche äußern und werden Ihnen das eine oder andere sagen, das Sie unbedingt tun sollten, damit der Sex gut werde. Erfahrungsgemäß entspringen diese Wünsche dem, was sie sich für sich wünscht. Doch Sex ist ja eine Zwiesprache – und hier weiß keiner vorher, wie genau die Erregung sich steigern lässt. Der effektivste Weg ist hier eine – ich sage es wissenschaftlich – Objektivierung des Ganzen durch eine Orientierung an messbaren Fakten. Und das ist die Körperwahrnehmung, und hier vor allem die Atmung.
Wenn Ihre Frau sich entspannt und beginnt, tiefer oder schneller zu atmen, sind Sie auf dem richtigen Weg. Genauso wenn Ihre Frau irgendwann durch den Mund atmen muss, weil es durch die Nase nicht mehr genügt.
Wenn sie sich jedoch verkrampft und die Atmung nicht schneller wird, sind Sie auf dem falschen Weg und tun ihr am Ende sogar weh. Dann wird sie innerlich „weggehen" und nicht mehr mit aller Aufmerksamkeit bei Ihnen sein. Also an diesem Punkt bloß nicht weitermachen, sonst machen Sie Ihre Frau und diese sich selbst zum Lustobjekt, aber Liebe und erfüllender Sex kann so nicht entstehen. Denn erfüllender Sex ist Vordringen in das unbekannte Neuland des WIR, das bei jedem sexuellen Mit-

einander neu entsteht. Hier geht es darum, sich einzulassen auf das Nicht-Wissen, wie es werden wird im liebenden Miteinander.

Bedenken Sie, dass es für eine Frau nicht risikolos ist, sich einem Mann völlig hinzugeben, denn sie ist in der Sexualität, wenn sie loslässt, „das schwächere Gefäß". Nur wenn Sie eine eher männliche Art von Sexualität lebt oder einen eher mechanistischen Orgasmus pflegt (berechenbar, machbar, bekanntes Ritual), kann sie in einem körperlich entspannenden Rahmen loslassen und den in unserer westlichen Kultur inzwischen als Pflichtübung bekannten Orgasmus bekommen – ohne sich wirklich hinzugeben. Dadurch wird aber auch Ihre Sexualität in keine größeren Tiefen vordringen und Ihre Partnerschaft keine intensivere Bindung erfahren. So besteht die Gefahr des Erlahmens der Sexualität, da keine neuen Dimensionen erreicht werden.

Das bedeutet, eine Frau wird durch verschiedene Mechanismen versuchen, Sie nicht führen zu lassen, sondern selbst zu führen. Es kann aber auch sein, dass Sie als Mann Ihre Frau einfach nicht so berühren, dass diese sich erkannt fühlt und loszulassen beginnt. Sie mäkelt vielleicht an Ihnen herum, meint, sie sollten es so oder anders machen und ist nie zufrieden. Oder sie „bockt" und zieht sich zurück ... *(Wenn dies geschieht, hilft oft nur noch Sexualtherapie, da Frau sich dann ständig selbst erklärt, dass sie mit diesem Mann jetzt auf keinen Fall Sex haben kann, weil ... – und das Ganze auch noch glaubt. Eine Sexualtherapie, in welcher der Therapeut dies als Abwehrverhalten erkennt, sollte hier wieder auf die Entwicklung der Sexualität über das oft für das Ego schwierige Sich-Einlassen hinweisen und das Abwehrverhalten auch als solches enttarnen.)*

Im Bett ist es an diesem Punkt am besten, wieder zu Punkt 1 zurückzukehren: Lauschen Sie auf den Atem Ihrer Frau und lassen Sie sich nicht durch ihre vielen Ideen, Wünsche und Ablenkungsversuche stören. Sobald jedoch ihre Atmung stockt und der Körper ihrer Partnerin sich verspannt, sollten Sie nachspüren und evtl. fragen, ob ihr etwas unangenehm ist.

3) Immer unterhalb des Erregungslevels der Frau bleiben und sie niemals überholen

Denn, wenn Sie sie überholen, d.h. in Ihren Bewegungen als Mann schneller werden oder intensiver als es dem Erregungsniveau Ihrer Frau entspricht, dann „kommt sie nicht mehr hinterher". Dann fällt ihre Erregung ab, die Atmung wird langsamer, die Lust geht und Enttäuschung kommt.

Vor allem aber entsteht das oben beschriebene Gefühl des „Zum-Objekt-Werdens", das der Tod jeder Lust des Paares ist, weil die Frau in ihre Innenwelt, ins Träumen, zu Alltagsdingen geht, anstatt mit all ihren Sinnen sich Ihnen zu öffnen und sich Ihnen hinzugeben.

In der Bibel wird dies umschrieben als „der Frau beiwohnen mit Einsicht als dem schwächeren Gefäß" (z.B. 1. Petr. 3.7).

Wir haben zwar heute eine unwahrscheinlich große Anzahl an Männern, die in der Sexualität sich sehr vorsichtig und sanft mit den Frauen verhalten. Doch, das ist nicht, wovon ich rede. Wenn ein Mann einfach nur sanft und vorsichtig ist, dann ist das für selbstbewusstere Frauen eher abturnend. Es geht das Existentielle verloren, wenn der Mann „sich den Zahn der Aggression zieht".

Hier ist die in der Bibel beschriebene Wendung ein schönes Bild: der Frau „beiwohnen", „mit Einsicht als dem schwächeren Gefäß". Also der Mann soll die Frau erkennen in ihrem aufnehmenden Wesen, sie zur Hingabe motivieren, aber auch „Mann bleiben" und sich seiner Stärke und auch seiner Kampfkraft als Mann bewusst bleiben.

Doch dieses Prinzip ist bei den Männern heute etwas in Vergessenheit geraten. Das liegt wohl daran, dass die modernen Frauen oft sehr tough wirken, sexuell eher freizügig und gleichzeitig willenstark auftreten. Ein anderer Aspekt ist meiner Erfahrung nach, dass wir in einer Zeit der Egozentrik leben, in welcher jeder seine Wünsche durchsetzen will – bis auf diejenigen, die gewohnheitsmäßig lieber zurückstecken.

Doch, werte Männer, bedenken Sie einmal ganz konkret, in welch verletzliche Körperhaltung sich eine Frau beim Sex allein durch das Öffnen ihrer Beine begibt. Und weiter noch: Wenn sie sich wirklich dem Mann hingibt, bedeutet dies völligen Kontrollverlust. Sie können durch eine zu heftige Bewegung ihre Frau furchtbar verletzen. Angesichts dieser Tatsache ist es wohl nur zu verständlich, dass Frauen sich nicht so einfach einem Manne völlig hingeben bzw. dass es wichtig ist, dass der Mann wirklich lieben und seine Frau erkennen lernt, bis diese sich ihm wirklich hingibt. Das heißt, wir sprechen hier von einem Weg des Vertrauens und der tiefen Innigkeit, der erst jene völlige Hingabe bei der Frau auf gesunde Weise ermöglicht, und somit dem Paar den gemeinsamen Aufstieg in unendliche Höhen der energetischen Kräftesammlung, der dann ein Auseinanderfallen der Beziehung kaum mehr zulässt.

So wird Ihnen, werte Leser, wohl deutlich, dass Sex nicht einfach eine schöne Sache ist, sondern: Wenn man Sex in dieser Intensität betreibt, geht man eine tiefe Beziehung zu dem betreffenden

Menschen ein, die nicht mehr so einfach lösbar ist. Drum prüfe, wer sich durch Sex bindet, denn er bindet sich.

4) Bei einem Erregungsplateau der Frau oder einem Erregungsabfall entspannen und einfach etwas Neues probieren.
Fühlen Sie Ihre Frau und trauen Sie sich, zu experimentieren. Jede Frau ist anders und jede Frau verändert sich ständig. Sie können gar nicht wissen, was Ihre Frau jetzt erregt – also experimentieren Sie und wagen Sie auch Ungewohntes. Es geht ja um ein LiebesSPIEL, um das Erkennen der Frau, und nicht etwa um einen „Orgasmus-Leistungszirkel".

Als einzige konkrete Leitlinie kann man sagen: Wenn der Körper Ihrer Frau völlig entspannt, weich und ohne spürbare Erregung ist, ist es besser, zart, punktuell, langsam aber **deutlich zielgerichtet** vorzugehen.
(Ich weiß, ich wiederhole mich, aber das ist entscheidend und wir lernen über Wiederholung.)
Das wäre zum Beispiel ein Zeigefinger auf dem Bauch, der langsam, aber völlig sicher und zielgerichtet nach unten in Richtung Vagina wandert, sodass die Frau aus ihrer Entspannung heraus „erwacht" und neugierig wird. Sie begreift: Es wird gleich etwas passieren. Sie beginnt aufmerksam zu werden, die Spannung steigt, sie ringt vielleicht damit, ob sie eigentlich gerade will oder nicht, während Ihr Finger zart aber zielgerichtet weiter wandert. Und Sie fühlen den Atem Ihrer Partnerin: Wird er schneller, so ist ihr Interesse und ihre Lust geweckt und Sie sind auf dem richtigen Weg. Passiert nichts, so sollten Sie vorsichtig noch etwas weiter machen, um zu schauen, ob sie doch noch

„anspringt", aber dann das Vorgehen wechseln, wenn nichts passiert.

Dann ist es vielleicht gut, ihre Pobacken zu streicheln und hierin langsam stärker zu werden und sich nach unten vorzutasten, oder ihre Brüste zu streicheln und sich den Brustwarzen zu nähern.

Wichtig ist einfach: Bringt Ihr Tun die Atmung Ihrer Frau in Wallung oder nicht?

15.2. Die 4 Erregungsphasen der Frau

Sex ist eine Zwiesprache zwischen zwei unterschiedlich funktionierenden Menschen und Körpern, d.h. die aufeinander abgestimmten Kommunikationssignale bewirken den Anstieg der sexuellen Energie. Je besser die Handlungen auf die Bedürfnisse und Körperreaktionen abgestimmt werden, umso besser „versteht man sich" und umso mehr kann die Energie ansteigen, wenn man bereit dazu ist und keine Hemmungen dies verhindern.

Die Rollenverteilung von Mann und Frau ist hier zwar am einfachsten, wenn der Mann führt und die Frau folgt. Zu sexuellen „Höhenflügen" kommen Sie jedoch am ehesten, wenn Sie sich den Mann als Zündung und die Frau als den Motor vorstellen: Der Mann gibt häufig (aber nicht immer) den Anfangsimpuls, doch dann geht ihm die „Puste aus", wenn er sich nicht tragen lässt von dem „Motor" Frau. Denn die sexuelle Energie der Frau „verpufft" nicht wie beim Manne, sondern kann sich in ihrem Gesamtniveau ohne Anstrengung immer höher schrauben. Deshalb ist es so wichtig für eine gelingende Sexualität, dass der Mann die Frau in ihrer Erregungskurve kennenlernt. Und deshalb ist es so hilfreich, wenn er die Erregung der Frau anregt, bis ihr „Motor läuft", sich dann aber etwas zurücknimmt, statt „voranzupreschen". Die Devise für den Mann lautet also: Die Erregung der Frau genießen und sich von ihr tragen lassen – und dies ist auch das beste Heilmittel bei Potenzproblemen. Je mehr ein Mann sich hier entspannt, desto länger und tiefer kann er seine Erregung halten und wachsen lassen. Je mehr er mit seinem Penis „herumfuhrwerkt", desto schneller ermattet dieser.

Im Folgenden werden die vier Erregungsphasen der Frau aus Kapitel 14 vertieft und durch praktische Hinweise ergänzt, wie ein Mann eine Frau am ehesten in jeder Phase stimulieren kann:

1) VORKONTAKT: Wenn noch kein Interesse besteht
=> *Interesse wecken und die Öffnung provozieren*
Körperzustand der Frau:
Wenn die Frau noch nahezu unerregt und die Scheide ganz oder relativ verschlossen und trocken ist, ist es hilfreich, wenn der Mann ihr zunächst nonverbal „zu verstehen gibt", dass jetzt „etwas Interessantes" losgeht.
Atmung der Frau: Normal.
Empfindungen der Frau: Alles von müde, abgespannt über unruhig und angespannt oder auch schon voller Lust, aber noch nicht richtig bereit zum Sex.
Hilfreiche Berührungen, um die Erregung der Frau zu steigern:
Punktförmiges, zielgerichtetes Eindringen als Signal „Ich will dich, mach mit!", z.B. achtsam, aber zielgerichtet mit einem Zeigefinger die Scheide langsam umkreisen und dann langsam eindringen, erforschen.
Gleichzeitig ist es ein hilfreiches Signal, die Beine der Partnerin zu spreizen und nicht zuzulassen, dass sie diese schließt – es sei denn, es liegt eine Missbrauchs- oder Gewalterfahrung vor, dann wird die Partnerin darauf mit sofortigem Rückzug, Erstarrung und Erregungsverlust reagieren.
(Natürlich, Sie können mit jeder Art von Streicheln beginnen. Bei vielen Frauen helfen beispielsweise zarte Berührungen gerade in der Anfangsphase. Häufig jedoch führen diese auch dazu, dass die Frau sich zwar entspannt, aber nicht „gierig" wird, sondern eher irgendwann einschläft oder abdriftet. Deshalb ist ein allgemeines „Herumstreicheln" an der Frau nicht unbedingt zielführend.

2) KONTAKTNAHME:
Wenn schon Interesse besteht und die Atmung leicht vertieft ist => *die Erregung und Hingabe fördern*
Körperzustand:
offen, bereit, aber noch kein höheres Erregungsniveau. Kontrolliert, interessiert, lustvoll, aber noch keine völlige Hingabe.
Atmung:
Vertiefung und Beschleunigung der Atmung.
Empfindungen:
Ein Sich-Sehnen, Ziehen, Wunsch-Gefühl im Unterleib, Bedürfnis mehr loszulassen, sich am Partner zu reiben, die Beine zu öffnen.
Hilfreiche Berührungen:
Zartes, intensiver werdendes Streicheln der Brüste, Innenseiten der Oberschenkel, Schamlippen und festeres Massieren der Brustwarzen (ohne die Brust an sich zu kneten, denn das ist für fast alle Frauen unangenehm!)

UND: Solange die Atmung der Partnerin schneller wird und ihre Bewegungen schneller werden sowie an Intensität zunehmen, machen Sie das Richtige.
Sobald diese Intensität abflaut, sollten Sie Ihr Tun verändern: anders streicheln, eine kleine Pause machen und die Frau kurz warten lassen. Das Ziel ist, dass sie gierig wird.

3) VOLLKONTAKT:
3a) Annäherung an den „Point of No-Return":
Wenn sie stark erregt ist und sich in völliger Hingabe und Gier befindet
=> *sich entspannen und sie gierig werden lassen*

Körperzustand:
Der Körper ist jetzt stark erregt, in ständiger Bewegung und in völliger Hingabe, Lust und Gier befindlich.
Atmung: Rhythmisch-heftig, zumeist schnell.
Empfindungen: Ein Höchstmaß an Spannung und drängendem Wollen.
Hilfreiche Berührungen: Hier genießen es die meisten Frauen, wenn Sie sie „etwas härter anfassen": Ein gezielter Schlag mit der flachen Hand auf die Innenseite der Oberschenkel oder auf das Gesäß fördert das tiefere Loslassen der Frau. Auch die Brustwarzen vertragen jetzt starkes Kneten.

NUR – behalten Sie Disziplin und lassen Sie sich nicht zu ungezieltem, brutalem Schlagen verleiten. Die Grenze zur Gewalt ist hier sehr fließend. Nur Ihre einfühlsame Wahrnehmung der Reaktionen Ihrer Partnerin zeigt Ihnen den Weg auf dem schmalen Grat. Erlauben Sie sich, wahrzunehmen, wie schmal dieser Grat zwischen „Täter" und „Liebendem" ist, bejahen Sie diesen Aspekt des Mann-Seins und entspannen Sie sich.

Jetzt ist es wichtig, dass Sie als Mann nicht zu viel tun: Weniger ist hier mehr. Lassen Sie Ihre Frau ruhig immer wieder warten, geben Sie ihr dann ein bisschen an Streicheln oder Bewegungen mit Ihrem Penis.
Richten Sie hierbei Ihr Tun an der Erregungszunahme Ihrer Frau aus: Wenn etwas, was Sie tun nach einigen Minuten nicht zu einem weiteren Anwachsen ihrer Erregung führt, entspannen Sie sich erst einmal (statt hektisch zu werden, sich minderwertig zu fühlen oder ärgerlich zu werden auf Ihre Frau). Genießen Sie lieber die gierige Erregung Ihrer Frau und machen Sie dann nach einer kleinen Pause etwas anderes, um Sie zu erregen. Oftmals

wird sie versuchen, Ihnen durch Körpersignale zu zeigen, was sie gerne hätte. Üben Sie einfach, Ihre Frau mit allen Sinnen in ihren Körperreaktionen wahrzunehmen.

Wenn Sie sich dann irgendwann entscheiden, dass es jetzt Zeit für den Orgasmus ist, bringen Sie sich selbst in eine gute Position, um eine Weile dasselbe weitermachen zu können – egal ob mit dem Penis, mit der Hand oder der Zunge. Dann machen Sie ruhige, rhythmische Bewegungen, bis ihre Partnerin zum Höhepunkt kommt.

In der Anfangszeit ist es gut, wenn Sie sich erst nach dem Orgasmus Ihrer Frau selbst zum Orgasmus kommen lassen oder auch einfach Ihre Partnerin darum bitten. Sobald Sie routinierter darin geworden sind, mit der Erregungskurve Ihrer Frau umzugehen, können Sie Ihren eigenen Orgasmus immer leichter zeitnah oder zeitgleich mit Ihrer Partnerin kommen lassen.

3b) Der Orgasmus
=> *gleichmäßig ruhig weitermachen, was man gerade tut (Nur keine Hektik und bloß nicht aufhören.)*
Körperzustand: Zuckungen, die vom Becken ausgehen, Stöhnen oder Schreien.
Atmung: Stoßweises Ausatmen bzw. Stöhnen oder Schreien.
Empfindungen: Unkontrollierbare, ekstatische Körperzuckungen verbunden mit einem Gefühl des völligen Loslassens und Eskalierens, des Sich-Verlierens in der Hingabe.
Hilfreiche Berührungen: Festes Halten bei Bewegungsspielraum für die Wirbelsäule, damit sich die Energie entladen kann.

4) NACHKONTAKT: Das Ausklingen (das wieder in eine Erregungsphase und auch zügig in eine neue Plateauphase mit Orgasmus münden kann)
=> *ruhige, zarte, oberflächliche Berührungen (nicht eindringlich)*
Körperzustand: Völlig entspannt, Gliedmaßen gelöst. Manchmal fließen Tränen oder die Frau kuschelt sich an Sie und beginnt zu erzählen.
Atmung: Ruhig, tief, entspannt.
Empfindungen: Frieden.
Hilfreiche Berührungen: Zartes Halten, zartes Streicheln.
UND: Wenn Sie selbst nach der Frau einen Orgasmus haben wollen, ist es für die meisten Frauen nicht unangenehm, wenn Sie mit ihren Bewegungen einfach weitermachen. Falls Ihre Partnerin zu weich und weit wird, können Sie evtl. ihre Beine schließen, sodass die Scheide wieder enger wird oder von hinten in Sie eindringen, sodass Sie einen anderen Reiz haben.
WENN Sie Ihre Partnerin zu einem weiteren Höhepunkt bringen wollen – und diese dazu bereit ist, können Sie wieder bei der Erregungsphase beginnen.

15.3. Wie die Frau ihre Lust vertiefen und so den Mann beglücken kann

Auch hier gibt es relativ einfache Prinzipien, deren Einhaltung die Lust einer Frau fördern.

1) Sich-zu-erkennen-Geben:
Lassen Sie sich sein, wie Sie fühlen – auch, wenn Sie Ihr Fühlen für kompletten Quatsch halten.
Ihr Körper reagiert, lassen Sie es zu. Und wenn Ihr Körper nicht reagiert, nehmen Sie es ernst, schämen Sie sich nicht und vor allem, spielen Sie Ihrem Mann nichts vor, sonst kann er Sie nicht begreifen und es kommt nie zu wirklich gutem Sex.
Leichter ist es, ab und zu einfach seine Hand zu nehmen und ihm zu zeigen, was sie jetzt erregen würde.
Dazu müssen aber zunächst Sie lernen, sich selbst zu spüren und aus Ihren bisherigen „sicheren" Gewohnheiten zum Orgasmus zu kommen herauszutreten. Solange sich die Sexualität mit Ihrem Partner sicher anfühlt und nicht „gefährlich", bleiben Sie in Ihrer Komfort-Zone. Hier ist es zwar schön bequem, aber es wird auch irgendwann langweilig und die Lust verliert sich.

2) Die Frau als das „schwächere Gefäß":
„[…] der Frau beiwohnen als dem schwächeren Gefäß" (1. Petr 3,7).
Lassen Sie nichts mit sich machen, was Ihnen nicht guttut – oder hängen Sie die Trauben höher, auch wenn er ringt (denn Kämpfen gehört zum Handwerk des Mannes).
Zwingen Sie sich nicht zum Loslassen, sondern achten Sie darauf, was Sie brauchen, um loszulassen und zeigen Sie sich hierin.

Für die meisten Frauen ist es wesentlich, dass sie nicht bedrängt, sondern gelockt werden. Wenn ein Mann drängt, vergeht den meisten Frauen die Lust, da sie das Gefühl haben, zu müssen. Weiterhin ist es für die meisten Frauen wesentlich, dass der Mann ihnen nicht irgendwo wehtut, dass er sauber ist, dass er nicht zu viel Alkohol getrunken hat und, und, und.
Das alles sind Dinge, die zu Beginn der Sexualität wesentlich sind, weil Frau „abcheckt", ob sie bei diesem Mann wirklich sicher ist. Tatsache ist, dass eine Frau sich durch das Eindringen-Lassen des Mannes mehr in Gefahr begibt als der Mann: Sie ist mit gespreizten Beinen wehrloser als der Mann. Und wenn sie erst einmal richtig erregt ist und die Kontrolle loslässt, dann liefert sie sich dem Manne sehr weit aus.
Deshalb ist es wichtig, ernst zu nehmen, was frau zu Beginn der Sexualität benötigt, um sich sicher zu fühlen und völlig loszulassen. Und lassen Sie nicht zu, dass ein Mann sich darüber lustig macht.

Eine Klientin zum Beispiel fühlte sich sehr schnell von den Berührungen ihres Partners verletzt. Er fasste sie hart im Genick oder zog an ihren Schultern, um sie in die entsprechende Position zu bringen. (Sie war viel kleiner als er und sehr zierlich.)
Als sie ihm dies sagte, reagierte er wie viele Männer: Er machte sich über ihre Empfindsamkeit lustig, zudem war er auch beleidigt über ihre Kritik und meinte, er könne es ihr nie recht machen. Tatsache war aber, dass diese Frau sich öfters beim Sex im Schulterbereich verrenkt hatte.
Dies ist eine typische Situation, in welcher die Frau ihre Verletzlichkeit in der Sexualität nicht ernst nimmt und zulässt, dass der Mann dasselbe tut.

Hier gilt es, dem Mann verständlich zu machen, in welch verletzbare Situation sich die Frau begibt, und dass diese Verletzlichkeit nicht etwa ein „Getue" ist, sondern Ausdruck ihrer Zartheit. Gewinnen kann er die Hingabe der Frau, wenn er diese Zartheit als Ausdruck des Frau-Seins wahrzunehmen und zu genießen beginnt und dafür sorgt, dass seine Frau gefahrlos völlig loslassen kann – ohne, dass hinterher ihr Rücken schmerzt. (Dies ist natürlich in einer Kultur, in der wir Frauen die starken Macherinnen mimen, für die Männer nicht ganz einfach! Hier müssen wir uns schon etwas mehr „zu erkennen geben" in unserer Zartheit, und zum Beispiel die Männer wieder um Hilfe bitten bei schweren Arbeiten.)

Dasselbe gilt für alle Arten von Unterleibsproblemen, die Frauen nach dem Sex oder im Zuge eines „Benutzt-Werdens" durch den Mann erleiden: Männer, die ihre Frauen einfach für ihre Befriedigung benutzen ohne auf deren wirkliche Bedürfnisse zu achten, schaden sich in zweifacher Weise: Zum einen geben sich ihre Frauen ihnen nicht in der Tiefe hin, wie es möglich wäre, und zum anderen bleiben diese Männer in der begrenzten Art von Sexualität hängen, die sie allein – ohne die gemeinsame Weiterentwicklung der Intimität – erreichen könnten. Und drittens werden ihre Frauen mit den Jahren kränker und fallen von einem Unterleibsproblem ins andere. Denn: Die Frau ist das schwächere Gefäß, das in seiner Sensibilität auf Benutzt-Werden mit Erkrankung reagiert.

3) Nehmen Sie Ihre existentiellen Sicherheits- bedürfnisse ernst!

Wie beim Entbinden so brauchen Frauen auch in der Sexualität ein sicheres Nest, das heißt einen Mann, der wirklich für sie sorgt.

Ein Mann, der seine Frau zu viel arbeiten lässt und sich selbst auf die faule Haut legt oder ein Mann, der das Geld hinauswirft, die Kinder nicht begrenzt oder seine Frau ständig in sie überfordernde Lebenssituationen hineinzwingt, wird in der Sexualität keine völlige Hingabe seiner Partnerin erhalten, da diese immer das Gefühl hat, selbst für ihre Sicherheit sorgen zu müssen.

Deshalb ist es wichtig, dass Frau selbst ihre existentiellen Sicherheitsbedürfnisse ernst nimmt und – statt diese als unabhängige Frau immer selbst zu erfüllen – den Mann darum bittet, diese zu erfüllen.

Das heißt nicht, dass er alles Geld verdienen muss.

Aber das heißt, er sollte dafür sorgen, dass seine Frau nicht aus finanziellen Gründen zuviel arbeitet, dass sie nicht durch den gemeinsamen Lebensstil überfordert wird und dass sie nicht in Angst vor der eigenen Kindern lebt. Eine Frau hat Lust auf ihren Mann, wenn er der Held ist, der sie beschützt. Dies geschieht, indem er für Sicherheit im Leben sorgt, damit sie gemeinsam Spaß haben können. Und dies geschieht, indem er mithilft, die Kinder zu begrenzen und ihnen Achtung vor den Eltern beizubringen. Denn so bekommt das Familienleben eine gesunde Ordnung und das Paar konkreten und seelischen Raum für die Lust. Denn, wie sagte mein Lehrer Hugo-Bert Eichmüller: „Lust ist ein Überschuss an Energie."

Eine „moderne", unabhängige Frau, die alles selbst macht, hat Lust auf ihren Mann über eine gewisse Zeit, nämlich bis er ihr langweilig wird. Der Preis für ihre Unabhängigkeit ist leider die mangelnde Kraft ihrer Sexualität über die Jahre: Nach der Verliebtheitsphase beginnt die sexuelle Anziehung zu verpuffen, nach einigen Jahren ist nicht mehr viel davon übrig und die Beziehung erstarrt im Schein oder zerbricht.

4) **Geben Sie ihm keine guten Ratschläge,
sondern lernen Sie, aus Liebe zu nehmen,
was Sie bekommen, auch wenn es noch lange
nicht das ist, was Sie sich wünschen würden!**
*(Aber weiter ist er nun mal noch nicht und lieben heißt,
sich wachsen zu lassen.)*
Was ist nun, wenn der Mann Ihnen nicht gibt, was Sie gerne hätten?
Das ist das häufige Problem der modernen Frauen, die ihre eigene Sexualität entdeckt haben, aber mit einem Partner leben, der sie noch nicht „erkennt".
Je mehr Sie an ihm herumkritisieren, desto weniger wird es funktionieren.
Der Königsweg ist die Verbindung von „Sich-zu-erkennen-Geben" mit der Hingabe an das, was er Ihnen jetzt zu geben vermag – auch wenn Sie über Jahre nicht zum Orgasmus kommen.
Hart, aber wahr.
Was ich Ihnen aber garantieren kann, ist, dass es sich lohnt, wenn Sie „dranbleiben", nicht „ausbüchsen", sondern mit Ihrem Frust dableiben und sich beiden erlauben, über Jahre zu wachsen, in Liebe immer mal wieder „zarte" Hinweise geben, womit er Sie glücklich machen könnte: Denn wirkliche Liebe wächst über Jahre und wächst durch das Verzichtenlernen auf sofortige Bedürfniserfüllung.

Völlige Bedürfnisbefriedigung auf Anhieb oder nach kürzester Zeit werden Sie zumeist nur bei Männern mit ausgeprägten Borderline-Zügen finden, die ihre Beziehungsunfähigkeit dazu genutzt haben, ihre Sexualität zu perfektionieren.

Diese Männer können – auf der Basis der emotionalen Missbrauchserlebnisse ihrer eigenen Kindheit – extrem gut die sexuellen Bedürfnisse der Frauen erspüren und befriedigen. Doch zumeist tun sie dies leider ohne sich wirklich auf die Beziehung einzulassen. Psychotherapeutisch handelt es sich um den Abwehrmechanismus der Spaltung. Hier ist das Drama vorprogrammiert und Frau zahlt für die nahezu himmlische Lust mit geradezu tödlichem Leid.

Wenn Sie so etwas erleben, ist es besser, eine Weile ganz auf die Sexualität zu verzichten und an einer tragfähigen Partnerschaft zu arbeiten, bevor man sich wieder sexuell einlässt.

15.4. Sich im Sex einander schenken

Heute höre ich so oft von Männern wie von Frauen – nein, eigentlich von Frauen noch häufiger als von Männern: „Ich möchte endlich meine Sexualität voll leben." Aber: Wie soll denn das gehen? Sexualität ist doch per se immer eine Angelegenheit zwischen ZWEI Menschen, es ist immer DIE Vereinigung der beiden zu einem NEUEN Ganzen.

Hierzu haben wir in der Paartherapie-Ausbildung alles Mögliche ausprobiert, um die Sexualität für beide Partner befriedigender zu gestalten: wie z.b. eine Wunschkiste, in der beide ihre sexuellen Wünsche, auf Zettelchen geschrieben, hineinwerfen und abwechselnd diese ziehen und einander erfüllen. – Es brachte gar nichts außer einem Abarbeiten von Pflichtübungen. Da war abwechselnder Konsum, aber keine Vertiefung unserer sexuellen Bindung, und schon gar nicht der Lust.

Dies hat die Bibel besser umschrieben (vgl. vorne Kor 7, 3–5):
Die Frau verfügt nicht über ihren eigenen Leib, sondern der Mann. Ebenso aber verfügt auch der Mann nicht über seinen Leib, sondern die Frau.
Das ist der Weg ins Mysterium der Förderung der Lust bis ins Alter: Sich wirklich dem anderen schenken in der Lust. So bleibt sie immer geheimnisvoll, immer neu, weil immer neue Offenheit entsteht, sich ganz auf den anderen einzulassen, sich ihm zu schenken – und nur so kann sich die Sexualität über die Jahre der Entwicklung des Paares anpassen, sie ausdrücken und fördern.

Mein Mann hat dies sehr gut beschrieben, als ich ihn fragte, was er denn mit seinen sexuellen Fantasien so mache, ob wir diese nicht gemeinsam auch ausleben sollten. Darauf meinte er: Im Innern sind jede Menge dunkle Fantasien, es macht ihn aber nicht in der Tiefe glücklicher, diese auszuleben, es gibt ihm nur einen kurzen Kick. Eine Beziehung ist immer auch verzichten, doch dafür bekommt man ganz viel Erfüllung.

Ja, wir könnten ganz viel tun – und unsere Welt ermöglicht dies heutzutage immer leichter durch sexuelle Toleranz und die unbegrenzten Möglichkeiten des Internets. Doch andererseits gibt es immer weniger glückliche Ehen und immer weniger erfüllende, sexuelle Beziehungen. Das sollte uns zu denken geben.

Hierzu kann ich persönlich nur sagen: Ich habe alles Mögliche ausprobiert, aber die größte Erfüllung und dauerhafte persönliche wie sexuelle Bindung konnte ich nur in diesem Sich-einander-Schenken finden.

15.5. Die andere Dimension ...
oder „auf der Woge reiten ..."

Die sexuelle Energie des Mannes wirkt zwar zunächst sehr stark und drängend, hat aber nicht die Kraft, das Paar in tiefere Dimensionen der Intimität zu führen, da sie zu schnell an der Oberfläche verpufft, ohne tiefere psychische Prozesse in Gang zu setzen.

Deshalb ist es für die Paarbeziehung so wichtig, dass der Mann im Sex nach und nach lernt, die Frau zu erkennen.
Indem der Mann die Frau erkennt in ihrer Sexualität – und sich die Frau dem Mann zu erkennen gibt –, kommen zunächst mehr und mehr psychotherapeutisch wirksame Faktoren in die Sexualität hinein und später auch spirituell wirksame.

Man kann hier drei Phasen erkennen:
1) **Den Orgasmus „hinkriegen":**
   Der Mann erkennt, wie er die Frau überhaupt so stimulieren kann, dass sie zum Orgasmus kommt. Dies geschieht durch Stimulation der erogenen Zonen, zumeist zu Beginn und bei jungen Frauen hauptsächlich durch Stimulation der Klitoris und des Scheideneingangs. Mit einiger Übung funktioniert dies zwischen Mann und Frau reibungslos durch Petting und später auch durch Geschlechtsverkehr, indem die Frau zu erkennen gibt, wie sie sich am Mann reiben muss, um zum Orgasmus zu kommen. Hier wird die Erregung der Frau angeschoben, es ist Arbeit und zur Belohnung gibt es den Orgasmus.

Doch diese Form des sexuellen Miteinanders schafft noch keine tiefere Bindung zwischen Mann und Frau, denn sie ist machbar, kontrollierbar. Sie schafft Befriedigung wie ein Konsumgut, führt jedoch oftmals auf lange Sicht zu Lustlosigkeit, denn es ist kein Geheimnis mehr darin. Kein Mysterium, nur gutes Funktionieren.

Was sie psychotherapeutisch leisten kann, ist ein Sich-nicht-Verweigern, kein „Ich mag dich nicht und deshalb schlaf ich nicht mit dir!". Doch leider endet diese Entwicklungsphase allzu oft in der sexuellen Lustlosigkeit, vor allem seitens der Frau.

2) **Das Spiel mit der Energie:**
Der Mann erkennt die Erregungskurve der Frau und beginnt, ihren Orgasmus zu verstärken, indem er ihn hinauszögert. Hierzu gehört viel Einfühlungsvermögen, da der Mann sowohl Herr seiner eigenen Erregung sein muss, als auch wahrnehmen können muss, wo die Frau sich in ihrem Erregungsaufbau befindet.

Die Kraft des Orgasmus steigt, solange er in der Anstiegsphase (Vgl. Modell von Masters und Johnson.) die Stimulation ändert oder vermindert, wenn er jedoch kurz von dem Orgasmus nachlässt, führt dies zu einem frustrierenden Abfall der Erregung bei der Frau, auf den die meisten Frauen mit einem Verlust der Bereitschaft zum Orgasmus reagieren. Eine Frau muss viel Liebe und Frustrationstoleranz in sich tragen, um das mehrfach mitzumachen und dennoch zum Orgasmus bereit zu sein.

Was diese Phase zu leisten vermag, ist vor allem der Kontakt der Frau mit ihrer sexuellen Urenergie und ihrem Bedürfnis danach, noch tiefer loszulassen und sich noch tiefer hinzugeben. Sie kann erkennen, zu welchen Tiefen von Liebe sie fähig ist und zu welchen Dimensionen von Hingabe und Weite.

Doch das ist ein Spiel mit dem Feuer: Wenn nämlich der Mann dieses Erkennen ohne Bindung tut und die Frau sich darauf einlässt, öffnet sie sich dem Mann so weit, dass ihre Bindung enorm stark wird. Dies kann zur sexuellen Abhängigkeit führen und die Psyche krankmachen.

Genau das ist das Problem dieser Phase: Der „normale" Mann tut sich normalerweise schwer, dieses „Erkennen" zur Perfektion zu treiben, da er sich psychisch und körperlich nicht in dieser Art kontrollieren kann. Wem das allerdings leicht fällt, das sind Männer mit ausgeprägten Borderline-Zügen und/oder einer ebenso ausgeprägten Beziehungsunfähigkeit. (Vgl. Kapitel 15.3.) Da diese Männer die Sexualität vom Kopf her kontrollieren können, ohne sich als Mensch tiefer einzulassen, können sie sich völlig auf das präzise Wahrnehmen der Frau konzentrieren. Bei einem solchen Mann erlebt eine Frau zwar sexuelle „Höhenflüge", jedoch ohne das entsprechende Beziehungsfundament. Auf diese Weise entsteht schnell sexuelle Abhängigkeit.

Im Klartext: So „geil" sich diese Phase auch anhört, sie ist nur eine Durchgangsphase – wenn auch eine sehr verführerische. Die Buddhisten würden sie dem Maya, dem Zustand der geistigen Verblendung, also der Illusion, zurechnen, da sich heftigste energetische Phänomene zeigen können, die leider psychisch, spirituell und bindungsmäßig überhaupt nichts bedeuten müssen.

Der Sinn der Phase ist, in eine tiefere Dimension des Mann- und Frau-Seins hineinzuwachsen, sich auf die Urkräfte einlassen zu lernen, aber nicht hier stehen zu bleiben, sonst wird es zum lusttötenden Konsum.
Es mutet ein wenig wie die Schönheit und Reinheit von Babys an: Sie berühren uns zutiefst, lösen in uns den Wunsch aus, Kinder zu bekommen, binden uns an sich und machen uns so bereit, auch die harten Phasen der Trotzperiode und Pubertät durchzustehen.

3) **Die tantrische Phase:**
Hier hat der Mann erkannt, welche Urkraft in der Frau verborgen liegt und lässt diese kommen, statt sich zu verausgaben. Er lauscht dem Anrollen der Woge bei jeder Berührung und lockt die Frau, statt sie zu drängen – wie in der ersten Phase. Und er begibt sich in eine Haltung des Lauschens, statt des Kontrollierens, weshalb er sich jetzt wirklich einlässt auf Intimität mit der Frau und tiefe spirituelle Wirkfaktoren heilsam werden.

Hier wird das Miteinander einfach: Es ist ein Sich-Einlassen ohne Ziel, das immer wieder – aber nicht immer – von tiefberührenden Orgasmen gekrönt wird, jedoch ohne Anspruch darauf. Die Lust bleibt stabil in Liebe und im Einander-zugetan-Sein.

16. Die 4 Entwicklungsstadien der *Elementaren Geschlechterkräfte* bei Mann und Frau

Die Entwicklung der Geschlechterkraft des Mannes verläuft in vier Stadien oder Phasen, die alle gelebt und erlernt werden wollen.
Versucht ein Mann, „heilig zu sein", eine Phase zu überspringen oder sich „nicht auf dieses Niveau herabzulassen", kastriert er sich in seiner männlichen Kraft, zähmt den „wilden Mann" in ihm, was zumeist zu Langeweile in der Beziehung führt.

1. Phase: das Spielkind

In dieser Phase probiert der Mann Beziehungen, wie ein Kind, das spielen will. Es möchte Sexualität kennenlernen und weiß noch nicht so recht, wer er ist und welche Partnerin er sucht. Eigentlich sucht er gar keine richtig, sondern möchte einfach mit den Frauen eine schöne Zeit haben, Sexualität genießen. Man möchte offen bleiben für andere Frauen und sich nicht festlegen. Dieses Ausprobieren hilft ihm, sein ureigenes Mann-Sein zu entwickeln, was bedeutet, seine Persönlichkeit und seine männliche Geschlechterkraft zu integrieren.

2. Phase: der Jugendliche

Männer in dieser Phase wollen eine Beziehung mit Beziehungsverantwortung füreinander (d.h. eine Partnerin, ein gemeinsames Leben), aber keine weitere Verantwortung (d.h. keine Kinder oder andere Verbindlichkeiten). Heiraten ist nicht nötig, Zukunftsplanung erfolgt nur zögerlich.
Der Konflikt besteht hier zwischen den eigenen Bedürfnissen und denen der Partnerin.

3. Phase: der Erwachsene

Jetzt ist der Mann bereit, Verantwortung auch für Nachkommen zu übernehmen, er kann über sein Ich, über seine Bedürfnisse und die Dyade hinauswachsen – und dies ist die Phase des Konflikts. Wie wird er seine Bedürfnisse mit denen der Partnerin und der Nachkommen verbinden? Dies ist die Phase, in der Männer zum „Ausbüchsen" neigen: Sie können verantwortungsbewusst wirken und den Schein des „braven" Mannes erwecken, aber unbewusst flüchten sie vor der Beziehung in die Arbeit, in Hobbies, Internet, Alkohol o.Ä. Auch psychosomatische oder psychische Probleme dienen hier als Vermeidung, sich ganz auf die Beziehung und auf die Verantwortung als Mann einzulassen. Die Ursache liegt darin, dass der wilde Mann verdrängt, aber nicht integriert wurde. Häufig kommt es hier auch zu einer kindlichen anmutenden Sexsucht: der Mann will haben, ohne sich aus der Übermacht seiner Mutter herauszuarbeiten.

4. Phase: der Held

Ohne Heldentaten wird kein Mann zum Helden! D.h. ohne saftige Krisen, ohne tiefstes Leiden an dem Fehlschlagen einer Beziehung und an deren Folgen wird normalerweise kein Mann zum Helden. Deshalb, liebe Frauen, traut Euch, die Männer herauszufordern – in Liebe, aus Liebe und für die Liebe, sonst werden sie nie zu Helden.

Die Entwicklungsphasen der Frauen stellen sich folgendermaßen dar:

1. **Phase: das Weibchen**
Hier probiert die Frau aus, experimentiert, spielt und übernimmt kaum Beziehungsverantwortung – findet jedoch so zu ihrer Sexualität und zu ihrem Sein als Frau.

2. **Phase: die Konkubine**
Hier „fährt die Frau ihre Geschütze auf". Im Vollbesitz ihrer elementaren Geschlechterkraft will sie „ihren" Mann, doch leider ist ihre Wahl allzu oft von ihren Illusionen und Träumen geleitet, weshalb die Beziehung bald wieder in die Brüche geht. Sie wagt auch noch nicht, zu ihren inneren Erkenntnissen zu stehen und diese in die Beziehung einzubringen, sondern will es dem Manne recht machen oder Ego-Bedürfnisse durchsetzen.

3. **Phase: die Leidende**
Für Frauen sieht diese Entwicklungsphase zumeist ganz anders aus als für die Männer: Wenn sie sich auf Kinder eingelassen hat, so HAT sie diese nun auch. Anders als der Mann kann sie sich kaum dieser Verantwortung entziehen, sondern ist die Leidtragende des Verhaltens des Mannes. Lässt er sie hängen, so muss sie diese Aufgaben alleine bewältigen. Ist er brav, aber kastriert, so steht sie mit der wilden Frau in sich alleine da oder arrangiert sich mit dem „braven" Leben. So oder so – fast immer erlebt sie viel Leid in dieser Phase.
Fast möchte man die Frauen bemitleiden, aber dies ändert sich, wenn wir sehen, zu welcher Kraft bewusst erlebtes Leid

werden kann. Dieses Leiden kann der Motor werden, über die eigenen Ängste hinauszuwachsen und alles zu verändern, den Mann einzufordern, sich zu zeigen, tiefste Krisen herauszufordern und so nach langem Ringen zum 4. Phase vorzudringen.

4. **Phase: die Hohepriesterin**

Jetzt „traut" sich die Frau, sie selbst zu sein. Nach all den Krisen hat sie ihre Angst verloren, sich ihrem Mann voll und ganz als Frau zu zeigen und hinzugeben und lässt sich nicht mehr von seiner Armen-Sünder-Miene und seinen Schwächezuständen täuschen. In Liebe und Klarheit fordert sie ihn heraus, sein Bestes zu geben, über sich hinauszuwachsen. Sie selbst ist ihren Illusionen entwachsen und weiß jetzt, was sie wirklich will im Leben und wofür sie auf vieles ohne Reue verzichten kann. Dies stärkt sie in ihrem Inneren und lässt sie strahlen – trotz vieler Altersspuren. Die Sexualität hat eine neue Tiefe bekommen, und sie ist bereit, mit „ihrem Mann" in bislang unerreichte Dimensionen vorzustoßen.

17. Auf ein Wort ...
Selbst-Aufopferung – ein lang verkanntes Partnerschaftsproblem

Ein großes Problem in der Entwicklung des Paares liegt darin, wenn ein oder beide Partner sich aufopfern, statt sich in seiner/ihrer Wahrheit in die Partnerschaft einzubringen.

Selbst-Aufopferung bedeutet, Dinge für den Partner zu tun, aber ohne Liebe zu sich und ihm.

Ein Beispiel:
Eine Frau kam wegen sexueller Unlust zur Therapie. Wir durcharbeiteten ihre Abwehrgefühle und Hintergründe und dann kam der Punkt, an den ich ihr empfahl, einfach mit ihrem Mann zu schlafen – in Liebe zu sich und ihm.
Sie kam zur nächsten Stunde ganz enttäuscht: Es sei gar nicht schön gewesen und habe nichts gebracht.
Ich fragte nach, um herauszufinden, was passiert war. Sie erzählte, sie habe mit ihm geschlafen, aber ohne auf ihre Gefühle zu achten. Ohne Liebe zu sich und zu ihm, einfach als Pflicht.
Wir entdeckten, dass sie ganz viel in ihrem Leben auf diese Art – also ohne Liebe und aus reiner Pflichterfüllung – tat. Auf diese Weise war sie ganz schnell zum Kern des eigentlichen Problems vorgedrungen.
Doch dahin hatte sie nicht gewollt. Ich hatte ihr helfen sollen, zu ihrer Lust zu finden, aber in dieser tieferen Weise wollte sie sich nicht mit sich auseinandersetzen. Und vor allem wollte sie sich nicht wirklich auf ihren Mann einlassen, sondern die Kontrolle über das Geschehen behalten, indem sie ihren Körper gab, aber ihre Seele behielt. So brach sie die Therapie ab.

Dies ist leider oft der Fall: Die Menschen möchten Sex als Konsumgut behalten, der funktionieren soll. Doch dass Sex in einer langjährigen Beziehung der tiefste und intimste Prozess ist, in dem die Wahrheit uns und unserem Partner gegenüber ans Licht kommt, das soll nicht sein.

Oder: Ein Paar kommt wegen ihrer Lustlosigkeit. Ich bitte sie nach einer ausführlichen Anamnese sich einander gegenüber zu stellen mit einem Abstand von 30 cm und sich einfach nur zu spüren.
Sie spürt nichts mehr, keine Lust, kein Nähebedürfnis, aber auch keinen Zorn, keine Enttäuschung – einfach nichts.
Das ist hart. Allein die Erkenntnis, dass da momentan nichts mehr ist, wollte sie nicht ertragen, und brach die Therapie ab. Doch hier wäre ein guter Punkt für einen Neuanfang gewesen. Denn hier war alles offen, sie hätten sich neu kennenlernen, die alten Muster loslassen, und einander nackt und wahr gegenüber treten können. Wenn ein Paar in dieser Wahrheit miteinander schläft – selbst, wenn zunächst keine Lust da ist –, kann Sex zur Therapie werden, weil sie sich wirklich einander zeigen. Das ist heilende Begegnung, die neue Nähe schafft. Doch unser Ego kann sich so etwas nicht vorstellen – es liegt außerhalb unserer Denkkonzepte.

Dies meine ich mit Wahrheit und Gefährlichkeit: Sex in einer langjährigen Partnerschaft bringt Wahrheit ans Licht. An der Stelle der Beziehungsentwicklung, an der „nichts mehr zu gehen" scheint und wir keinen Weg mehr sehen, liegt der existentielle Wachstumspunkt, um den es geht. Hier fängt die Entwicklung an, in die Tiefe zu gehen, wenn ein Mensch den anderen wirklich will. Wenn er oder sie sagt: „Aber ich will dich und ich werde darum kämpfen! Für dich, für uns will ich über mich selbst hinauswachsen. Für dich pfeife ich auf meine alten Verletzungen. Weil ich dich nicht verlieren will, gehe ich auf dich zu – egal, wie sehr mein Ego revoltiert …", dann geschehen diese Wunder, durch welche Paare in scheinbar unlösbaren Konflikten wieder Wege finden zu tiefem und stabilem Glück.

Partnerschaften fordern uns dazu auf, über uns selbst hinauszuwachsen. Das ist keine Mechanik, bei welcher der Therapeut ein Schräubchen drehen oder eine Neurose weghypnotisieren kann – hier geht es darum, in Wahrheit lieben zu lernen. Nur die Mutigen, die mit Ausdauer für die Liebe eintreten, werden belohnt. Dies ist wirklich ein Bereich im Leben, an dem sich Ehrlichkeit, Mut und Treue – die alten Heldentugenden – auszahlen. Wir werden beschenkt – mit Wundern.

Variante 1: Der Mann treibt es weiter und weiter und die Frau verleugnet sich, weil sie ihn durch Selbst-Aufopferung glücklich machen will.
Leider verläuft die Entwicklung von Paaren sehr häufig etwa auf folgende Weise:

Variante 1:   1. Die Anfangsphase:
Der Mann hat irgendwelche „Kopf-Ideen", was für die Frau und für die Familie gut ist oder einfach, was für ihn gut ist, und treibt dies weiter und weiter und weiter. Das kann sein, dass er haarige Geschäftsideen „weit treibt" mit großen Investitionen, oder dass er sexuelle Ideen „weit treibt" (z.B. fremdgeht, sexuelle Abgründe sucht oder von seiner Frau Dinge will, die diese eigentlich nicht mag und sie unter Druck setzt etc.) oder andere Dinge „weit treibt" (z.B.: die Perfektion bei einem Hausbau, berufliches Engagement oder Engagement in Hobbies von Fußball bis Auto reparieren). Und diese Dinge treibt er weiter und weiter.
Zu Anfang „versteht" die Frau ihn, „lässt ihm seinen Spaß", glaubt, er brauche das für seine Entwicklung oder rechtfertigt auf andere Weise sein die Partnerschaft belastendes Verhalten.

Variante 1:   2. Die Leidensphase
Dann beginnt sie zu leiden, weil er keine Zeit hat, das Geld hinausfließt und seine Aufmerksamkeit nicht mehr der Familie gehört. Sie schimpft und weint – doch er hört sie nicht und macht weiter und weiter und weiter.
Viele Partnerschaften bleiben in dieser Phase stecken, was zu Dauerleid und Krankheit führt: bei den Frauen vor allem zu psychosomatische Reaktionen im Bauch- und Unterleibsbereich und Depressionen, bei den Männern zu typischen

„Männerkrankheiten" wie Bluthochdruck, Herzinfarkt, Alkoholismus, Internet- oder Sexsucht etc., was sich bis zu psychotisch anmutenden Phasen steigern kann.

Variante 1: **3. Der *Existentielle Punkt***
Dieses Leiden setzt sich fort, bis die Frau den existentiellen Punkt erreicht, an welchem ihr „alles egal" ist und sie nur noch überleben will. Dann lässt sie los, und zwar alles: das Verstehen-Wollen des Mannes und die falsche Selbst-Aufopferung. Häufig kommt es jetzt zu hysterisch anmutenden Dramen, aber gleichzeitig zeigt sich die Frau nun offen in all ihrem Leid und redet „Tacheles".

Wenn sie nicht in „ungefährlichen Dramen" hängen bleibt, sondern das Leid sie wirklich an den zentralen Entwicklungspunkt treibt, an dem sie sich ehrlich und ohne Manipulation zeigt, ist es zumeist einfach ein Satz, der ihrem Mann zeigt, was sie wirklich braucht. Und plötzlich begreift er, was er ihr – und seiner Familie – unbewusst mit seinem Verhalten angetan hat und beschließt, dies nie wieder zu tun.

Variante 1: **4. Die Lösung:**
Von zentraler Bedeutung ist für den Mann die Erkenntnis, die er zumeist auch als Satz äußert: „Ich habe dir so viel angetan ..." Ab dem Zeitpunkt beginnt er, darauf zu achten, die Frau gut zu behandeln und glücklich zu machen – und die Beziehung funktioniert. Er beginnt, ihr zu „lauschen" und die Wahrheit in ihren – auch oftmals unlogischen Worten – zu finden, was ihn enorm bereichert. Die beiden werden eine Einheit.

Von zentraler Bedeutung für die Entwicklung der Frau ist die Erkenntnis, dass in ihrem unlogischen, emotionalen Verhalten eine tiefe Wahrheit enthalten ist, die es gilt, in Würde zu vertreten, weil sie Heil stiftend auf die Beziehung wirkt, und sich von dem krankmachenden Sich-Aufopfern zu lösen.

Diese Phase ist interessanterweise nur selten von Lust-losigkeit beim Paar begleitet – wenn dann nur einseitig von Seiten der Frau – einfach deshalb, weil das Prinzip des Führens durch den Mann und des Folgens durch die Frau aufrechterhalten wird.

Variante 2: Die Frau nimmt nicht mehr und der Mann wird passiv: Die Frau will ihn durch „Viel-Machen" glücklich machen und er wird immer passiver und weicher.

Variante 2:   1. Die Anfangsphase
Hier entwickelt sich die Frau zur weiblichen „Macherin" im Dienste des Mannes, will ihn glücklich machen, indem sie entweder den Haushalt samt Kindererziehung zur Perfektion treibt oder selbst beruflich erfolgreich und gleichzeitig als Frau effizient wird.

Beides hat dieselbe Folge: Der Mann tut weniger und sie mehr. Er wird zu Hause weicher, nimmt, statt zu geben, und sie arbeitet und arbeitet. Sie wird härter und er wird weicher. In der Hoffnung, dass sie ihren Mann glücklich machen kann, investiert sie zu Hause immer mehr. Und gleichzeitig tut er immer weniger aus dem Gefühl heraus, dass er hier sowieso nichts zu bieten hat.

In diesem Fall hängt die Dynamik sehr stark an der Frau, die größte Schwierigkeiten im Nehmen und Sich-fallen-Lassen hat. Sie will die Kontrolle behalten. Sie will eben nicht nehmen, was der Mann ihr gibt, sondern lässt ihm kaum Möglichkeiten, zu führen. Zumeist hat sie sich natürlich auch einen eher führungsschwächeren Mann gesucht, der ihr hier kaum Widerpart bietet oder zumindest im Privatbereich zu träge ist, um ihr etwas entgegenzusetzen. Vielmehr verfällt er in Passivität.

Variante 2:   2. Die Leidensphase
Dieses Setting mündet mindestens einseitig in die Lustlosigkeit – auch, wenn diese vor allem von den Frauen nicht offen eingestanden wird. Frau schämt sich dafür, begreift auch nicht so ganz, warum sie keine Lust mehr hat. Und der Mann versucht dann zumeist, sich durch andere Reize zu stimulieren, denn

Lustlosigkeit einzugestehen wird von dem Partner zumeist als Anfang vom Ende erlebt.

Das Leiden ist in dieser Variante eher verdeckt: Die Frau hat Erfolg durch ihr Tun und der Mann hat es bequem. Dafür, dass er immer mehr abschlafft, suchen die beiden andere Gründe, z.B. Gesundheit, Job, Vererbung etc.

Variante 2: 3. Der *Existentielle Punkt*
Die meisten Paare mit dieser Variante gehen nicht über den existentiellen Punkt, weil sie das Leid nicht entsprechend antreibt. D.h. in der Paararbeit muss das Leid zunächst „ausgegraben" werden, um die Beziehung neu zu beleben.

Bei den Frauen ist oft einzeltherapeutische Arbeit „von Frau zu Frau" nötig, um Vertrauen in das Sich-fallen-lassen-Dürfen zu entwickeln, aber vor allem, um die Schönheit des Frau-Seins im Weichwerden, Loslassen und die Macht der Frau darin zu entdecken und auszubreiten. Häufig ist die Mutterbeziehung zu klären und überhaupt die weibliche Kraft in der Ahnenreihe.

Bei den Männern steckt zumeist ein Hang zur Passivität, zum Keine-Verantwortung-Übernehmen und zur Depression dahinter – oftmals im Außen und im Beruf verdeckt durch Erfolg und großes Perfektionsstreben. Dahinter aber hat der Mann seine Kraft als Mann nicht entdeckt und kultiviert. Er überlässt sich gerne „der Mama" zu Hause. Auch hier hilft häufig einzeltherapeutische Arbeit an der Vaterbeziehung (gestalttherapeutisch, systemisch) und an der männlichen Kraft in der Ahnenreihe.

Erst jetzt kann die existentielle Auseinandersetzung zwischen der Frau als Frau und dem Mann als Mann beginnen. Zuvor hatte eine männliche Frau an einem weiblichen Mann „herumgezogen", was nur dessen Trotz hervorgerufen hatte. Nun kann frau lernen, zu sich zu stehen und sich mit ihren Wünschen nach Weich-werden-Dürfen und nach Unterstützung durch den Mann bittend, statt fordernd zu zeigen. Und erst jetzt kann der Mann beginnen, sich als Mann zu zeigen, statt weich sein zu müssen.

Dann beginnt die existentielle Auseinandersetzung des Paares und der Prozess nähert sich dem Ablauf wie unter Variante 1 beschrieben *(Existentieller Punkt).*

Variante 2:   4. Die Lösung
Die Lösung liegt hier in der Tiefenerkenntnis, dass die Mann-Frau-Beziehung auf Dauer nur funktioniert, wenn die Frau sich Frau sein lässt und der Mann sich Mann sein lässt, mit allen Vor- und Nachteilen.

Häufig vermischen sich Variante 1 und 2 zu einer ebenso kraftvollen wie gefährlichen, aber vor allem schwer durchschaubaren Vernetzung, die dann von dem Paar ohne äußere Hilfe kaum erkennbar und deshalb kaum lösbar ist.

18. Noch einmal mit Gefühl:
Der *Existentielle (Wachstums-)Punkt*
Ego-Überwindung im Gegensatz zu Selbst-Überwindung und Selbst-Aufopferung

In unserer konsumorientierten Wohlstandskultur schindet man sich nur noch kontrolliert im Sport, für die Karriere oder für die Kinder – doch mit Ego-Überwindung hat dies alles noch nichts zu tun.
Ego-Überwindung meint, den Mut zu haben, an dem Punkt in Liebe auf den anderen zuzugehen, an dem unsere Ängste hochlodern und uns suggerieren, der andere ist der Schuldige nach dem Motto „Wenn er anders wäre …" oder, „wenn unser Problem X nicht wäre, dann wäre alles gut".

Wir sind genau hier, um genau an dieser Situation zu wachsen, weil uns genau diese Situation optimale Wachstumschancen bietet – ob wir es wissen, wahrhaben wollen oder nicht.
Ego-Überwindung meint, sich nicht von unseren eigenen Gespenstern so sehr beeindrucken zu lassen, dass wir unsere Pflichten als Ehemänner/Ehefrauen vernachlässigen, sondern weiterhin in Liebe auf den anderen zuzugehen – in Liebe zu sich selbst, einfach, weil aus Liebe weitere Liebe entsteht, und weil wir genau das wollen.
Ego-Überwindung heißt, „ich entscheide", nicht meine Ängste.
Ego-Überwindung heißt, sich wieder erinnern, dass die Welt den Mutigen gehört, statt sich in der „Ich-kann-nicht-Höhle" wohlig einzurichten.
Ego-Überwindung heißt, auf den *Existentiellen Punkt* zuzugehen, statt vor ihm davonzulaufen.

Und wie unterscheide ich den *Existentiellen Wachstumspunkt* von realen Faktoren, die ich zu meiner Sicherheit berücksichtigen sollte?

Existentieller (Wachstums-)Punkt	Berücksichtigung von Realfaktoren
Starke innere Abwehr wie ein höchst unangenehmes inneres Gefühl; Davonrennen wollen; Verhärten; Verzweiflung; Drang, weg vom Partner.	„Das passt nicht für mich, das muss ich ausdrücken, kann aber den Partner noch lieb haben (auch wenn ich ihn vielleicht nicht gleich konkret umarmen kann)"
Löst sich ruckartig, sobald man hindurch gegangen ist und führt zu einem positiven Miteinander – anfangs in einem kleinen Schritt, später zu immer stabilerer Harmonie.	Es tut gut, es anzusprechen, sich abzugrenzen, Nein zu sagen und führt zu einem positiven Miteinander – anfangs in einem kleinen Schritt, später zu immer stabilerer Harmonie.
„Abhauen wollen" ohne Liebe, deshalb sollte man auf den Partner zugehen.	Hinwollen in Liebe.
Wegwollen vom Partner ohne Liebe.	Etwas Ansprechen-Müssen für die Liebe.

Hilfreich ist bei dieser Unterscheidung immer die Vision: *„Bin ich meinem Partner auf diese Weise eine gute(r) Frau/Mann?"*

**UE: Die Heilungskraft der Seelenebene:
Der spirituelle Sinn meiner Partnerschaft ...**

Ist-Zustand:
+ *Welche „guten" Seiten hat mein Partner?*
   1. + ...
   2. + ...
   3. + ...
   4. + ...
   5. + ...

- *Welche Schattenseiten hat mein Partner, unter denen ich leide, die mich „aufregen", nerven, quälen?*
   1. - ....
   2. - ....
   3. - ....
   4. - ....
   5. - ....

Zählen Sie alles auf, was Ihnen einfällt.

Nach meiner Erfahrung sind wir nicht hier, um einfach nur gut zu leben – dann sähe die Welt anders aus. Die einzige Hypothese, die durchgängig das Verhalten, die Sehnsüchte und Probleme der Menschen erklärt, ist nach meiner Erfahrung: Wir sind hier auf der Erde, um zu lernen, als Wesen mit einer unsterblichen, individuellen Seele und ganz individuellen Seelenimpulsen mit den Zwängen der Materie, den sozialen Systemen, der Paardynamik umzugehen.

Und hier gilt: „Wie Innen so Außen" (Hermes Trismegistos). Wir ziehen den Partner an, der uns für diesen, unseren individuellen Lernprozess die sinnvollsten Lernimpulse gibt. Wenn wir uns aus Wut von diesem Partner trennen, ziehen wir entweder wieder einen ähnlichen Partner an oder einen, der uns das Gegenteil an Lernimpulsen bietet – aber es bleibt dasselbe Lernthema. Wir bekommen nur „die andere Seite der Medaille". Das bedeutet, wir entkommen unserem individuellen Lernthema nicht durch Partnerwechsel, Fremdgehen etc. Wir erleben mit einem neuen Partner, in einer Liaison nur den kurzen „Höhenflug der Hormone", bekommen ein Stück Himmel gezeigt, um diesen Himmel hier auf Erden leben zu lernen – und das bedeutet Arbeit an sich selbst.

Hierbei hilft dieser Teil der Übung.
Was können Sie in Ihrem Leben lernen durch diese 1. „gute" Seite Ihres Partners, die Sie unter + niedergeschrieben haben? Welche Fähigkeit entwickeln Sie selbst durch diese „gute" Seite Ihres Partners?
Schreiben Sie zur ersten Eigenschaft Ihres Partners auf, was Ihnen spontan einfällt.
Und schreiben Sie 5 Minuten lang immer wieder mit derselben Fragestellung alles auf, was Ihnen einfällt – wie bei einer Meditation. (Nutzen Sie ein Zusatzblatt, wenn keine Zeilen mehr frei sind.) Machen Sie diese Übung immer wieder, bis Sie jede Eigenschaft durchgegangen sind.

1. + ...
....
....
....

....

2. + ...
....
....
....
....

3. + ...
....
....
....
....

Was können Sie mit Hilfe dieser 1. Schattenseite Ihres Partners lernen, die Sie unter - (Minus) niedergeschrieben haben? Welche Fähigkeit müssen/können/dürfen Sie in der Auseinandersetzung mit dieser Schattenseite Ihres Partners erlernen?
Schreiben Sie zur ersten Eigenschaft Ihres Partners auf, was Ihnen spontan einfällt
Schreiben Sie dann 5 Minuten lang immer wieder mit derselben Fragestellung alles auf, was Ihnen einfällt – wie bei einer Meditation (Nutzen Sie das Zusatzblatt, wenn keine Zeilen mehr frei sind.) Machen Sie diese Übung immer wieder, bis Sie jede Eigenschaft durchgegangen sind.
Und fragen Sie Ihr Inneres auch, was Sie nicht lernen würden, wenn plötzlich „alles gut" wäre und Ihnen Ihr Partner statt dieser Schattenseite völlige Bedürfniserfüllung in diesem Punkt bieten würde:

1. - ....

……………………………………………………………...
……………………………………………………………
……………………………………………………………

2. - …………………………………………………….
……………………………………………………………
……………………………………………………………
……………………………………………………………

3. - ……………………………………………………..
……………………………………………………………
……………………………………………………………..
……………………………………………………………

Ihr Partner ist quasi Ihre kostenlose Therapie – jeden Tag, jede Stunde und in jeder Situation. Sie können sich dafür entscheiden, „Hier und Jetzt" mit diesem Menschen lieben zu lernen – oder Ihr Leben lang weitersuchen, immer neue Partner ausprobieren, immer wieder die „Höhenflüge des Glücks" und immer wieder das „Herunterkommen auf die Erde" erleben. Mit ihm können Sie erleben, weshalb wir hier sind: Wir können lernen, uns „ganz Mensch sein lassen" und die Freude wie das Leid des Erdenlebens mit allen Sinnen annehmen und daran zu wachsen.

Ihr Partner hilft Ihnen auf Ihrem Weg. Wenn Sie JA zu ihm sagen und Ja zu den Herausforderungen Ihres Lernwegs, geht es sich leichter und auch das Leid bekommt mehr Leichtigkeit und einen tiefen, tragenden Sinn.

19. PaaR-EVOLUTION – Inhalt und Aufbau
19.1. Die 3 Phasen der PaaR-EVOLUTION
(Insgesamt: 10 bis 20 Sitzungen)

Normalerweise folgt eine Paartherapie in etwa folgendem Schema. Der Ablauf richtet sich jedoch nach den aktuellen Bedürfnissen des Paares: Wenn z.b. ein Paar momentan gar keinen Gefühlsdruck abbauen muss, sondern einfach nur in einem Symptom, z.b. Lustlosigkeit erstarrt ist, dann ist zunächst Aufdeckungsarbeit des Verdrängten nötig. Das bedeutet, es muss erst einmal überhaupt „nach oben gebracht" werden, was von dem Paar gemeinschaftlich vermieden wird. Nur so kommt wieder „Leben in die Bude". Und nur so kann jeder Partner wieder etwas klarer seine eigenen Gefühle und Frustrationen in der Partnerschaft erleben, statt sich mit nicht hilfreichen Begründungen wie „warum etwas so ist, und warum es nicht anders sein kann" selbst einzuengen. Mit dieser Wahrheit erst wird heilende Auseinandersetzung möglich.

PHASE 1: Druckabbau und Beziehungsklärung
(ca. 3 bis 7 Sitzungen)
Durch die über Jahre angesammelten und zumeist verdrängten negativen Gefühle wie Wut, Ärger, Frustration, Verletztheit, Enttäuschung etc. wird zunächst normalerweise eine konstruktive Paararbeit unmöglich, weshalb dieser Druck zunächst abgebaut werden muss.
Hierfür dient die Gesprächsmoderation durch die Therapeutin, aber auch die Nutzung hilfreicher Gesprächsregeln, damit sich beide gehört fühlen, ohne sich neu zu verletzen.

In dieser Phase gibt es zumeist noch keine oder nur sehr kleine Lösungsansätze, weshalb ein klares Statement für die Zusammenarbeit wichtig ist, um nicht vor der Lösungserarbeitung schon „das Handtuch zu werfen".

PHASE 2: Bindungsaufbau (ca. 3 bis 7 Sitzungen)
Hier geht es um die Neu-Begegnung nach dem Anerkennen des Gegenseitig-Erlittenen und es geht um ein Einander-neu-Entdecken mittels Übungen zum Einander-Erkennen ohne die Illusionen des Wunschdenkens der Verliebtheitsphase. Und es geht um das Zulassen der Mann-Frau-Bindungskräfte, welche auch die zentrale Grundlage der sexuellen Anziehung darstellen.

PHASE 3: Wir-Erarbeitung (ca. 4 bis 6 Sitzungen)
Jetzt ist das Paar frei und verbunden genug, um ein für den konkreten Alltag taugliches Miteinander zu entwickeln.

Würde man die Paartherapie als Lehr-Curriculum aufziehen, so würden folgende Lernschritte in dieser Reihenfolge bearbeitet werden.

Ebene Psyche + Geist:
1. Einstieg:
Erarbeitung einer therapieförderlichen Grundhaltung.

Ebene Paar + Geist:
2. Die elementaren Paarkräfte.

Ebene Psyche:
3. Das Kontaktprozessmodell (Gestalttherapie, Kommunikationstherapie und Achtsamkeitstraining).

Ebene Psyche:
4. Individuelle Regressionstherapie der einzelnen Partner zur Lösung tieferer Problemen, sich auf die Paarkräfte oder den Kontaktprozess einzulassen.

Ebene System:
5. Individuelle systemische Arbeit zu Störungen im System der Ursprungsfamilien.

Ebene Seele + Energiekörper:
6. Eventuell: Reinkarnationstherapie, falls sich die Probleme mit der bislang angewandten Arbeit nicht lösen lassen und jemand dafür offen ist.

In der Realität einer aufwühlenden Paararbeit ist es jedoch wichtig, in den Lernschritten den aktuellen Themen der KlientInnen zu folgen, weshalb hier die Reihenfolge variiert.

19.2. Die 3 Faktoren effektiver Paartherapie

Effektive Paartherapie beruht nach meinem aktuellen Wissensstand auf folgenden Grundfaktoren:
1) **BINDUNG**
   = Geschlechterkräfte + Bindungs-Sex
2) **WESENSNAHE KOMMUNIKATION**
   = „reinigende Kommunikation"
   + „problemlösende Kommunikation"
3) **LIEBE LEBEN LERNEN**
   = das Potenzial der gemeinsamen Lernthemen
   + Bearbeitung beziehungsstörender
     persönlicher Themen

Während die **wesensnahe Kommunikation** vor allem mit den Ebenen der Psyche, des Geistes und der Seele zu tun haben, entsteht **Bindung** vorwiegend auf der Ebene der Paardynamik und des Körpers.

Problemlösende Kommunikation bezeichnet die Fähigkeiten, gemeinsam den Alltag zu bewältigen und alle hierzu nötigen Dinge klärend zu besprechen. In der **reinigenden Kommunikation** geht es um den Ausdruck der eigenen Seelenimpulse, um diese den Impulsen des Partners gegenüber zu stellen, die Partnerschaft zu befruchten und aus der Zweiheit eine Ganzheit werden zu lassen im Sinne des 1992 erschienenen Buches von M. L. Moeller „Die Wahrheit beginnt zu zweit".

Mit „**Geschlechterkräften**" ist das Zusammenspiel von Männlichkeit und Weiblichkeit gemeint, wie es durch den Hormoneinschuss in den Embryo während der Schwangerschaft entsteht und sich in der Ausprägung der Geschlechtsorgane wie der Hirnstruktur äußert. Eine Berücksichtigung dieser „Hardware" im

Umgang mit dem Partner wirkt hilfreich und vereinfachend sowie bindungsfördernd. Die Sexualität ist in unserer modernen Kultur leider sehr weit zum Konsumgut geworden: Der moderne Mensch will „guten Sex" und „will möglichst viel Lust haben". Doch Sexualität ist das tiefste Bindeglied zwischen Mann und Frau und dient zunächst einmal dem Überleben der Art, wofür bei allen Primaten die Bindung zwischen Männlich und Weiblich nötig war, um die lange auf die Betreuung der Eltern angewiesenen Jungen zu erziehen. Scheinbar ist diese Bindung heutzutage durch unser gut ausgebautes Sozialsystem unnötig geworden: Mütter können ihre Kinder auch allein aufziehen, und Väter genauso. So ist dieser tieferliegende Sinn der Sexualität in Vergessenheit geraten und sie wurde zum alleinigen Lust-Konsum degradiert mit der Folge, dass viele Ehepaare überhaupt nicht mehr miteinander schlafen.

Bindungs-Sex meint hier, mehrdimensionale Sexualität sowohl im Sinne des Fließen-Lassens der Geschlechterkräfte auf der Ebene der Paardynamik in Verbindung mit dem Lieben-Lernen als Prinzip der Überbrückung der Gegensätze. Hier geht es mehr um liebende Vereinigung und Hingabe aneinander. Das Ausprobieren, was man alles tun kann, um mehr Lust zu haben, kann ein Teil davon sein, aber nicht etwa Sinn und Zweck des Ganzen. Es geht wieder um den spirituellen Aspekt, dass das einzelne Ich sich in die Ganzheit des "Wir" einfügen und darin wohlig aufgehen kann in einer Art Allgeborgenheit in der Urkraft der Natur – derselben Urkraft, aus welcher auch die Kinder entstehen und mit deren Ekstase sie geboren werden.

Sexualkunde und Sexologie sind hier „Handwerkzeug", das zu lernen hilfreich ist, wesentlich ist aber die innere Haltung, also die Bereitschaft zur Hingabe an ein Wir und zum täglichen Loslassen der Ressentiments dem Partner gegenüber, die immer wieder gerne genutzt werden, um auf „Sicherheitsabstand zu gehen".

Sehr hilfreich sind die Bearbeitung der **beziehungsstörenden persönlichen Themen** auf der Ebene der Psyche (negative Kindheitserfahrungen, Angst vor Nähe und Bindung) und der Seele (negative Reinkarnationserfahrungen), aber vor allem auch das Potenzial des oder der **„gemeinsamen Lernthemen"** (s.u.).

19.3. Die 3 Perspektiven effektiver Paartherapie

1) Die dyadisch-differentialpsychologische
Perspektive: Das gemeinsame Lernthema

Jedes Paar hat mindestens ein gemeinsames Lernthema, das sie gemeinsam aus der gleichen Perspektive erforschen oder auch aus einander entgegengesetzten Positionen, doch immer geht es um ein gemeinsames Thema. Dieses Thema kann man herausfinden, wenn man fragt: *„Was lernen Sie dadurch, dass Sie sich genau diesen Partner gewählt haben?"*, und: *„Was zu erleben vermeiden Sie dadurch, dass Sie sich genau diesen Partner gewählt haben?"*
Ein Beispiel in zwei Varianten:
Beide brauchen einander um ihre Verlustängste zu vermeiden, indem sie einander ständig ihre Liebe beteuern, intensiv die Nähe suchen und eifersüchtig einander einschränken.
Oder der eine geht in die „Täter-Rolle" und wacht eifersüchtig über den anderen, und der andere geht in die „Opfer-Rolle" und ist der eifersüchtig Eingesperrte, der so gerne mehr Freiraum möchte.
Die Spielart ist verschieden – das Thema jedoch dasselbe.

Indem dieses gemeinsame Lernthema erforscht und bejaht wird, kann der einzelne Partner zurückkehren in eine Haltung der Selbstverantwortung und aufhören, dem Partner die Schuld für sein Leiden zuzuschieben. Jetzt kann ein aktiver Lernprozess beginnen, wo zuvor ein passives Seine-Bedürfnisse-erfüllt-bekommen-Wollen den Raum beherrschte.

Jeder erlebt sich als ungenügend, wobei der eine mehr die Position des „Täters" als Kritisierender einnimmt und der andere mehr die Position des „Opfers", doch bei genauerer Ansicht wird deutlich, dass beide Täter sind (im Sinne von jeder kritisiert, nur auf verschiedene Weise: der eine lauter und offensichtlicher, der andere leiser und subtiler).

2) *Die individualtherapeutische-allgemein-psychologische Perspektive:*
Der Mensch – von der Einheit zur Dualität, um diese zu erleben, zu durchdringen und in der Dualität den Frieden zu finden

Sowohl in der Entwicklung des Menschen vom Baby zum Greis als auch in der Entwicklung als Eltern durchleben wir Menschen alle denselben Zyklus von verschiedenen Aspekten her:

Als Baby ist alles eins, dann beginnt das Kind sich als von der Mutter und den anderen getrennt wahrzunehmen, einen eigenen Willen zu entwickeln, damit eigene Erfahrungen zu machen, sich mit seiner Individualität in die Gemeinschaft einzufügen – oder auch nicht – und mit dem Ringen der Notwendigkeiten des Erwachsenenlebens an der Lebenswirklichkeit zu wachsen, damit den ureigenen Frieden zu finden oder sich ihr gegenüber zu verhärten, um mit all diesen Erfahrungen irgendwann zu sterben.

Als Eltern erfahren wir denselben Kreislauf: Zunächst die Einheit mit dem Säugling, das Kleinkind, das sich von uns immer mehr abzugrenzen beginnt, aber noch fast alles interessiert und bejahend aufnimmt, bis zum Jugendlichen, der alles infrage stellt, uns in unserer Lebensart kritisch unter die Lupe nimmt und auf Abstand geht, bis er seinen Frieden mit unserem Anderssein macht – oder auch nicht.

Als Liebespartner erfahren wir diesen Kreislauf ganz ähnlich: In der Verliebtheitsphase ist alles eins, wunderbar, voller Liebe und Geborgenheit – zumindest voller Hoffnung.
Dann erleben wir uns in unserer Unterschiedlichkeit, in unserem Ringen und wachsen an den Gegensätzen, bis wir immer wieder phasenweise einen immer neuen Frieden damit finden – oder uns verhärten und distanzieren.

Resümee: Nur wenn wir bereit sind, diesem völligen, existentiellen Infrage-gestellt-Werden ins Auge zu schauen, kann unser Leben, unsere Partnerschaft und unsere Kindererziehung gelingen, sonst vermeiden wir den jeweils anderen Pol, den wir zur Ganzwerdung so dringend benötigen.
Eine kranke Beziehung, eine kranke Partnerschaft, eine kranke Kindererziehung zeichnet sich dadurch aus, dass das Andere, das Zweite, das Zweifelnde ausgeschlossen, eliminiert wird – oder dadurch, dass diese Dualität durch Verleugnung des Eigenen zu eliminieren versucht wird.

Der Mensch: die Verbindung von Festem und Flüssigem, von Energie und Materie, von Begrenztheit und Grenzenlosigkeit
Über viele Jahrhunderte, ja, Jahrtausende litten die Menschen sehr an ihrer Begrenztheit, den begrenzten Möglichkeiten, dem daraus resultierenden Leiden. Dies trieb den Menschen dazu, immer weitere Möglichkeiten zu entwickeln, sich besser gegen Gefahren zu schützen, schneller vorwärtszukommen, unmöglich

Erscheinendes möglich zu machen – wie zum Beispiel zu fliegen, mit Computern zu sprechen und, und, und.

Und doch bleibt der Mensch ein Wesen, das sich auch bestimmten Grenzen und Gesetzmäßigkeiten des Erdenlebens unterwerfen muss. Nach wie vor muss jeder Mensch sterben, er muss sich ernähren, muss atmen und muss schlafen. Und der Mensch braucht zum Leben auch Nähe, Körperkontakt und Sinn, um das Leid zu ertragen. Und das Leiden, Krankheiten, Schicksalsschläge etc. konnte auch unser hochentwickeltes Sozialsystem nicht „wegmachen".

Das Eigenartige ist, wenn der Mensch diese Gesetzmäßigkeiten anerkennt, findet er Frieden und Glück in diesem Leben. Ja, sogar ein schwer erkrankter Mensch, der den Tod kommen sieht, findet Glück und Frieden im Jetzt, wenn er die Krankheit und den Tod annimmt – nicht als Schuld oder Versagen, sondern als ein Sich-Einfügen in ein größeres Ganzes.

Aber – was sind die heutigen Gesetzmäßigkeiten, in die wir uns einfügen müssen, um gesund, glücklich und im Frieden zu sein? So viele alte Gesetzmäßigkeiten wirken überholt. Frauen können Kinder haben und berufstätig sein. Männer können weinen. Frauen können sich scheiden lassen ohne zu verhungern. Krebs kann klinisch behandelt werden. Krebs kann von selbst heilen.
Wo sind die Grenzen unserer heutigen Zeit, wo beengen wir uns unnötig und wo gehen wir vielleicht zu weit in eine Grenzenlosigkeit der Möglichkeiten, die uns den Halt verlieren und Beziehungen zerfallen lässt?

Hier versucht dieses Buch Erkenntniswege und Unterscheidungen aufzuzeigen.

Grundlage sind genaue Beobachtungen der Vorgänge im Körper des Menschen und der Entwicklungen der Menschen in meinen Therapien. Diese habe ich in Zusammenhang gebracht mit dem Wissen alter Völker aus der Ethnologie und Archäologie. Weiterhin bezog ich überliefertes Kulturwissen mit ein, wie es in den Bücher der Religionen, z.B. der Bibel oder dem Koran, und in den alten Moralvorstellungen der Völker zu finden ist.

Diese „alten", überholt erscheinenden Regeln für das Zusammenleben der Menschen habe ich mir erlaubt, auf ihren therapeutischen Wert zu überprüfen und viele Übereinstimmungen mit der modernen, soziologischen Forschung und den Ergebnissen der aktuellen Hirnforschung gefunden.

Das Ergebnis lautet auf einen Punkt gebracht:
- Der Mensch braucht die Freiheit des Geistes, alles denken zu dürfen,
- er braucht Raum für den Ausdruck seiner seelischen Impulse und auch die hieraus entstehende Reibung mit den seelischen Impulsen seiner Mitmenschen,
- aber er braucht auch die Anerkennung der Grenzen im menschlichen Miteinander sowie im Körper als „Gefäß der Seele" – als wohltuende Begrenzung seines unendlich weiten Geistes.
- Und die Psyche des Menschen vermittelt hier zwischen dem Weiten und dem Begrenzten als Sozialisationsmedium und Bewältigungsapparat.

3) Die individualtherapeutisch-differential-psychologische Perspektive

Ein Computer kann auch nicht fliegen und eine Computertastatur keine Sahne schlagen ...

Die Seele kommt aus dem Unendlichen und ist wie ein großer Pool von Ideen zu der ihr eigenen seelischen Struktur.

Die Impulse der Seele setzen sich immer durch – auch wenn sie gegen die Gesetze des Lebens verstoßen oder gegen die Gesetzmäßigkeiten einer erfüllten Partnerschaft. Deshalb muss man bei Partnerproblemen immer auch die Ebene der Seele einbeziehen und fragen, was möchte der Mensch mit diesem Problem lernen und was vermeidet er damit.

20. Herausfordernde Fragen und Antworten

Es gibt eine Handvoll Fragen, die mir angesichts meines Konzepts von PaaR-EVOLUTION immer wieder mit großer emotionaler Empörung gestellt wurden.

Vielleicht ergeht es Ihnen ebenso. Deshalb habe ich die häufigsten Fragen und meine Antworten darauf im Folgenden wiedergegeben:

Ist dieses Konzept nicht ein Aufruf an die Frauen „zurück zum Herd"? Wirft es nicht alle Errungenschaften der Emanzipation über Bord? Schneiden wir moderne Frauen uns damit nicht ins eigene Fleisch?

Auch, wenn es beim oberflächlichen Durchlesen zunächst nicht so erscheinen mag: Dieses Konzept ist eine Rückkehr zur heilsamen Macht der Frau.

Momentan üben die modernen Frauen enorm viel Macht in Beziehungen aus – aber vor allem durch sehr viel und sehr hartes Arbeiten, Leistung und Kontrolle. Die Folge ist, dass die Frauen fast immer „ausbluten", im Burn-out landen und in den Paarbeziehungen häufig das Gefühl haben, einen „Schlappi" neben sich zu haben. Sie erleben nicht, dass sie genau das bekommen, weil sie nicht nehmen können, sondern fordern.

Doch diese „männliche" Macht- und Kampfposition ist in unserer Kultur – und leider in den meisten modernen Industrienationen – der einzig bekannte Ausweg aus der früheren Unterjochung der Frau.

Die Ursache ist schlicht und ergreifend, dass wir Frauen noch keinen besseren Ausweg aus den jahrhundertelangen Misshandlungen und Abwertungen unseres Geschlechts kennen.

Hier braucht es Information und Frauen, die die Heilsamkeit der „weiblichen" Macht vorleben – und zwar nicht nur in esoterischen Seminaren, beim Tantra etc., sondern in der konkreten Umsetzung im Alltagsleben, damit sie zu neuen Vorbildern werden und aufzeigen, wie Ehe und Familie gelingen kann zum Wohle aller.

Die meisten Männer fühlen sich von diesem Konzept sehr angesprochen und zutiefst verstanden – warum ist dem so?

Die Männer sehen Paarbeziehung aus einem ganz anderen Blickwinkel, denn das männliche Geschlecht erfuhr nicht so viele Misshandlungen, Abwertungen und Unterjochung über die vergangenen Jahrhunderte wie die Frauen.

Die Männer erleben sich nur – wie die moderne Werbung deutlich aufzeigt – als das schwächere, unfähigere Geschlecht, was sie zu weiterer Passivität und zum „Sich-Ausklinken" aus dem Familienleben treibt.

Sie sehnen sich aber viel deutlicher als die Frauen nach der Einheit mit der Frau – einfach weil ein Mann eigentlich in der Liebe einer Frau diese Geborgenheit und Wärme spüren kann, wie er sie als Kind im Mutterleib erlebt hatte. Wir Frauen können uns ersatzweise viel Zärtlichkeit, Wärme und Geborgenheit holen, indem wir diese unseren Kindern geben – oder auch bei anderen Frauen, da Frauen liebevoller miteinander umgehen, wenn sie sich nicht gerade bekriegen.

Die Männer spüren instinktiv, dass es so gehen könnte, dass so die lang ersehnte Geborgenheit in einer Paarbeziehung entstehen könnte, ohne dass einer der beiden Partner unterjocht wird.

Sehr viele moderne Frauen reagieren auf dieses Konzept zunächst mit Aggression und beginnen erst nach einigen gescheiterten Beziehungen sich auf Teile davon einzulassen.
Woran liegt das und wie könnte man es den modernen Frauen erleichtern, diese Kraftquelle einer Paarbeziehung für sich zu erschließen?

Das ist ein schwieriges Thema.
Vielleicht kann ich es am ehesten mit meinem eigenen Entwicklungsprozess erläutern:
Ich bin schon emanzipiert aufgewachsen, ich habe mit Autos wie mit Puppen gespielt, habe selbst die Bohrmaschine „geschwungen", während mein Exmann den Staubsauger darunterhielt (um den herabfallenden Staub aufzusaugen), habe ganz viel ausprobiert, alle möglichen Arten von partnerschaftlichem Miteinander – und bin bei all diesen Versuchen gescheitert, obwohl ich mir – wie wohl die wenigsten Menschen – an allen schwierigen Stellen kompetente, therapeutische Hilfe gesucht Habe. Wie konnte das sein, wo ich doch meine psychischen „Hänger" bis in die Tiefe bearbeitet habe? Warum also funktionierte es nicht? Warum half auch die Paartherapie-Ausbildung so wenig weiter? Ich fand lange keine Antwort auf diese Fragen. Dann begegnete ich meinem damaligen Gestalttherapie-Supervisor und spirituellen Lehrer Hugo-Bert Eichmüller, der mich sehr intensiv mit meiner eigenen Haltung als Frau konfrontierte: Ich hatte das Ruder in der Hand in meiner Ehe, konnte mir verschaffen, was ich brauchte oder hatte das „Recht" zu fordern aufgrund all dessen, was ich leistete. Hingabe kannte ich im Sex – so glaubte ich zumindest bis dahin, aber ansonsten war ich eine Frau, die einen Mann um nichts bitten musste, da sie zur Not alles selber konnte. Er zeigte mir dahinter

meine Abwehr auf, als Frau zu empfangen, und konfrontierte mich damit, wie ich alles kontrollierte und wie wenig ein Mann hier Raum einnehmen konnte. Ich schwankte lange zwischen Empörung, Wut und dann wieder Verzweiflung und Hilflosigkeit, weil meine Lösungsversuche in der Partnerschaft scheiterten und meine zweite Ehe am Zerbrechen war.

Da ich sehr viel Kraft habe, musste ich mich sehr weit in die Erschöpfung „hineinmanövrieren", bis ich wirklich nicht mehr konnte. Erst dann konnte ich erleben, wie unwahrscheinlich hilfreich es ist, nehmen zu lernen, was mein Mann gab, statt immer alles selbst zu kontrollieren, und bitten zu lernen, statt vorwurfsvoll zu fordern.

Es war, als würde sich mein Mann durch meine Verhaltensänderung vom „wunderbaren Ehemann" zum „abschreckenden Monster" entwickeln. Zunächst glaubte ich nicht daran, dass dieses sein Verhalten tatsächlich mit meinem Verhalten zusammenhing, sondern suchte die Ursachen in seiner Persönlichkeit – und fand natürlich ganz viele gute psychologische Gründe. Aber Hugo ließ nicht locker, sondern zeigte mir auf, was ich dazu tat, dass mein Mann sich derart veränderte. Mehr und mehr probierte ich aus, was für eine Reaktion seinerseits auf welches Verhalten meinerseits folgte – und es kam zusehends zur Befriedung und Stabilisierung, ja, zu größerer Erfüllung in unserer Ehe.

Hier bin ich beileibe nicht am Ende meiner Entwicklung. Nach wie vor gibt es vieles, worin ich dominiere, und wo mein Mann klagt, dass ich ihm keinen Raum lasse – aber ganz langsam lerne ich, ihm zuzuhören, statt ihn wortgewaltig und/oder tränenintensiv zu unterdrücken.

Und andererseits entdeckte ich zusehends, wie ganz anders die Macht als Frau aussehen kann: weicher, weiser, liebevoller und geduldiger – ohne Kampf, aber mit ganz viel Mut und Würde als Frau. Ich mache mich immer seltener zum „heulenden Elend", zur „Drama-Queen", sondern bin mir meiner Würde als Frau mehr bewusst und des Wissens, das ich weitergeben kann, wenn ich in meiner Mitte bin. Deshalb achte ich gut auf mich, damit ich mich möglichst oft in meiner Mitte befinde.

Ich mache meinen Mann sehr wohl auf das aufmerksam, was schief läuft, aber dosierter, liebevoller und mit viel weniger Druck. Und ich danke ihm öfter für all das, was er für mich tut – was ich früher gar nicht gesehen habe.

Hier ist eine Aufwärtsspirale entstanden: Liebe wird tatsächlich mehr, wenn man sie gibt – sich selbst und dem eigenen Ehemann.

Jetzt aber zurück zu Ihrer Frage: Nach all den Jahrhunderten der Unterdrückung der Frau ist die Aggression und Angst der Frauen bei der Konfrontation mit diesem Konzept nur natürlich. Und dazu kommt eben, dass die modernen Frauen momentan keinen anderen Weg wissen, um nicht nochmals in eine derart leidvolle Abhängigkeit zu geraten als durch Leistung und Kontrolle. Dies ist als Bewältigungsstrategie zu achten.

Es ist aber auch an der Zeit, dass wir Frauen den Mut sammeln, neue, heilsamere Wege auszuprobieren, statt in der traurigen Lösung des Alleinerziehenden-Settings zu landen, das zwar oberflächlich endlich Frieden bietet, aber unseren Kindern keinen Weg aufzeigt, wie das Weibliche und das Männliche zu einer neuen Ganzheit werden können.

Ich denke hier schon an die großen, sozialen Umwälzungen auf der Welt: Wenn wir keine stabilen Ehen mehr vorleben können, wie sollen wir denn unseren Kindern vermitteln können, dass

Frieden und Erfüllung möglich sind? Mit ständigen Trennungen zeigen wir doch nur, dass alles vergänglich, alles relativ ist. Und was trägt uns dann durch großes Leid? Was gibt uns die Kraft, über uns selbst hinauszuwachsen, wenn wir nicht das Nächstliegende bewältigen können – und das ist nun mal das Miteinander von Mann und Frau und die Erziehung von Kindern – nicht für jeden freilich, aber für die meisten.

Als Menschen ist es unsere Aufgabe zu „inkarnieren", das heißt, die Seele in den Körper und den Himmel auf die Erde zu bringen. Es gilt zu lernen, die Polaritäten des Seins, wie sie auf der Erde in allem enthalten sind, im konkreten Alltagsleben zu einem Ganzen vereinen zu lernen: Tag und Nacht, hell und dunkel, hart und weich. Und nicht als „Gleichmache" oder Rivalität, sondern als Ganzes, in welchem beide Polaritäten enthalten sind und sich zu ihrer Blüte entfalten.

Nachwort

Dieses Buch hat das Anliegen, einen Beitrag zur Heilung unserer Mann-Frau-Beziehungen zu liefern.
(Für homosexuelle Beziehungen muss das Konzept individuell angepasst werden, da hier die Rollenverteilungen wechseln können, aber nicht müssen.)

Es ist kein moralischer Ratgeber, denn auf der Seelenebene müssen wir unsere Lernerfahrungen machen, um zu tieferem Wissen zu reifen. Aber es hilft vielen Paaren, zu sehen, welche Mechanismen zwischen einem Paar wirken und wie gute Ordnungen entstehen können – auch wenn häufig noch viele Umwege nötig sind, um den Mut für eine existentiell gelebte Partnerschaft zu finden.

Viele Menschen möchten lieber weniger Intensität leben, einfach weil sie ihre Kraft in andere Dinge investieren wollen oder momentan zu viel Angst haben. Auch das gehört zu ihrem Weg und muss anerkannt werden.
Wichtig ist einfach, was dem einzelnen Menschen jetzt guttut.

Und dieses Buch ist kein Aufruf zum Rückschritt zu alten Verhaltensnormen, zu einer erneuten Unterdrückung der Frauen – auch wenn viele es vielleicht so verstehen möchten.
Es ist einfach eine Anerkennung, dass auf der Paar-Ebene des Menschen (vgl. Kapitel 7, Die 7 Ebenen des Menschseins) diese in den alten Moralvorstellungen niedergelegten Mechanismen wirken und sowohl den Zusammenhalt eines Paares wie auch ihre sexuelle Intensität fördern.

Erst wenn wir lernen, Psyche, Geist, Körper, systemische Ordnungen und Spiritualität zu integrieren, kann das Kraftpotenzial in der Frau und das Kraftpotenzial im Manne in einem guten Miteinander gelebt werden. Sonst werden diese Kräfte, die wir solange durch weniger kraftvolle Paarbeziehungen vermieden haben, erneut zu Abwertung, Unterdrückung und Gewalt führen, wie das in früheren Jahrhunderten in Europa – und in vielen anderen Ländern auch heute noch – nahezu „normal" war.

Denn die Kraft eines Paares ist wie ein Messer:
Mit einem scharfen Messer kann ein guter Chirurg ein schlimmes Geschwür präzise wegschneiden, und ein schlechter Chirurg großen Schaden anrichten.
Mit einem stumpfen Messer hingegen kann man nicht viel bewirken, aber zerstören, weil das Gewebe reißt: Der Chirurg kann damit nicht arbeiten und so keine Heilung bringen.

LITERATURVERZEICHNIS

Mann-Frau-Dynamik

Deida, David. 1997. *Der Weg des Mannes*. München: Droemersche Verlagsanstalt.

Eichmüller, Hugo-Bert. (01.01.2007: Vorträge auf DVD)
- *Spiritualität, Sexualität und Partnerschaft*
- *Die Göttin und der Krieger*

Gray, John. 1998 (Deutsche Erstausgabe 1992). *Männer sind anders, Frauen auch.* München: Wilhelm Goldmann Verlag.

Hellinger, Bert. 1995 2. Auflage (1. Auflage 1994). *Ordnungen der Liebe.* Heidelberg: Carl-Auer-Systeme.

Lebert, Andreas und Lebert, Stephan. 2008. *Anleitung zum Männlichsein.* Frankfurt am Main: Fischer Taschenbuch Verlag.

Silverstein, Shel. 1995. *Missing Peace trifft Big O.* Paderborn: Junfermann.

Paartherapie

Cöllen, Michael.1997. *Paartherapie und Paarsynthese – Lernmodell Liebe.* Wien, New York: Springer.
 ders. 1984. *Laßt uns für die Liebe kämpfen.* München: Kösel Verlag.

English, Fanita. 1988, 4. Auflage (Erstauflage 1982). *Es ging doch gut, was ging denn schief?* München: Chr. Kaiser Verlag.

Lenz, Gerhard, Osterhold, Gisela und Ellebracht, Heiner. 2000. 2. Auflage (Erstauflage 1995). *Erstarrte Beziehungen – Heilendes Chaos, Einführung in die systemisch Paartherapie und -beratung.* Freiburg im Breisgau: Verlag Herder.

Moeller, Michael Lukas. 1994, 2. Auflage (Erstauflage 1988). *Die Wahrheit beginnt zu zweit.* Reinbek bei Hamburg: Rowohlt Taschenbuch Verlag.

Peichl, Jochen. 2008. *Destruktive Paarbeziehungen – Das Trauma intimer Gewalt.* Stuttgart: Klett-Cotta.

Selby, John, 1986. *Einander Finden*. Hamburg: Rowohlt Taschenbuch Verlag.

Spezzano, Chuck. 2005. *Wenn es verletzt, ist es keine Liebe*. Petersberg: Verlag Via Nova.

ders. 2008. (Engl. Originalausgabe 2008). *Wie Sie herausfinden können, wann Ihre Beziehung wirklich zu Ende ist und was Sie tun können, um sie zu retten*. Petersberg: Verlag Via Nova.

ders. 2008, 2. Auflage (Engl. Originalausgabe 2003). *Es muss einen besseren Weg geben*. Petersberg, Verlag Via Nova.

Willi, Jürg.1989 (Erstauflage 1985). *Koevolution*. Reinbek bei Hamburg, Rowohlt Verlag GmbH.

Hirnforschung

Brizendine, Louann. 2007. *Das männliche Gehirn*. München: Wilhelm Goldmann Verlag.

dies. 2007. *Das weibliche Gehirn*. Hamburg: Hoffman und Campe Verlag.

Focus Nr. 31 28. Juli 2008, S. 48–59. *Die Testosteron-Story*.

Hüther, Gerald. 2009. *Männer, das schwache Geschlecht und sein Gehirn*. Göttingen: Vandenhoeck & Ruprecht.

Pease, Allan und Barbara. 2010 (Englische Erstausgabe 2001). *Warum Männer nicht zuhören und Frauen schlecht einparken*. München: Ullstein Heine List GmbH.

Spektrum.de, 01.08.13, Martin Busch, *Was Primaten treu macht*.

Sexualtherapie

Gromus, Beatrix. 2002. *Sexualstörungen der Frau*. Göttingen, Bern, Toronto, Seattle: Hogrefe-Verlag.

Kockott, Götz und Fahrner, Eva Maria. 2000. *Sexualstörungen des Mannes*. Göttingen, Bern, Toronto, Seattle: Hogrefe-Verlag.

Masters, W. H. und Johnson, V. E.. 1973. *Impotenz und Anorgasmie*. Frankfurt a.M.: Goverts Krüger Stahlberg Verlag.

Rosenberg, Jack Lee. 1979. *Orgasmus*. Berlin: Herzschlag Verlag.

Spezzano, Chuck. 2008. *Was Männer von Frauen über Sexualität lernen können*. Petersberg: Verlag Via Nova.

Schnarch, David. 2012, 13. Auflage (1. Deutsche Auflage 2006). *Die Psychologie sexueller Leidenschaft*. München: Piper-Verlag.

Zilbergeld, Bernie. 1999, 33. Auflage (deutsche Erstauflage 1983). *Die Sexualität der Männer*. Tübingen: Deutsche Gesellschaft für Verhaltenstherapie.

ders. 2000, 4. Auflage. *Die neue Sexualität der Männer: Was Sie schon immer über Männer, Sex und Lust wissen wollten*. Tübingen: Deutsche Gesellschaft für Verhaltenstherapie.

Tantra

Naslednikov, Margot Anand. 1990, Erstauflage 1989. *Tantra – oder die Kunst der sexuellen Ekstase*. München: Wilhelm Goldmann Verlag.

dies. 1985 (Franz. Erstausgabe 1981). *Tantra – Weg der Ekstase*. Berlin: Herzschlag Verlag.

Thirleby, Ashley. 1986 (1978 engl. Erstausgabe). *Das Tantra der Liebe*. Frankfurt a.M, Berlin: Ullstein-Verlag.

Trungpa, Chögyam.1989 (Englische Erstausgabe 1981). *Feuer trinken, Erde Atmen – Die Magie des Tantra*. Reinbek bei Hamburg: Rowohlt Taschenbuch Verlag.

Sadomasochismus

Deforges, Régine. 1954. *Geschichte der O*. Paris.

Deforges, Régine; Réage, Pauline. *Die O. hat mir erzählt*. 1991, 2. Auflage (Franz. Erstauflage 1975). Frankfurt/M., Berlin: Ullstein.

Graham Scott, Gini. 1994. *Dominanz und Demut*. München: Droemersche Verlagsanstalt.

Morgan, Sophie. 2012. *Das geheime Verlangen der Sophie M*. München: Goldmann Verlag.

Shainess, Natalie. 1987. *Keine Lust zu leiden*. Zürich: Schweizer Verlagshaus.

Entbindung und Kindererziehung

Balaskas, Janet. 1994 (Engl. Originalausgabe 1984). *Väter begleiten die aktive Geburt.* München: Kösel Verlag.

Dalton, Mary. 2000. *Mutter sein dagegen sehr.* Freiburg im Breisgau: Herder Verlag.

Dreikurs, Rudolf und Soltz, Vicki. 1996 (Englische Erstauflage 1964). *Kinder fordern uns heraus.* Stuttgart: Klett-Cotta.

Linder, Rupert, Klarck, Sabine u.a. (Hrsg.). 1996. *Hausgeburten – Dokumentation der 2. Deutschen Arbeitstagung Haus- und Praxisgeburten.* Frankfurt a. M.: Mabuse Verlag.

Solter, Aletha. *Warum Babys weinen.* 1996. 7. Auflage. Engl. Originalausgabe 1984. München: Kösel Verlag.

Stadelmann, Ingeborg. 1996, 5. Auflage. *Die Hebammen-Sprechstunde.* Ermengerst: Eigenverlag.

Psychotherapie und Körper-Psychotherapie

Buber, Martin. 1984, 5. Auflage. *Das dialogische Prinzip.* Heidelberg: Verlag Lambert Schneider.

Chopich, Erika J. & Paul, Margaret. 1999, 9. Auflage (1994 Erstauflage). *Das Arbeitsbuch zur Aussöhnung mit dem inneren Kind.* Freiburg im Breisgau: Verlag Hermann Bauer.

Dreitzel, Hans-Peter. 1992. *Reflexive Sinnlichkeit.* Köln: Edition Humanistische Psychologie.

Dychtwald, Ken. 1981. *Körperbewusstsein.* Essen: Synthesis Verlag.

Graf Dürkheim, Karlfried. 1985, 11. Auflage. *Hara – Die Erdmitte des Menschen.* Bern, München, Wien: Scherz-Verlag.

Lowen, Alexander. 1984, 2. Auflage (Englische Erstauflage 1970). *Lust.* München: Goldmann Verlag.
 ders. 1984 (Englische Erstauflage 1975). *Bioenergetik.* Reinbek bei Hamburg: Rowohlt Taschenbuch Verlag.
 ders. 1985, 3. Auflage (Englische Erstausgabe 1965). *Liebe und Orgasmus.* München: Goldmann Verlag.

Reich, Wilhelm. 1973, 3. Auflage (Erstauflage 1936 in anderer Form unter dem Titel „Die Sexualität im Kulturkampf). *Die sexuelle Revolution.* Frankfurt a. M.: Fischer Taschenbuch Verlag.

Siems, Martin. 1986. *Dein Körper weiß die Antwort – Focusing als Methode der Selbsterfahrung.* Reinbek bei Hamburg: Rowohl Taschenbuch Verlag.

Staemmler, F.-M. & Bock, W. 1991. *Ganzheitliche Veränderungen in der Gestalttherapie.* München: Pfeiffer.

Stevens, John O.. 1986, 9. Auflage (1971 Engl. Original-ausgabe). *Die Kunst der Wahrnehmung.* München: Chr. Kaiser Verlag.

Stevenson, Ian. ^{8}2003. *Reinkarnation.* Bielefeld: Kamphausen Verlag.

ten Dam, Hans. *Exploring Reincarnation.* 2003 [^{1}1987]. London, Sydney, Auckland, Johannesburg: Rider.

Trüb, Hans. 1971, 3. Auflage (Erstauflage 1951). *Heilung aus der Begegnung.* Stuttgart: Ernst Klett Verlag.

Wild-Missong, Agnes. 1983. *Neuer Weg zum Unbewussten – Focusing als Methode klientenzentrierter Psychoanalyse.* Salzburg: Otto Müller Verlag.

Spiritualität

Suzuki, Shunryu. 1975. *Zen-Geist – Anfänger-Geist.* Zürich, München, Berlin: Theseus-Verlag.

Foundation for Inner Peace (Hrsg.). 1999, 4. Auflage (1975 englische Erstausgabe). *Ein Kurs in Wundern.* Gutach i.Br.: Greuthof Verlag.

Fox, Matthew. 2011. *Die verborgene Spiritualität des Mannes.* Uhlstädt-Kirchhasel: Aurun-Verlag.

Jampolsky, Gerald G.. 1981 (Englische Erstauflage 1979) *Lieben heißt die Angst verlieren.* Felix Hübner Verlag.

Meyerhöfer, Herbert. 1976. *Das Erwachen des kritischen Bewusstseins bei den Griechen.* Donauwörth: Ludwig Auer Verlag.

Rinpoche, Sogyal. ^{4}2006. [^{1}2004]. *Das Tibetische Buch vom Leben und vom Sterben.* Frankfurt a. M.: Fischer Taschenbuch Verlag.

ders. 2002. *The Tibetan Book of Living and Dying*. San Francisco, California, U.S.A.: HarperCollins Publisher, Inc.

Watts, Alan W. *Weisheit des ungesicherten Lebens*. 1985, 5. Auflage. Engl. Original 1975. Bern und München: Otto Wilhelm Barth Verlag.

Wessbecher, Harald. 2001. *Das dritte Auge öffnen*. München: Integral Verlag.

Wilber, Ken. 1987, 3. Auflage. Deutsche Erstauflage 1984. *Wege zum Selbst*. München, Kösel-Verlag. Original: 1979. *No boundary*.

Archetypen:

Hasselmann, Dr. Varda; Frank Schmolke. 1999. *Archetypen der Seele*. München: Goldmann Verlag.
dies. 2001. *Die Seelenfamilie*. München: Goldmann Verlag – Arkana.
dies. 2002. *Wege der Seele*. München: Goldmann Verlag – Arkana.

Jacobi, Jolande. 1978. *Die Psychologie von C.G. Jung*. Frankfurt a. Main: Fischer Taschenbuch Verlag GmbH.

Jung, Carl Gustav. [11]2004. *Archetypen*. München: dtv-Verlag.
ders. 1990. *Die Beziehungen zwischen dem Ich und dem Unbewussten*. München: Walter-Verlag.
ders. 2003. *Der Mensch und seine Symbole*. Düsseldorf, Zürich: Walter-Verlag.
ders. [2]2002 [[1]1995]. *Die Archetypen und das kollektive Unbewusste*. Gesammelte Werke: 9.1. Düsseldorf: Walter Verlag.

Mahr, Ute. 2011. *Handbuch Archetypen-Therapie – Der Blick in die Struktur der Seele*. Nürnberg: Preussler Verlag. Dissertation an der Universität Erlangen-Nürnberg 2010.

Stevens, Jose; Warwick-Smith, Simon. 1990. *The Michael Handbook*. Sonoma: Warwick Press.

Yarbro, Chelsea Quinn. 1988. *Michael's People*. New York: Berkley edition.
dies. 1998. *Michael*. Bd. 1. *Mensch sein*. Ort u.a.: Edition Borg.
dies. [2]2005. [[1]1979]. *Messages from Michael*. Akron, Ohio: Caelum Press.

Bibelforschung

Deutsche Bibelgesellschaft. 2009. SESB: *Stuttgarter Elektronische Studienbibel*, Version 3.0. Stuttgart. Ergänzungs-CD-ROM: Deutsche Textausgaben.

Lüddemann, Gerd. 2006. *Das Judas-Evangelium und das Evangelium nach Maria*. Stuttgart: Radius-Verlag.

Eine weitere Publikation der Verfasserin:

Dr. Ute Mahr
HANDBUCH ARCHETYPEN-THERAPIE
Der Blick in die Struktur der Seele

Die Impulse der Seele sind es, die uns im Leben unseren individuellen Weg zu Erfüllung und Glück zeigen.
Doch die Impulse der Seele sind es auch, welche oft schwer im Alltagsleben umsetzbar sind oder zu Auseinandersetzungen, Schwierigkeiten und Erkrankungen führen, wenn uns die Bewältigungsfähigkeiten zur Umsetzung dieser Seelenimpulse fehlen.

Hier bietet die Autorin als erfahrene, psychotherapeutische Fachfrau, kreative Forschende und spirituelle Wegbegleiterin konkrete Hilfestellungen an.
Ihre Beschreibungen der seelischen Archetypen entstammen der über 10-jährigen therapeutischen Arbeit mit Menschen, deren seelische Archetypen von Hasselmann und Schmolke (Archetypen der Seele, München 1999) ermittelt worden waren.
Sie zeigt sowohl das Potenzial wie auch die schwierigen Aspekte der einzelnen Archetypen auf und gibt hilfreiche Bewältigungsstrategien hierfür an die Hand, die den Alltag zum Seelenabenteuer machen.

Dieses Buch schlägt eine Brücke
- zwischen **innovativ-kreativer, psychotherapeutischer Praxis**, denn es ist das Ergebnis der 20-jährigen Tätigkeit der Autorin als Psychotherapeutin;
- zwischen **universitärer Psychotherapieforschung**, denn es ist die Doktorarbeit der Autorin in Evaluation bei Prof. Dr. Dr. h.c. F. Lösel an der Universität Erlangen-Nürnberg (2010).
- und **transzendenten Informationszugängen**, denn dieses Konzept der seelischen Archetypen wurde ursprünglich von verschiedenen Medien (Yarbro, Hasselmann & Schmolke) gechannelt.

Und es kommt zu einer faszinierenden Schlussfolgerung, **die** neue Wege mehrdimensionaler Psychotherapie **aufzeigt ...**

2. Auflage 2016: Preußler-Verlag Nürnberg, ISBN 978-3-934679-42-9